Franz-Xaver Eder Sebastian L. Edlheim

# Grundwissen Informationstechnologie

Realschule Bayern

Winklers

## Das Fach Informationstechnologie

Das Fach Informationstechnologie ist ein relativ neues Fach an der bayerischen Realschule. Es unterliegt wegen der rasanten Entwicklung im Bereich der Informationsverarbeitung einem ständigen Wechsel. Aufgrund der Einführung einer flexibilisierten Stundentafel wurden die Inhalte modular aufgebaut. Die Folge davon ist, dass es keine Lehrbücher für die einzelnen Jahrgangsstufen geben kann. Vielmehr gliedert sich das Gesamtkonzept in einen Anfangs- und einen Aufbauunterricht.

Die acht Module des Anfangsunterrichts, die vier Jahreswochenstunden entsprechen, sind für alle Schülerinnen und Schüler verbindlich. Die Lehrplaninhalte des gesamten Anfangsunterrichts sind in diesem Lehrbuch enthalten und in Lektionen eingeteilt. Neben der Vermittlung von theoretischen Grundlagen der Informatik wird in diesem Lehrbuch besonderer Wert auf die praktischen Anwendungen gelegt. Die Schülerinnen und Schüler erhalten somit eine entsprechende informationstechnische Grundbildung, die sie befähigt, den Computer als Werkzeug mit seinen vielfältigen Anwendungsmöglichkeiten sinnvoll einzusetzen.

Neben umfangreichen Übungen im Kapitel „Anhang" wird in diesem Lehrbuch die Möglichkeit geboten, für die Erarbeitung der Tastatur zwischen zwei verschiedenen Methoden (dargestellt in L2a und L2b) auszuwählen. Ferner wird die verantwortungsbewusste Lehrkraft zielgerichtet die durchdachten Aufgabenstellungen in den Randspalten der einzelnen Lektionen und im Anhang für Schul- und Hausübungen auswählen.

Im Internet wurde unter www.coko-online.de eigens eine Homepage eingerichtet, die für die vielfältigen Aufgaben der Schüler sehr hilfreich ist, aber auch Spaß und Abwechslung bietet. Ferner werden dort alle für die Erarbeitung der Lektionen zu verwendenden Grafiken usw. zur Verfügung gestellt. Eine Begleit-CD zu diesem Lehrbuch erleichtert die unterrichtliche Arbeit und ergänzt auf vielfache Weise das vorliegende Unterrichtswerk.

Eggenfelden, im Sommer 2009

Franz-Xaver Eder    Sebastian L. Edlheim

Hallo liebe Mädchen und Buben, ich bin ein kleiner, liebenswürdiger Computerkobold, meine Freunde nennen mich Coko.

Übrigens ein Kobold ist ein Fabelwesen, ein kleiner, gutmütiger, in Wirklichkeit nicht existierender Hausgeist.

Ich lenke deine Aufmerksamkeit auf wichtige Texte, gebe dir Ratschläge und zeige dir Übungsmöglichkeiten.

Weitere Hinweise, Bilder, Spiele und vieles mehr findest du auf meiner Homepage unter www.coko-online.de.

**Merke!**

Die **Merke!**-Kästen fassen wichtige Regeln oder Merksätze für Dich zusammen.

**Hinweis**

Die **Hinweis**-Kästen geben Dir zusätzliche Erklärungen oder ergänzen mit Kommentaren.

## Impressum

1. Auflage, 2010
Druck 1, Herstellungsjahr 2010



Postfach 33 20, 38023 Braunschweig
Telefon: 01805 996696*
Fax: 0531 708-664
service@winklers.de
www.winklers.de

Redaktion: Michael Adler

Verfasser: Franz-Xaver Eder; Sebastian L. Edlheim unter Mitarbeit der Verlagsredaktion

Druck: westermann druck GmbH, Braunschweig

ISBN 978-3-8045-7300-0

*14 Cent/Min. aus dem deutschen Festnetz; Mobilfunk maximal 0,42 €/min

# Inhalt

# L1

# Objekte der Datenverarbeitung

## 01 Vergleich Mensch – Computer

### Das menschliche Gehirn

Das Gehirn ist für uns Menschen die Steuer- und Informationszentrale; es ist der Sitz von Bewusstsein, Intelligenz und Gedächtnis. Dort erfolgt die Aufnahme, Verarbeitung und Speicherung aus den Sinnesorganen, sodass wir z. B. sehen, hören, riechen und schmecken können. Unser Gehirn muss viele verschiedene Aufgaben erledigen.

### Der Computer

Ein **Computer,** auch umgangssprachlich **Elektronenhirn** genannt, ist ein elektronisches Gerät, das Daten mithilfe von Programmen verarbeiten kann. Computer sind heute in allen Bereichen des täglichen Lebens vorzufinden. Sie dienen im industriellen aber auch im privaten Bereich der Eingabe, Verarbeitung und Ausgabe von Informationen und werden zur Steuerung von Maschinen, z. B. Waschmaschinen oder Telefonen, eingesetzt. Viele Geräte des Alltags werden heute von eingebauten Kleinstcomputern gesteuert.

| Der Mensch ... | Der Computer ... |
|---|---|
|  |  |
| rechnet langsam | rechnet sehr schnell |
| kann sich verrechnen | macht keine Rechenfehler |
| hat wenig Ausdauer | kann sehr lange arbeiten |
| ist vergesslich | vergisst nie |
| **... denkt selbst** | ... kann nicht denken |

## 02 Hardware

**Merke!**

**Als Hardware bezeichnet man die Bauteile eine Computers.**

Die Bauteile eines Computers, also alle Geräte, die man „anfassen" kann, werden in der EDV als Hardware bezeichnet.

### Eingabegeräte

Über die Eingabegeräte kannst du mit dem Computer in Verbindung treten, du kannst Programme starten, ihm Texte oder Zahlen eingeben und dem Computer Anweisungen geben. Auch kannst du mit diesen Geräten zeichnen, malen und Bilder einlesen.

- Tastatur und Maus oder Touchpad
- Scanner, CD-ROM, DVD, Blu-ray Disk
- Mikrofon, evtl. Kamera
- DSL-Router oder Modem bzw. ISDN-Karte

### Systemeinheit zur Verarbeitung

Der Computer muss deine Eingaben und Befehle bearbeiten und verarbeiten. Dazu benötigt er Speichergeräte, Leitungen und einen Prozessor.

Häufig spricht man auch von der Zentraleinheit oder CPU: Central Processing Unit.

### Ausgabegeräte

Hat der Computer deine Anweisungen verarbeitet, kannst du die Ergebnisse über die Ausgabegeräte ansehen, anhören oder versenden.

- Monitor, Drucker, Lautsprecher, DSL-Router

### Speichergeräte

Speichergeräte können sowohl als Ein- und Ausgabegeräte dienen, da der Computer von diesen Speichermedien Daten einlesen, aber auch Daten, die von ihm verarbeitet wurden, auf diese Medien schreiben kann.

- Festplatte,
- Diskette (veraltet), Compact Disc (CD), Digital Versatile Disc (DVD), Blu-ray Disk (BD), Memory Stick, Magnetband

### Stromversorgung

Für den Betrieb braucht der Computer Energie, die er über das Stromkabel bezieht. Mit der „Powertaste" kannst du die Stromversorgung anschalten und den Computer starten. Es ist auch wichtig, die Geräte ordnungsgemäß abzuschalten.

**A** **Notiere handschriftlich in einer Tabelle alle Geräte zu Hause, die in deinem Computer (von außen sichtbar) eingebaut sind oder mit ihm in Verbindung stehen.**

**Schreibe dazu in eine Spalte den Überbegriff (siehe Überschriften auf dieser Seite) und in die andere Spalte den Gerätenamen.**

## 03 Starten des Computers

### Einschalten

- Selbsttest des Computers und Start des Betriebssystems
- Anmeldung des Benutzers mit Benutzername und Kennwort

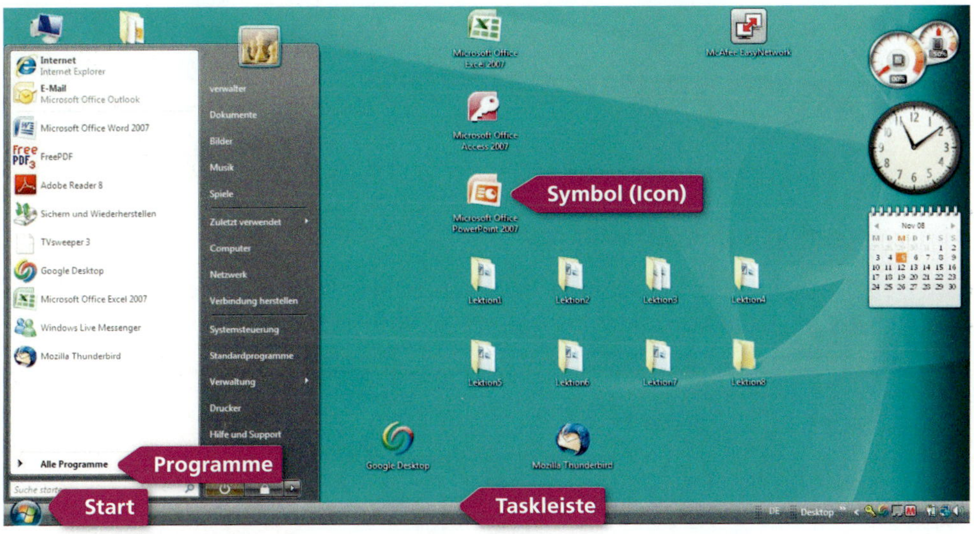


**Merke!**

Software ist der Sammelbegriff für alle Arten von Computerprogrammen.

### Startbildschirm

Vom Startbildschirm aus hast du Zugriff auf alle Programme und Dateien, also auf alle Objekte, die speziell für dich eingerichtet bzw. für dich freigegeben wurden. Die Taskleiste und die Schaltfläche „Start" sind für die Bedienung zwingend erforderlich.

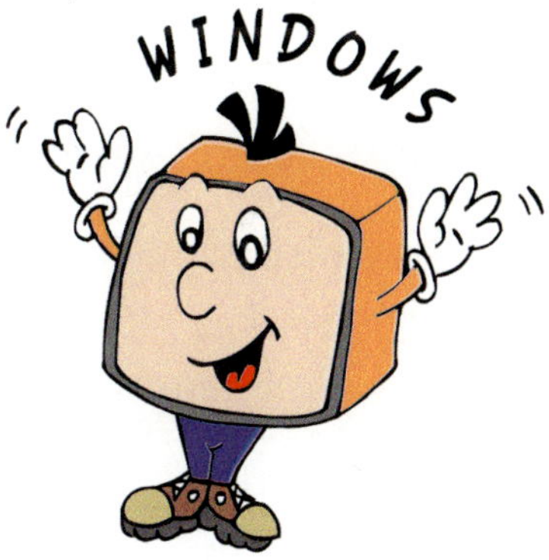


### Programmstart

Die Anwenderprogramme können auf zwei Arten gestartet werden.

- Suche für dein Programm das zuständige Symbol (Icon) auf dem Startbildschirm und starte es durch einen Doppelklick (linke Maustaste) auf das Icon.
- Über die Schaltfläche „Start" kannst du ein Menü öffnen, mit dem Programme direkt oder aus den Untermenüs gestartet werden.

Bei grafischen Benutzeroberflächen erscheinen alle Informationen in Fenstern (Windows) und alle Programme werden innerhalb von Fenstern ausgeführt. In der Taskleiste erhält man eine Übersicht der Anwendungen, die gleichzeitig geöffnet sind.

Jedes Fenster kann im geöffneten Zustand vergrößert, verkleinert, verschoben, ausgeblendet oder geschlossen werden. Dafür stehen in der rechten oberen Fensterecke Symbole zur Verfügung.

### Abschalten

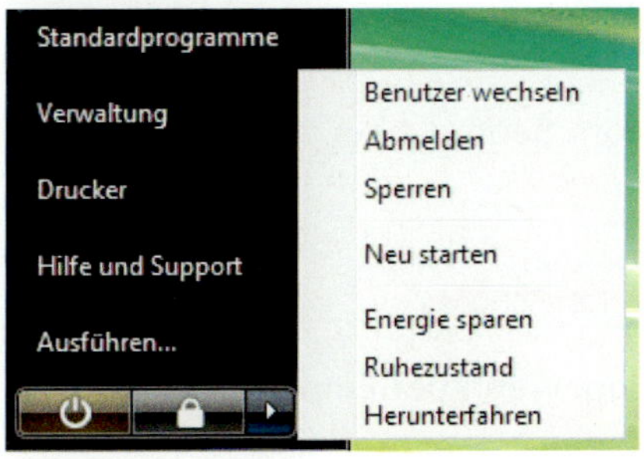


Zum Beenden der Computerarbeit müssen die Einstellungen des Betriebssystems gespeichert werden, um Abbruch- und Speicherfehler zu vermeiden, die einen ordnungsgemäßen Neustart verhindern. Dies geschieht automatisch durch das Herunterfahren des Systems mit dem Symbol „Abschalten" oder über „Start", „Erweiterung der Schaltfläche" und „Herunterfahren".

**A** Schreibe handschriftlich alle Programme auf, mit denen du zu Hause schon gearbeitet hast und notiere die Anwendungsbereiche.

**B** Fasse in einer Tabelle alle Programme zusammen, für die ein Icon auf dem Monitor vorhanden ist und mit denen du noch nie gearbeitet hast.

## 04 Kommunikation

Information ist Wissen, das auf ein bestimmtes Gebiet bezogen ist. Diese Information kann bildhaft, sprachlich oder symbolisch vorliegen (siehe unten).

„Auto"

**Kommunikation durch Sprache:**

Nur wenn eine intakte Verbindung zwischen beiden Personen oder beiden technischen Geräten besteht, kommt die gesendete Nachricht beim Empfänger an.

**Merke!**

Tauschen zwei Personen Informationen aus, so sprechen wir von Kommunikation.

Bei der Kommunikation gelangen Nachrichten vom Sender über einen Kanal zum Empfänger.

**Sender** —— Kanal ——→ **Empfänger**

Eine gesendete Nachricht wird zu einer Information, wenn der Empfänger die Nachricht verstehen kann und ihre Bedeutung kennt.

**A** Gib weitere Beispiele für Nachrichtenübermittlungen an.

**B** Beschreibe die Ursachen dafür, wenn der Zuhörer eine Nachricht des Sprechers nicht empfangen kann.

# Datenverarbeitung



Kommunikation kann auf verschiedene Arten erfolgen:

| Übertragung | Beispiel |
|---|---|
| Schall | Coko sagt: „Das neue Auto des Lehrers ist rot." |
| Bild | Coko zeigt seinem Freund ein Foto des neuen Autos. |
| Telefonleitung | Er schreibt in einer E-Mail, dass das Auto des Lehrers rot ist. |
| Funk | Er telefoniert über das Mobiltelefon mit seinem Freund und spricht über die Farbe des neuen Autos seines Lehrers. |

## Elektronische Datenverarbeitung

Bei der automatischen Informationsverarbeitung mit dem Computer werden Daten elektronisch verarbeitet (EDV: elektronische Datenverarbeitung).

Da die Daten in verschiedenen Formen vorliegen können, müssen sie für den Computer aufbereitet werden. Folgende Daten und Objekte kann der Computer verarbeiten:

| | Beispieldaten und -objekte |
|---|---|
| Zahlen | Anzahl, Preise, Kontostand, ... |
| Texte | Familiennamen, Straßennamen, Ortsnamen, ... |
| Klänge | Musikstücke, Spracheingaben, ... |
| Bilder und Grafiken | Zeichnungen, Pläne, Fotos, Cliparts, ... |
| Videos | Filme (Folge von vielen Einzelbildern) |

**Merke!**

**Nachrichten bestehen aus Wort- oder Bildinformationen. Werden diese im Computer verarbeitet, so nennt man sie Daten oder Objekte.**

## Informationstechnologie

Das Unterrichtsfach Informationstechnologie vermittelt in verschiedenen Jahrgangsstufen und Wahlpflichtfächergruppen unterschiedliche, grundlegende theoretische und praktische **Kenntnisse der elektronischen Datenverarbeitung** mit dem Computer. Diese können in folgende Teilbereiche gegliedert werden:

- Grundlagen der EDV
- Textverarbeitung
- Tabellenkalkulation
- Datenbanken
- Bildbearbeitung, Computergrafik
- Informationsbeschaffung und -bearbeitung
- Präsentation, HTML und Internet
- Technisches Zeichnen/CAD
- Computersysteme und Datennetze
- Multimedia – Audio und Video
- Ablaufmodellierung, Automatisierung

**A** Ordne in einer Tabelle den Unterrichtsinhalten im Fach Informationstechnologie die Beispieldaten und -objekte aus obiger Tabelle zu.

## 05 Analoge und digitale Daten

Schall wird durch rasche Schwingungen eines Schallerzeugers (Stimmbänder, musikalische Instrumente, Lautsprecher) verursacht. Dabei entstehen Luftverdichtungen und -verdünnungen, sogenannte Schallwellen, die sich in Luft ausbreiten.

Sender Kanal (Luft) Empfänger

Die Schallwellen können durch elektrische Geräte (Mikrofone) empfangen und durch elektrische Impulse weitergegeben werden. Diese Impulse werden auch über weite Strecken geleitet (Telefon) und durch andere Geräte (Lautsprecher, Telefonhörer) wieder in Schallwellen umgewandelt.

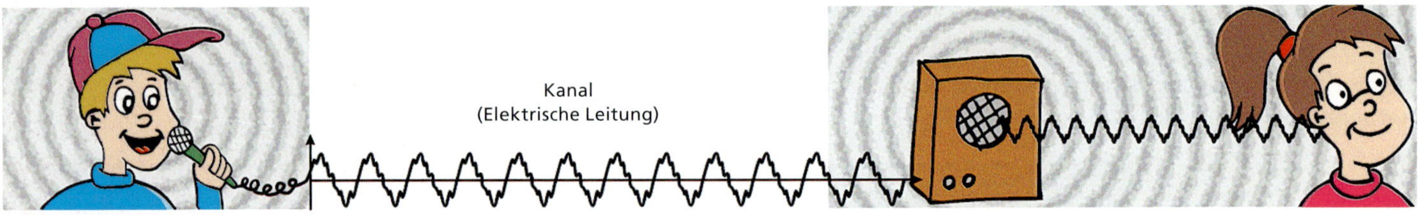


Analog bedeutet soviel wie ähnlich, gleichartig. Die menschliche Stimme ist ein analoges Signal. Zeichnet man die Schwingungen der Luft bildlich auf, so erhält man eine analoge Kurve. Dieses technisch aufgezeichnete Signal kann in kleine Bereiche aufgeteilt werden, in denen die Schwingungen bestimmte Werte erreichen.

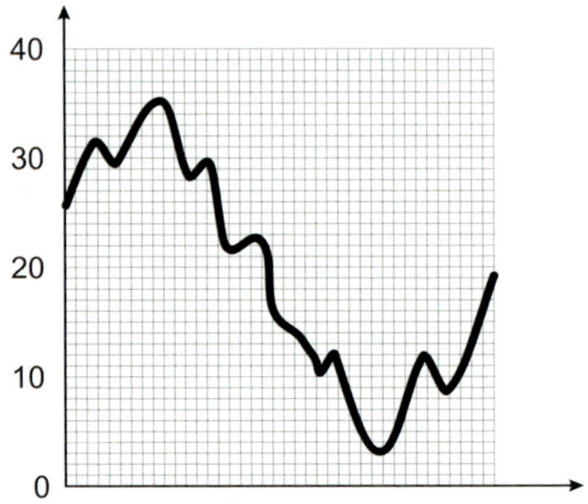


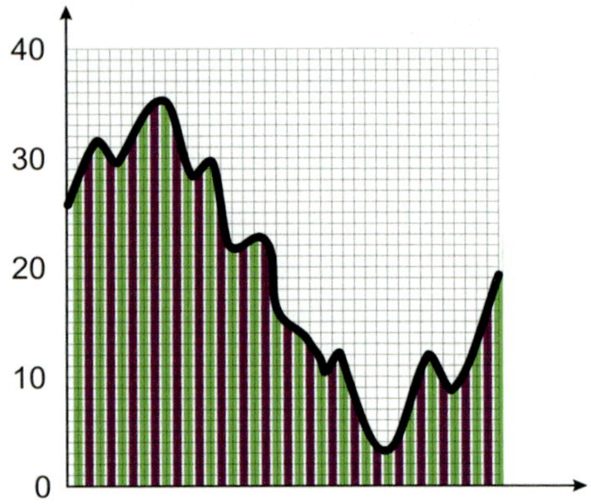


**Merke!**

**Bei der analogen Darstellung werden Informationen lückenlos (ohne Sprünge) dargestellt.**

**Bei der digitalisierten Darstellungsform werden die Informationen durch Ziffern oder durch eine Zeichenfolge wiedergegeben.**

Bei der Digitalisierung wird die Kurve in ein Raster mit gleichen Abständen gebracht. Für jeden Abschnitt wird die Kurvenhöhe abgetastet und der Zahlenwert abgespeichert, z. B.:

**27-29-31-30-30-31-33-34-35-32-28-28-29-24-21-21-22-21-15-14-13-12-10** ...

Diese Informationen werden beim Empfänger zurück umgewandelt in analoge Signale, aus denen die Lautsprecher wieder Töne erzeugen können.

Weil es bei der digitalen Darstellungsart keine Zwischenwerte gibt, obwohl diese in der Wirklichkeit vorhanden sind, gehen Informationen verloren. Je enger das digitale Raster, desto umfangreicher, aber auch genauer ist die Abbildung.

# Datenverarbeitung



Zur Verarbeitung mit dem Computer müssen die Daten digitalisiert vorliegen. Unsere Rechner können aus technischen Gründen mit nur zwei unterschiedlichen Zuständen arbeiten: **Strom** oder **kein Strom.**

### Dualsystem/Binärsystem

Diese beiden Zustände werden mit den beiden Ziffern 0 oder 1 beschrieben. Ein solches System nennt man Dual- oder Binärsystem, einen Wert davon eine Binärziffer (engl. Binary digit = Bit).

Möchte man mehr Zeichen oder Ziffern darstellen, müssen diese Zeichen miteinander kombiniert werden:

Bitkombinationen:

| 0 | 1 | 2 | 3 | 4 | 5 | 6 | 7 | 8 | 9 |
|---|---|---|---|---|---|---|---|---|---|
| 0 | 1 | 10 | 11 | 100 | 101 | 110 | 111 | 1000 | 1001 |

Der ganze Zeichenvorrat – alle Buchstaben, Ziffern und Sonderzeichen – lässt sich digital mit 0 und 1, also binär (binary = zweiteilig) in einer 8-Bit-Zuordnungsvorschrift (Code) darstellen:

**Merke!**

**In einem Binärssystem kann ein Element nur zwei Zustände annehmen. Die verwendeten Zeichen heißen Binärzeichen, kurz bit (binary digit).**

**1 Byte (8 bits) ist die Grundeinheit für Datenmengen.**

### Codierung

| Zeichen | Zeichennr. | Dualzahl | | Zeichen | Zeichennr. | Dualzahl |
|---|---|---|---|---|---|---|
| 0 | 48 | 0011 0000 | | @ | 64 | 0100 0000 |
| 1 | 49 | 0011 0001 | | A | 65 | 0100 0001 |
| 2 | 50 | 0011 0010 | | B | 66 | 0100 0010 |
| 3 | 51 | 0011 0011 | | C | 67 | 0100 0011 |
| 4 | 52 | 0011 0100 | | D | 68 | 0100 0100 |
| ... | ... | ... | | ... | ... | ... |

Umsetzung einer digitalisierten Schallwelle in eine Folge von Binärzeichen:

| 28 | | 30 | | 31 | | ... |
|---|---|---|---|---|---|---|
| 2 | 8 | 3 | 0 | 3 | 1 | ... |
| 0011 0010 | 0011 1000 | 0011 0011 | 0011 0000 | 0011 0011 | 0011 0001 | ... |

### Datenmengen

Jedes Zeichen kann demnach mit 8 Bit dargestellt werden, die immer zu 1 Byte zusammengefasst werden. Damit ist 1 Byte eine Maßeinheit für Datenmengen.

Die Kapazität der Speichermedien wird in Byte, Kilobyte (kB), Megabyte (MB), Gigabyte (GB) oder Terabyte (TB) angegeben, da für jedes Zeichen ein Byte benötigt wird.

1 kB = 1 024 Byte = $2^{10}$ Byte = ca. 1 000 Zeichen
1 MB = 1 024 kB = $2^{20}$ Byte = ca. 1 Million Zeichen
1 GB = 1 024 MB = $2^{30}$ Byte = ca. 1 Milliarde Zeichen
1 TB = 1 024 GB = $2^{40}$ Byte = ca. 1 Billion Zeichen

**A Notiere die Binärzeichen für folgende Zahlenreihe:**

**45 41 43 47 42 50**

## 06 Modellierung

Der dreijährige Sohn Johannes von Bauer Pflüger hat zu seinem Geburtstag einen Traktor geschenkt bekommen. Sicher erkennst du, auf welchem Foto das Spielzeug abgebildet ist.

Spielzeuge sind häufig Modelle von echten Gegenständen. Meist sind die Modelle aus Kostengründen aus einem anderen Material und einfacher gebaut.

**Merke!**

**Ein Modell ist eine vereinfachende Darstellung der Realität, die einem bestimmten Zweck dienen soll.**

Für verschiedene Zwecke können durchaus unterschiedlich genaue Modelle verwendet werden.

**Traktor**

Hersteller des Originals: Eicher
Länge des Modells: 70 cm
Zweck: Kinder können darauf sitzen oder fahren.

**Auto**

Hersteller des Originals: BMW
Länge des Modells: 8 cm
Zweck: Kinder nehmen es in die Hand und spielen.

Für die Information der Verkehrsteilnehmer genügen ganz einfache Modelle von diesen Fahrzeugen:

## 07 Grafikobjekte

Ali Mitgutsch zeichnet in seinem Bild „Strandleben" viele verschiedene Aktivitäten, die wir im Urlaub am Strand beobachten können. Die spielenden Kinder hantieren mit Bällen, Schiffchen, Schaufeln, Eimern oder anderem Spielzeug. Diese Spielzeuge können als Freihandskizzen oder mit einfachen geometrischen Figuren dargestellt werden.

In vielen Computerprogrammen gibt es Hilfsmittel für das Zeichnen einfacher Objekte (Standardformen). Zeichne diese Spielzeuge mit dem Computer:

Ball Yacht Eimer

Die Elemente, die dabei verwendet wurden, sind:

| | Objekte |
|---|---|
| Ball | Kreisfläche |
| Schiff | Viereck, Linie, Dreieck1 und Dreieck2 |
| Eimer | Viereck, Kreisbogen |

**Merke!**

**Mit dem Computer erstellte Zeichnungen oder Grafiken bestehen aus einzelnen geometrischen Figuren, die wir Objekte nennen.**

**A** Zeichne weitere fünf Spielzeuge als Freihandskizze und mit einem Computerprogramm.

**B** Suche weitere „Elemente" aus der Zeichnung von Ali Mitgutsch und zeichne sie als Freihandskizze.

## 08 Abbildungen

**Merke!**

**Die Informationen werden mit Objekten dargestellt.**

Bilder und Fotografien stellen die Realität besonders gut dar. Sie enthalten jedoch viele Informationen, die für bestimmte Zwecke nicht wichtig sind.

Gemalte Bilder oder Grafiken müssen die Gegenstände nicht genau abbilden, Veränderungen durch den Künstler sind erlaubt, sehr oft sogar erwünscht.

Vor der technischen Zeichnung werden häufig Freihandskizzen erstellt um sich den Gegenstand, z. B. das Haus, gut vorstellen zu können.

Technische Zeichnungen werden für bestimmte Aufgaben erstellt. In diesen Zeichnungen wird nur das wieder gegeben, was für die Aufgabe von Bedeutung ist.

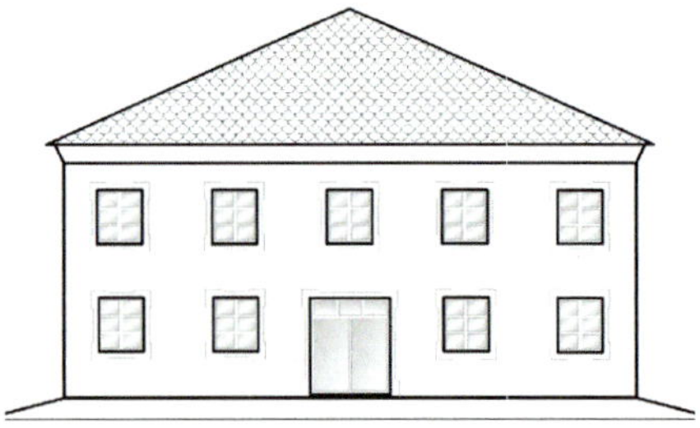

### Geometrische Formen mit unterschiedlichen Bedeutungen

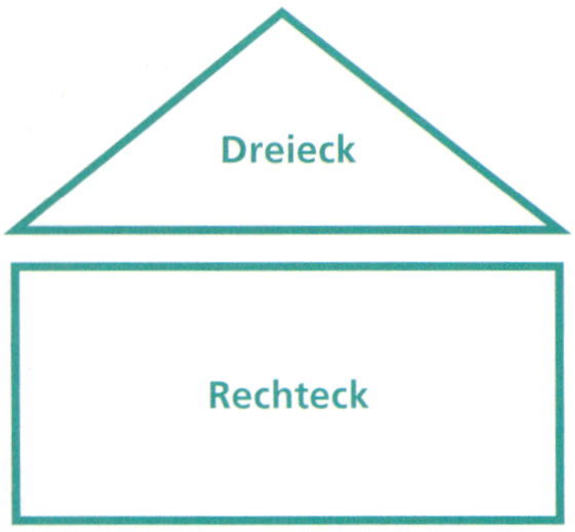


Durch seine Anordnung in der Zeichnung erhält jedes Objekt seine Bedeutung. Mit nur zwei verschiedenen Formen kann das Haus im Bild oben vereinfacht dargestellt werden.

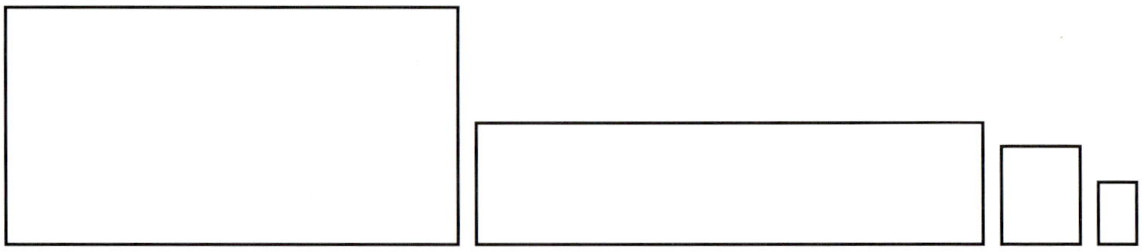

Es ist sogar möglich, ein Haus nur aus Rechtecken zu zeichnen:

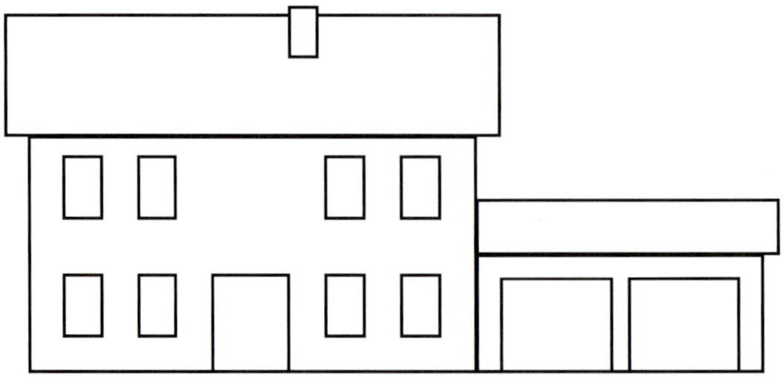

**A** Zeichne eine Freihandskizze für dein Wohnhaus. Welche geometrischen Formen hast du verwendet? Benenne die einzelnen Bauteile.

**B** Zeichne mit Bleistift und Lineal dein Traumhaus mit verschiedenen geometrischen Formen.

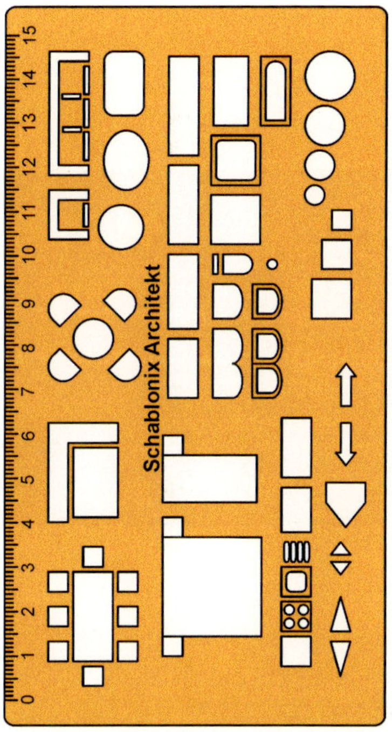


Prinz Poldi, wie der 13-jährige Sohn der Schauspielerin Marga Poldinski genannt wird, erhält von seiner Mutter die Erlaubnis, sein Zimmer neu einzurichten. Die Mutter beauftragt einen Innenarchitekten, Vorschläge für die neue Einrichtung zu machen. Dieser perfekte Zeichner erstellt zwei Zeichnungen, eine **perspektivische Ansicht** und einen **Plan** mit den Einrichtungsobjekten. Für diesen Plan benutzt er eine Zeichenschablone mit verschiedenen Formen für die Möbel.

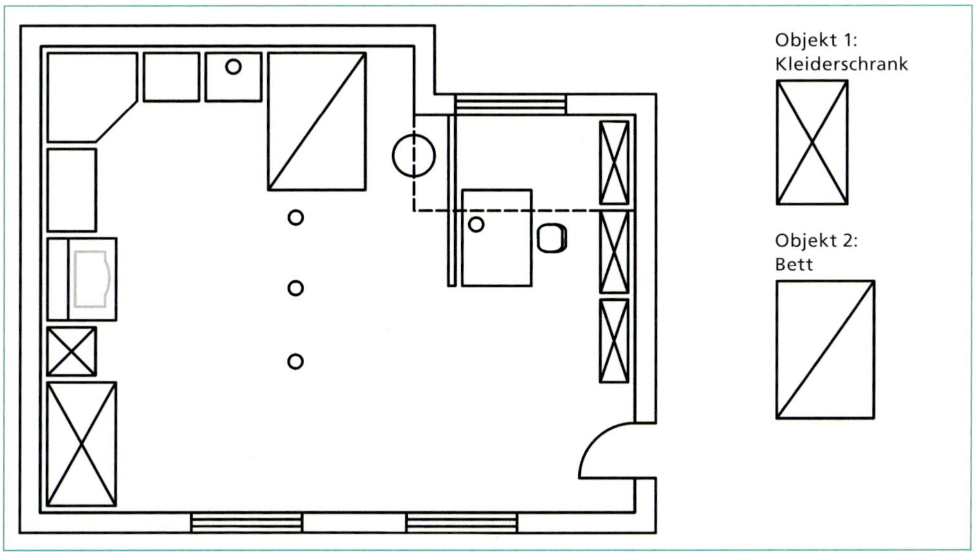


Jede Darstellungsform hat Vor- und Nachteile:

Bei der **perspektivischen Freihandskizze** kann man sich das Aussehen des Zimmers deutlich vorstellen.

Im **Plan** sind alle Einrichtungsgegenstände sichtbar und die Platzverhältnisse werden deutlich, wenn der Architekt maßstabsgetreu zeichnet.

**A** Zeichne die Einrichtungsgegenstände des Plans nach und schreibe neben das Objekt den Namen des Einrichtungsgegenstandes.

**B** Welche Einrichtungsgegenstände können mit obiger Schablone gezeichnet werden?

**C** Zeichne einen Einrichtungsplan von deinem Zimmer. Verwende dabei Elemente, die auch im Plan nebenan enthalten sind.

## 09 Objektbeschreibungen

Objekt 1: Schrank1
Länge: 120 cm
Breite/Tiefe: 60 cm
Höhe: 200 cm
Füllung: beide Diagonalen

Objekt 2: Bett1
Länge: 190 cm
Breite/Tiefe: 90 cm
Höhe: 40 cm
Füllung: eine Diagonale

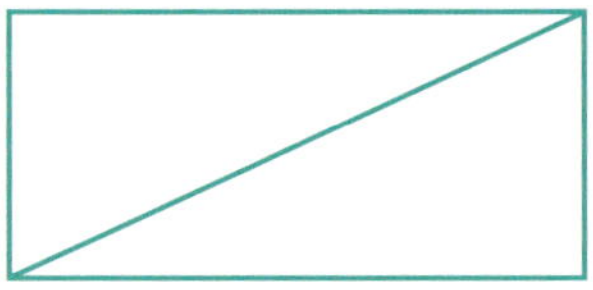

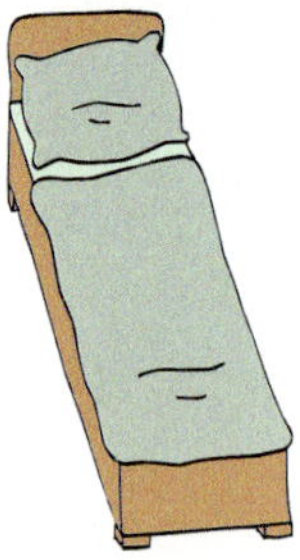

Objekt 3: Schrank2
Länge: 110 cm
Breite/Tiefe: 40 cm
Höhe: 180 cm
Füllung: beide Diagonalen

Objekt 4: Schrank3
Länge: 110 cm
Breite/Tiefe: 40 cm
Höhe: 180 cm
Füllung: beide Diagonalen

Objekt 5: Kommode1
Länge: 90 cm
Breite/Tiefe: 40 cm
Höhe: 80 cm
Füllung: keine

**Merke!**

**Jedes Objekt hat einen eindeutigen Namen, den Bezeichner.**

**Die Merkmale der Objekte heißen Attribute.**

**Zur genauen Beschreibung der Attribute benötigt man den Attributwert.**

| Bezeichner | Schrank1 | Schrank2 | Bett1 | Kommode1 |
|---|---|---|---|---|
| Attribute: | Attributwerte: | | | |
| Länge | 120 | 110 | 190 | 90 |
| Breite | 60 | 40 | 90 | 40 |
| Höhe | 200 | 180 | 40 | 80 |
| Füllung | 2 Diagonalen | 2 Diagonalen | 1 Diagonale | keine |

**A** Gib in einer Tabelle alle Attributwerte für einen Esszimmertisch und Stühle bzw. Hocker an (siehe Möbelschablone).

**B** Zeichne ein Doppelbett und zwei Nachttische wie in der Möbelschablone. Welche Attributwerte kannst du angeben?

## 10 Klassen

Viele Einrichtungsgegenstände beruhen auf derselben Grundform, sie haben gleiche Attribute, aber verschiedene Attributwerte, z. B. Schrank1, Schrank2 und Kommode1.

Alle Objekte mit der gleichen „Bauanleitung" werden zu einer Klasse zusammengefasst, z. B.

| | |
|---|---|
| Klasse: | RECHTECK |
| mögliche Attribute: | Länge, Breite, Füllung, Randfarbe, Randart |

| | |
|---|---|
| Klasse: | DREIECK |
| mögliche Attribute: | Länge, Höhe, Füllung, Randfarbe, Randart |

### Klassen- und Objektdarstellung

Klassen und Objekte werden in Diagrammen mit Klassen- und Objektkarten übersichtlich dargestellt.

### Klassen

Diagrammform: **Rechteck**

Der Name oder Bezeichner der Klasse wird dabei stets mit Großbuchstaben geschrieben. Darunter werden alle Attribute der Klasse und im unteren Teil die Aktionen, die von den Objekten ausgeführt werden können, angegeben. Diese Aktionen sind programmabhängig, so sind z. B. Befehle wie setzeMittelpunktX () oder MittelpunktX-Setzen () für das Attribut MittelpunktX möglich.

### Objekte

Die Objekte werden immer nach der „Bauanleitung" einer Klasse erzeugt. Sie verfügen über die gleichen Attribute, jedoch haben sie meist verschiedene Attributwerte.

Diagrammform: **Rechteck oder Rechteck mit abgerundeten Ecken**

Objektkarten enthalten den Objektbezeichner, z. B. r1, r2 und den Klassennamen im oberen Teil, unten sind alle Attribute mit den Attributwerten für das entsprechende Objekt aufgeführt.

| r1: RECHTECK |
|---|
| MittelpunktX = –1.6 |
| MittelpunktY = 0.9 |
| Länge = 1.9 |
| Breite = 3.2 |
| Füllfarbe = blau |
| Füllmuster = einfarbig |
| Linienfarbe = dunkelblau |
| Linienart = doppel |

| r2: RECHTECK |
|---|
| MittelpunktX = 2.7 |
| MittelpunktY = 1.8 |
| Länge = 2.8 |
| Breite = 1.3 |
| Füllfarbe = rot |
| Füllmuster = karo |
| Linienfarbe = rot |
| Linienart = fett |

| r3: RECHTECK |
|---|
| MittelpunktX = 7.1 |
| MittelpunktY = 1.3 |
| Länge = 4.0 |
| Breite = 2.1 |
| Füllfarbe = gelb |
| Füllmuster = einfarbig |
| Linienfarbe = schwarz |
| Linienart = gepunktet |

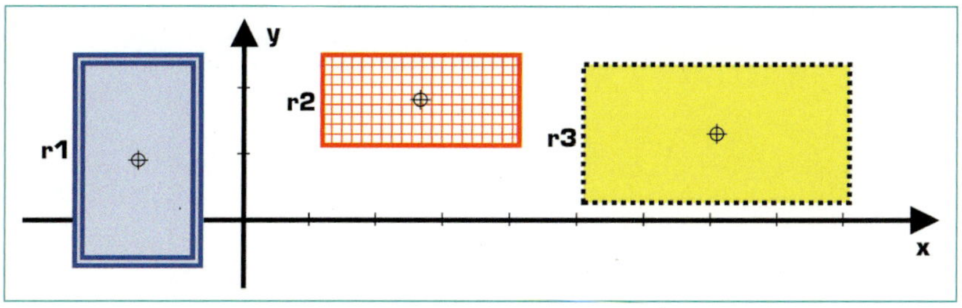


**Merke!**

**Alle Objekte mit gleichen Attributen werden zu einer Klasse zusammengefasst. Sie sind von der gleichen Art und vom gleichen Objekttyp.**

| RECHTECK |
|---|
| MittelpunktX<br>MittelpunktY<br>Länge<br>Breite<br>Füllfarbe<br>Füllmuster<br>Linienfarbe<br>Linienart |
| setzeMittelpunktX ()<br>setzeMittelpunktY ()<br>setzeLänge ()<br>setzeBreite ()<br>setzeFüllfarbe ()<br>setzeFüllmuster ()<br>setzeLinienfarbe ()<br>setzeLinienart ()<br>verschieben ()<br>drehen ()<br>drehenUm ()<br>... |

**A** Erstelle eine Objektkarte mit Klassenbezeichner und Attributen für dieses Rechteck:

**B** Welche Attribute muss die Klasse KREIS enthalten, damit die Objekte Kreise eindeutig zu bestimmen sind. Erstelle eine Klassenkarte.

## 11 Modellierung im Programm

Mit dem Computer erstellte Zeichnungen oder Grafiken bestehen aus vielen einzelnen geometrischen Figuren, den Objekten. Diese Objekte haben eine Bedeutung und stellen „Dinge" aus der realen Welt dar.

Einfaches Modell eines Lastwagens mit geometrischen Figuren:

Rechtecke: Führerhaus, Fenster, Kipper, Fahrgestell, …
Kreise: Räder, …

Original des Lastwagens

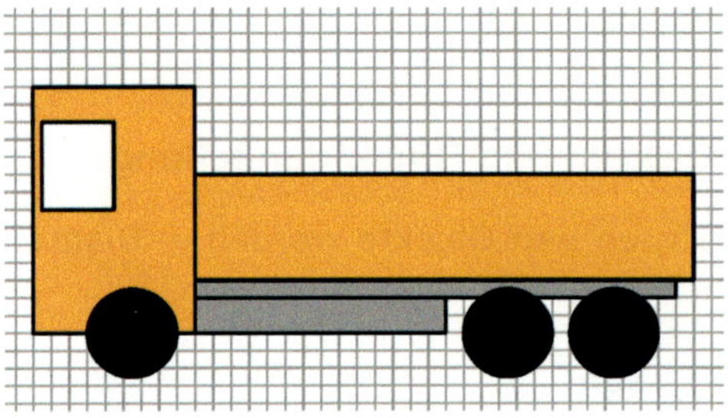

Zeichnung

Wichtige Elemente der Zeichnung sind:

| Objekte | Attribute | Attributwerte (Beispiele) |
|---|---|---|
| RECHTECK<br>Führerhaus | Füllfarbe<br>Linienfarbe<br>Linienart | orange<br>schwarz<br>Einfachlinie |
| RECHTECK<br>Fenster | Füllfarbe<br>Linienfarbe<br>Linienart | weiß<br>schwarz<br>Einfachlinie |
| RECHTECK<br>Kipper | Füllfarbe<br>Linienfarbe<br>Linienart | orange<br>schwarz<br>Einfachlinie |
| RECHTECK<br>Fahrgestell | Füllfarbe<br>Linienfarbe<br>Linienart | grau<br>schwarz<br>Einfachlinie |
| RECHTECK<br>Tank | Füllfarbe<br>Linienfarbe<br>Linienart | grau<br>schwarz<br>Einfachlinie |
| KREIS:<br>Rad1, Rad2, Rad3 | Füllfarbe<br>Linienfarbe<br>Linienart | schwarz<br>schwarz<br>Einfachlinie |

**//Klassenzuweisung**

```
kipper:RECHTECK
```

**//Attributzuweisungen**

```
kipper.Füllfarbe := orange
kipper.links := 60
kipper.oben := 70
kipper.rechts := 200
kipper.unten := 40
```

**A** Zeichne einen Schneemann auf Karopapier und stelle in einer Tabelle alle Objekte mit den Attributen und Attributwerten zusammen.

Klassen:

| RECHTECK |
|---|
| Füllfarbe |
| Linienfarbe |
| Linienart |

| KREIS |
|---|
| Füllfarbe |
| Linienfarbe |
| Linienart |

Objekte der jeweiligen Klassen:

| Führerhaus: RECHTECK |
|---|
| Füllfarbe = orange |
| Linienfarbe = schwarz |
| Linienart = einfach |

| Rad1: KREIS |
|---|
| Füllfarbe = schwarz |
| Linienfarbe = schwarz |
| Linienart = einfach |

| Fenster: RECHTECK |
|---|
| Füllfarbe = weiß |
| Linienfarbe = schwarz |
| Linienart = einfach |

| Rad2: KREIS |
|---|
| Füllfarbe = schwarz |
| Linienfarbe = schwarz |
| Linienart = einfach |

| Kipper: RECHTECK |
|---|
| Füllfarbe = orange |
| Linienfarbe = schwarz |
| Linienart = einfach |

| Rad3: KREIS |
|---|
| Füllfarbe = schwarz |
| Linienfarbe = schwarz |
| Linienart = einfach |

| Fahrgestell: RECHTECK |
|---|
| Füllfarbe = grau |
| Linienfarbe = schwarz |
| Linienart = einfach |

| Tank: RECHTECK |
|---|
| Füllfarbe = grau |
| Linienfarbe = schwarz |
| Linienart = einfach |

Durch seine Größe und Anordnung in der Zeichnung erhält jedes Objekt seine Bedeutung.

Die Größen und Positionen der einzelnen Objekte in der Zeichnung müssen über die Koordinaten und Längen- bzw. Breitenangaben noch eindeutig festgelegt werden. Bei den Klassenkarten fehlen die Attributnamen für Lage und Größe. Erst wenn diese in der Klassenkarte vorhanden sind, können den Objekten für diese Attribute die entsprechenden Attributwerte zugeordnet werden.

### Klassenkarte:

| NAME DER KLASSE |
|---|
| Attributname 1 |
| Attributname 2 |
| Attributname 3 |
| … |

### Objektkarte:

| Objektname: KLASSE |
|---|
| Attributname 1 = Attributwert 1 |
| Attributname 2 = Attributwert 2 |
| Attributname 3 = Attributwert 3 |
| … |

**A** Gib für die Klassen RECHTECK und KREIS die Namen aller nötigen Attribute an. (siehe Seite 17)

**B** Zeichne auf Karopapier den Lastwagen nach und bestimme Länge, Breite und die Lage in x- und y-Richtung der jeweiligen Objekte.

## 12 Methoden

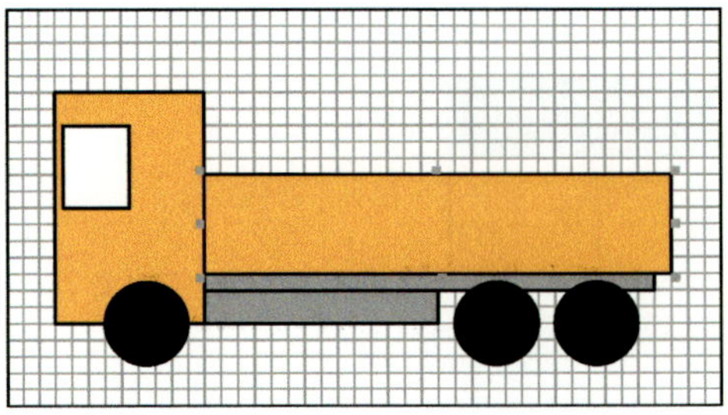

Wenn du bei deiner Zeichnung die Objektfarbe des Kippers verändern möchtest, musst du das Objekt Kipper auswählen (mit Mausklick markieren) und den Attributwert des Objekts neu festlegen. Programmintern wird dann eine Botschaft an das Objekt „Kipper“ geschickt mit dem Befehl „Setze die Füllfarbe des Objekts auf dunkelrot“.

```
kipper.füllfarbeSetzen(dunkelrot)
```

Das Objekt hat die Fähigkeit, Botschaften mit bestimmten Befehlen zu verarbeiten. Es verfügt über bestimmte, von der Klasse festgelegte Methoden, die es ausführen kann. Die zusätzliche benötigte Information wird in der Klammer übergeben.

- Verschiedene Klassen können über unterschiedliche Methoden verfügen.
- Zu jedem Attribut muss es eine Methode geben, die die Attributwerte setzen oder verändern kann.

**Merke!**

**Methoden sind Aktionen, die von den Objekten bei Aufruf ausgeführt werden. Benötigt ein Methodenaufruf zusätzlich eine Information, muss diese als Klammerwert übergeben werden.**

| RECHTECK |
| --- |
| links<br>oben<br>rechts<br>unten<br>füllfarbe<br>füllart<br>randart<br>randstärke<br>randfarbe |
| linksSetzen ()<br>obenSetzen ()<br>rechtsSetzen ()<br>untenSetzen ()<br>füllfarbeSetzen ()<br>füllartSetzen ()<br>randartSetzen ()<br>randstärkeSetzen ()<br>randfarbeSetzen ()<br>verschieben ()<br>drehen ()<br>drehenUm ()<br>... |

In einer Klassendefinition werden die Attribute und Methoden gleichartiger Objekte festgelegt. Die Attribute bestimmen die Eigenschaften des Objekts. Den Methoden entsprechen Prozeduren und Funktionen, die auf bestimmte Attribute oder auf das gesamte Objekt bezogen sind.

Attributzuweisungen und Methodenaufrufe können zum gleichen Ergebnis führen. Beispiel für die Lage des Objekts `kipper`:

Attributzuweisung:

```
kipper.links  := 150
kipper.oben  := 60
```

Methodenaufruf:

```
kipper.linksSetzen(150)
kipper.obenSetzen(60)
```

Diese Schreibweisen mit einem Punkt zwischen dem Objekt und dem Attribut oder der Methode nennt man Punktnotation.

Methodenaufrufe haben am Ende immer eine Klammer, in der die benötigten Werte übergeben werden. Müssen keine Werte übergeben werden, bleibt die Klammer leer, z. B. schaltet die Anweisung `f.gitteraus()` die Gitteranzeige im Fenster aus.

Zuerst werden die einzelnen Objekte den Klassen zugeordnet, z. B.

`rad1,rad2,rad3:KREIS`

Das Objekt `orange` wird aus der Klasse `FARBE` erzeugt. Die Methode `setzergb()` mischt die Farben rot, grün und blau zur RGB-Mischfarbe orange. Dabei können die einzelnen Farben Werte für die Grundfarben zwischen 0 und 255 annehmen.

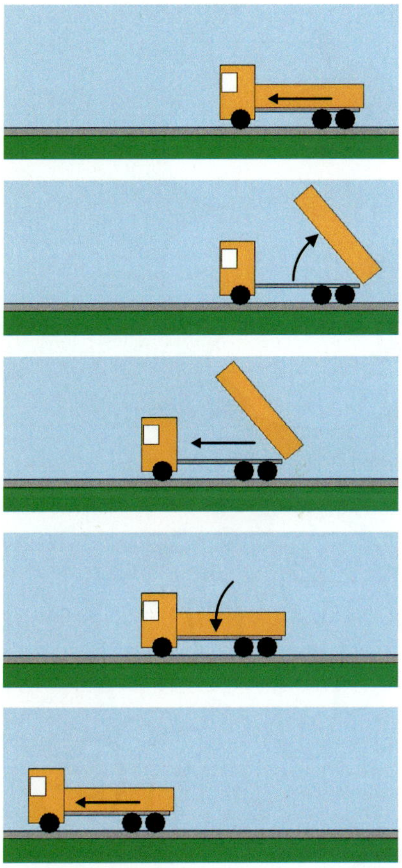

Die Klasse GRUPPE kann einzelne Objekte zu einem neuen Objekt gruppieren. Dazu muss die Methode `schlucke()` aufgerufen werden. Das neue Objekt heißt `lkw.`

Die Methode `zeichne()` kann dann im Fenster `f` die Wiese, die Straße und den zusammengesetzten LKW zeichnen.

Wiederholungen mit Methodenaufrufen können in allen Programmiersprachen formuliert werden. Mit der Befehlsfolge

```
wiederhole 500 mal
  lkw.verschieben(-1,0)
*wiederhole
```

fährt der LKW, der neben dem Fenster `f` gezeichnet wurde, in das Fenster herein. Dabei wird der LKW 500 mal jeweils um einen Bildpunkt nach links `(-1)` in x-Richtung, aber nicht in y-Richtung `(0)` verschoben.

```
wiederhole 50 mal
  kipper.drehenUm(0,40,-1)
*wiederhole
```

Bei dieser Methodenwiederholung dreht sich der Kipper um den rechten unteren Eckpunkt (0,40) 50 mal um jeweils 1° im Uhrzeigersinn (–1).

Im gekippten Zustand fährt der LKW um 100 Bildpunkte nach links und anschließend wird der Kipper wieder 50 mal um jeweils 1° gegen den Uhrzeigersinn (+1) in die Ausgangslage zurückgedreht. Der Drehpunkt (–100,40) ist dabei um 100 Bildpunkte weiter links als bei der 1. Drehung.

Weitere Beispiele für Methoden sind:

- M **verschieben**(x-Verschiebung: Integer, y-Verschiebung: Integer)
- M **eckenSetzen**(links: Integer, oben: Integer, rechts: Integer, unten: Integer)
- M **linksObenSetzen**(links: Integer, oben: Integer)
- M **rechtsUntenSetzen**(rechts: Integer, unten: Integer)
- M **strecken**(Streckungsfaktor: Real)
- M **verschiebenNach**(links: Integer, oben: Integer)
- M **drehen**(Drehwinkel: Real)
- M **drehenUm**(X-Koord. Drehpunkt: Integer, Y-Koord. Drehpunkt: Integer, Drehwinkel: Real)
- M **streckenAn**(X-Koord. Zentrum: Integer, Y-Koord. Zentrum: Integer, Faktor: Real)
- M **sichtbarSetzen**(sichtbar: Boolean)
- M **linksSetzen**(links: Integer)

```
führerhaus,kipper:RECHTECK
rahmen, fenster:RECHTECK
straße,wiese:RECHTECK
rad1,rad2,rad3:KREIS
lkw:GRUPPE
f:FENSTER
orange:FARBE

//Methodenaufrufe (S. 20)
orange.setzergb(250,150,0)
...

//Methodenaufrufe
lkw.schlucke(führerhaus)
lkw.schlucke(kipper)
lkw.schlucke(rahmen)
lkw.schlucke(fenster)
lkw.schlucke(rad1)
lkw.schlucke(rad2)
lkw.schlucke(rad3)

f.zeichne(wiese)
f.zeichne(straße)
f.zeichne(lkw)

wiederhole 500 mal
  lkw.verschieben(-1,0)
*wiederhole
wiederhole 50 mal
  kipper.drehenUm(0,40,-1)
*wiederhole
wiederhole 100 mal
  lkw.verschieben(-1,0)
*wiederhole
wiederhole 50 mal
  kipper.drehenUm(-100,40,1)
*wiederhole
wiederhole 500 mal
  lkw.verschieben(-1,0)
*wiederhole
```

**A** Erstelle mit einer einfachen objektorientierten Programmiersprache das obige Programm mit den dargestellten Methodenaufrufen.

**B** Erweitere die Aufgabe A mit einem Objekt „Sandberg", der beim Kippen des LKW immer höher wird.

# L2a

# Texterfassung und -bearbeitung

## 01 Ergonomie

Ergonomie ist die Wissenschaft von den optimalen Arbeitsbedingungen der Menschen. Diese optimalen Bedingungen spielen am Computerarbeitsplatz eine wichtige Rolle und sind für ein gesundes und effektives Arbeiten unabdingbar.

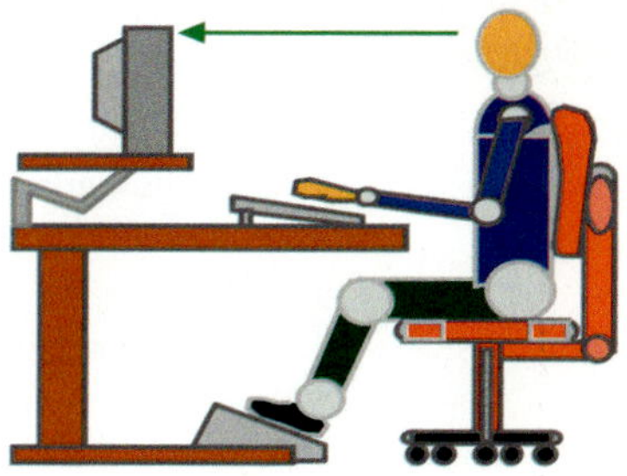

**Körperhaltung:** So musst du darauf achten, dass du auf deinem Stuhl eine angenehme und natürliche Haltung einnimmst. Sitze aufrecht! Deine Ober- und Unterarme sollten einen 90°-Winkel bilden. Die Rückenlehne deines Stuhles sollte verstellbar sein und deiner Sitzposition angepasst werden. Achte auf deine Kopfhaltung! Wenn du geradeaus blickst, solltest du auf den oberen Bildschirmrand schauen. Stelle deine Füße auf den Boden, überkreuze die Bein nicht.

**Arbeitstisch:** Optimal wäre ein in der Höhe verstellbarer Arbeitstisch.

**Raumklima:** Sorge für ausreichend frische Luft. Stelle z. B. keinen Laserdrucker neben deinen Arbeitsplatz, weil er beim Drucken Ozon erzeugt. Hoffentlich ist dein Arbeitsplatz so angelegt, dass du in Ruhe arbeiten kannst.

**Bildschirm:** Der Monitor sollte so aufgestellt sein, dass keine Reflexionen, z. B. durch Fenster oder Beleuchtung, entstehen.

### Übungen zum Entspannen

**Für die Hände:**

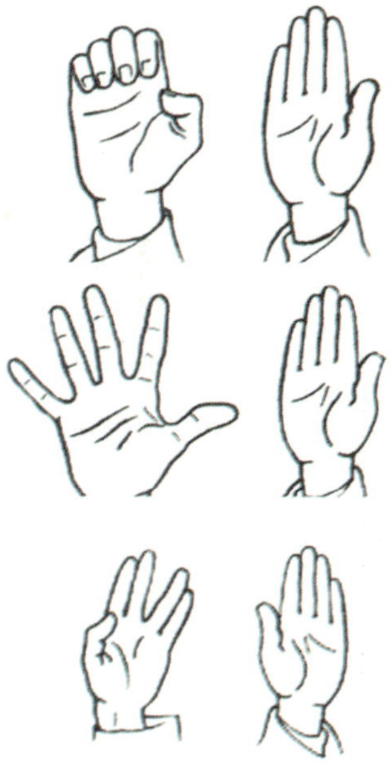

Halte die Unterarme senkrecht und die Finger nach oben gestreckt. Beuge die Finger senkrecht nach unten. Entspanne die Finger durch lockeres Ausschütteln der Hände.

Strecke die Finger in die Höhe und spreize sie weit auseinander. Entspanne sie durch Ausschütteln der Hände.

Halte die Finger und die Unterarme nach oben. Spreize zuerst einen Finger ab, dann zwei, dann drei, dann vier! Entspanne sie durch Ausschütteln der Hände.

**Für die Augen:**

Nimm den Blick vom Monitor und schaue nach draußen. Fokussiere ein weit entferntes Objekt und zähle bis 20. Wiederhole diese Übung alle halbe Stunde.

Vergiss nicht, zwischendurch immer wieder zu blinzeln. Dadurch werden die vorderen Regionen des Auges befeuchtet und regeneriert.

Schließe deine Augen und bedecke sie leicht mit den Händen. Die Dunkelheit und die Wärme sind gut für die Augen. Mache diese Übung ca. zwei Minuten lang.

**Für den Körper:**

Lehne dich zurück, falte deine Hände hinter dem Kopf zusammen und lege deinen Hinterkopf in die Handflächen. Die Füße sind breitbeinig auf den Boden gestellt. Versuche Spannung in deinen Körper zu bekommen. (Dauer: ca. 30 Sekunden)

Stehe auf, stütze dich mit den Händen auf den Tisch und drücke leicht gegen den Tisch, sodass du Spannung im Körper verspürst (Dauer: ca. 30 Sekunden).

**Mach mal Pause!**

**A Überlege dir selbst Übungen, wie du dich am Arbeitsplatz körperlich entspannen kannst.**

**Räume immer deinen Arbeitsplatz auf!**

## 02 Vor dem Schreiben

**PC-Tastatur**
- alphanumerische Tasten
- numerische Tasten
- Funktionstasten
- Steuertasten
- Sondertasten

### Einnehmen der Grundstellung

Die Grundstellung ist die mittlere Buchstabenreihe: **asdf jklö**

**Linke Hand** **Rechte Hand**

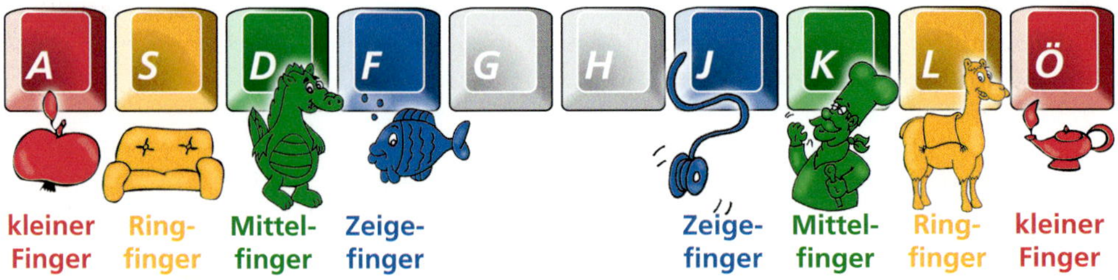


### Bedienung der Leertaste

Wenn du die Schreibhaltung eingenommen hast, sollten deine Daumen über der Leertaste schweben. Die Leertaste wird mit dem Daumen bedient. Beim Anschlag der Leertaste bewegt sich der Cursor (Positionsanzeiger am Bildschirm) nach rechts. Der Cursor steht immer rechts neben dem zuletzt geschriebenen Zeichen.

### Texteingabe

Die Tasten werden beim Schreiben nur kurz nach unten gedrückt. Die Finger verlassen die Grundstellung nur, um andere Tasten anzuschlagen; sie gehen dann sofort wieder in die Ausgangsstellung zurück. Wenn du einen Text abschreibst, schaust du nur auf die Vorlage. Dein Blick wandert nicht zwischen Vorlage, Bildschirm oder gar Tastatur hin und her.

Texte werden fortlaufend eingegeben. Am Zeilenende wird vom Computer eine automatische Zeilenschaltung vorgenommen. Um eine Leerzeile zu erhalten, ist die Returntaste (Enter) zweimal zu bedienen. Ein gleichmäßiger Schreibrhythmus führt zu schnellerem Schreiben bei weniger Fehlern.

### Ausgleichsgymnastik

Gezielte Ausgleichsgymnastik hilft die Leistungsfähigkeit zu erhalten, zu steigern und gesundheitlichen Schäden entgegenzuwirken.

**A** Nehme mehrmals die Grundstellung ein.

Achte auf die richtige Körper- und Handhaltung.

Vergiss die Hand- und Fingergymnastik nicht.

## 03 Eine Alternative – Tastschreiben lernen in wenigen Stunden

### Eine neue Methode – mitmachen

Schon seit vielen Jahren beschäftigt man sich in der Gehirnforschung mit dem sogenannten multisensorischen Lernen. Dabei ist ganz klar, dass die größten Erfolge dann erzielt werden, wenn möglichst viele Bereiche im Gehirn „angesprochen" werden. Ferner ist es unabdingbar, die verschiedenen menschlichen Lerntypen – den visuellen, den auditiven und den haptischen – zu beachten. Während die linke Hirnhälfte überwiegend logisch-analytisch arbeitet, ist die rechte Hälfte mehr für den künstlerisch-kreativen Bereich zuständig. Beim konventionellen Lernen wird hauptsächlich die linke Gehirnhälfte angesprochen.

Daher bleiben große Bereiche des Gehirns im Lernprozess ungenutzt. Durch die Berücksichtigung der unterschiedlichen Sinne aktivieren wir alle Bereiche des Gehirns und erreichen damit ein ganzheitliches Lernen.

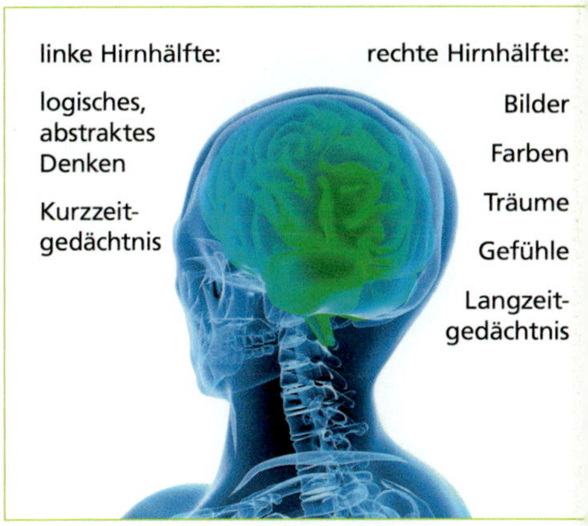


### Wie gehst du vor?

Zuerst aktivierst du deinen auditiven Eingangskanal. Du bekommst gesagt, dass du deine Finger in verschiedene Farben „anmalen" darfst.

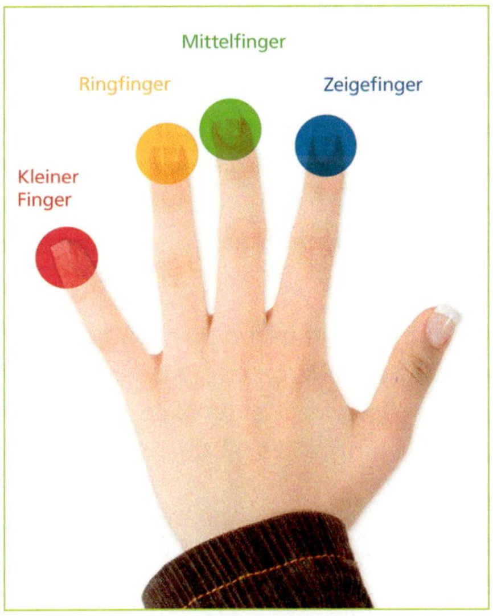


Nun hörst du eine Geschichte, in der verschiedene Gegenstände (z. B. Fisch, Drache, Gabel) angesprochen und gleichzeitig unterschiedlichen Farben zugeordnet werden. Mit deinem „inneren Auge" (visueller Kanal) stellst du dir die Gegenstände vor. Es fällt dir leicht, deren Farbe auf deine Finger zu übertragen. Dabei stellst du auch fest, dass z. B. der blaue Fisch deinem blauen Zeigefinger „gehört" und du folgerichtig ein blaues „f" (wie Fisch) mit deinem Zeigefinger schreiben kannst. Von Vorteil wäre es, wenn du auf einem Blatt, auf dem die Computertastatur abgebildet ist, den Buchstaben farbig an der richtigen Stelle eintragen könntest. Wenn du dir nun die „echte" Tastatur genau anschaust, findest du sicher den Buchstaben „f", dem du jetzt „geistig" die Farbe blau, den Gegenstand „Fisch" und deinen blauen Zeigefinger zuweist.

Sicher willst du jetzt gleich schreiben. Warte damit aber noch bis zur nächsten Stunde. Lege heute deine Finger nur auf die Tasten asdf jklö (Grundstellung) und höre dir am besten die Geschichte „Es war einmal …" noch einmal an. Wenn die einzelnen Gegenstände genannt werden, berührst du (haptischer Kanal) jeweils nur so leicht die jeweilige Taste, dass kein Anschlag entsteht. Wenn du dir dabei zu den jeweiligen farbigen Buchstaben die verschiedenen Gegenstände vorstellst, wirst du die richtigen Tasten ganz leicht finden. Vergiss in Zukunft beim Schreiben nicht: Übung macht den Meister! Viel Erfolg!

Auf der letzten Seite dieses Buches findest du eine Übersicht, in der du die Zuordnung der gelernten Buchstaben und Zeichen zur jeweiligen Hand, zu den Fingern mit den dazugehörigen Farben und zu den Tastenreihen eintragen kannst. Kopiere vor dem Ausfüllen diese Seite und kreuze dann auf der Kopie die zutreffenden Kästchen an. Natürlich machst du diese Übung aus dem Kopf ohne dabei von der Tastatur abzuschauen.

**A** Kennzeichne deine Finger mit den jeweiligen Farben.

**B** Lege deine Finger auf die Tasten der Grundstellung und ordne ihnen den jeweiligen Gegenstand und die Farbe zu.

## 04 Es war einmal ...

Es war einmal, so beginnen viele alte Märchen. Unsere Geschichte ist jedoch ganz neu, sie findet heute statt. Stelle dir vor, du hast zu Hause in deinem Zimmer ein großes Glas voller Wasser und darin schwimmt ein wunderschöner blauer **Fisch**. Mit welchem Buchstaben beginnt eigentlich das Wort „Fisch"? Richtig, mit „f". Und weil der Fisch blau ist, ist das „f" auch blau. Gleich neben dem großen Wasserglas liegt eine **Gabel**, die du vergessen hast, aufzuräumen. Die Gabel und der Fisch haben etwas gemeinsam – die Farbe. Weil nun der Fisch ganz schön blau ist, hat die Gabel ebenfalls die Farbe blau. Und das „g", mit dem das Wort „Gabel" beginnt, stellst du dir auch blau vor. Welcher Finger deiner linken Hand ist blau? Der Zeigefinger!

Auch an deiner rechten Hand hast du einen blauen Zeigefinger. Und dieser Zeigefinger liegt auf dem „j". Mit dem blauen Zeigefinger hältst du ein blaues **Jojo**-Spiel. Vielleicht kannst du einmal so ein Jojo-Spiel in die Schule mitbringen. Du weißt doch noch, dass du mit dem Zeigefinger der linken Hand das „f" wie „Fisch" schreibst. Dieser Fisch, man kann sich das kaum vorstellen, hat einen **Hut** auf – und der ist ebenfalls blau, so blau wie der Buchstabe „h", den du mit dem blauen Zeigefinger der rechten Hand schreibst.

Doch, was sehe ich da? Du hast auf deinem Tisch ein Buch liegen gelassen, auf dem ein grüner **Drache** abgebildet ist. Der erste Buchstabe des Wortes „Drache" ist auf dem Buchumschlag in grüner Farbe dargestellt. Ja, und was soll eigentlich der grüne Koch, der auch auf dem Umschlagdeckel zu sehen ist? Komisch. Es gibt also einen grünen **Koch** mit einem grünen „k".

### Übe mit Coko!

1 fff fff fff fff fff jjj jjj jjj jjj jjj fjf
2 ddd ddd ddd ddd ddd kkk kkk kkk kkk kkk dkd
3 fgf fgf fgf fgf fgf gfg gfg gfg gfg gfg fgf

4 jhj jhj jhj jhj jhj hjh hjh hjh hjh hjh jhj
5 fdf fdf fdf fdf fdf jkj jkj jkj jkj jkj fdf
6 fjf fgf jhj fdf jkj fjf fgf jhj fdf jkj fjf

**A** Schreibe die Zeilen 1 – 6 einmal ab.

Mache eine kurze Pause.

**B** Schreibe dann die Zeilen 4 – 6 noch einmal ab.

## 05 Weißt du noch?

Weißt du noch die Geschichte von der blauen Gabel, vom blauen Fisch, dem blauen Hut und dem blauen Jojo-Spiel? Dann kannst du dich auch noch an den grünen Drachen und den grünen Koch erinnern.

Dein Zimmer ist wirklich schön eingerichtet. Das gelbe **Sofa** fällt besonders auf. Du weißt ja, dass „Sofa" mit „s" geschrieben wird – und dieses „s" ist gelb.

Kannst du dich noch erinnern, wer dir das nette Tierchen auf dem gelben Sofa geschenkt hat? Richtig, es war Onkel Herbert. Eigentlich passt das Tierchen, ein **Lama**, gar nicht auf das Sofa, weil es auch gelb ist. Aber trotzdem, es gefällt dir. Weißt du, wie man „Lama" schreibt? Natürlich mit einem gelben „l" am Anfang.

Die Lieblingsspeise des Lamas ist ein **Apfel**, aber schön rot muss er sein. So knallig rot wie der erste Buchstabe des Wortes „Apfel", das „a". Und damit du den blauen Fisch, der neben deinem blauen Jojo schwimmt und das Buch, auf dem ein grüner Drache und ein grüner Koch abgebildet sind, auch in der Nacht findest, brauchst du unbedingt eine Lampe, weil du sonst auf das gelbe Sofa fällst, auf dem dein gelbes Lama sitzt und einen roten Apfel frisst. Es soll aber nicht irgendeine Lampe sein, sondern eine ganz rote **Öllampe**. Müsstest du das Wort „Öllampe" schreiben, würdest du den ersten Buchstaben, das „ö", ganz rot anmalen. – So, jetzt überlege dir, welche Buchstaben du heute mit welcher Farbe schreibst.

**Übe mit Coko!**

1 sss sss sss sss sss lll lll lll lll lll sls
2 aaa aaa aaa aaa aaa ööö ööö ööö ööö ööö aöa
3 sls aöa sls aöa sls aöa sls aöa sls aöa sls

4 fjf dkd sls aöa fjf dkd sls aöa fjf dkd sls
5 fgf fff fdf fsf faf jhj jjj jkj jlj jöj fgf

6 gfdsa gfdsa gfdsa gfdsa asdfg asdfg asdfg g
7 hjklö hjklö hjklö hjklö ölkjh ölkjh ölkjh h

8 da da da da das das das das fad fad fad fad
9 gas gas gas sag sag sag fass fass fass fass

**A** Schreibe die Zeilen 1 – 7 einmal ab.

Mache eine kurze Pause.

**B** Schreibe dann die Zeilen 8 und 9 zweimal ab.

**C** Eine zusätzliche Übung findest du auf Seite 145. Schreibe die Zeilen 1 – 6 einmal ab.

## 06 Öffnen, speichern, drucken

Jeder Text, jede Grafik usw., also jedes Objekt, befindet sich während der Erstellung bzw. Bearbeitung zunächst nur im Arbeitsspeicher. Beim Ausschalten des Computers wird der Inhalt dieses Speichers wieder gelöscht. Um ein Dokument dauerhaft zu sichern, muss es auf einem Datenträger, z. B. der Festplatte, unter einem geeigneten Namen gespeichert werden, damit es später wieder verwendet werden kann. Dafür stellen die Programme eigene Befehle zur Verfügung. Dieses dauerhafte Sichern der Dokumente erfolgt in Dateien. Es ist sehr empfehlenswert, bereits während der Erstellung den aktuellen Stand des Dokuments zu sichern (beim erstmaligen speichern mit „Speichern unter").

Willst du später an dem gespeicherten Dokument weiterarbeiten, musst du die Datei mit dem entsprechenden Dateinamen öffnen. Während des Bearbeitens oder auch nachher kann die veränderte Datei unter einem neuen Namen („Speichern unter") oder mit dem gleichen Namen („Speichern") wiederum gesichert werden.

Wenn das Dokument „schwarz auf weiß" (oder natürlich auch farbig) vor dir liegen soll, musst du es drucken. Der Drucker ist ein computergesteuertes Ausgabegerät, das die im Rechner erstellten Arbeiten zu Papier bringt.

Übrigens: „Speichern unter" und „Speichern" gehören zu den Methoden der Klasse Dokument. Es werden nämlich Informationen über das Dokument (z. B. Dateiname, Dateigröße, Speicherort, Erstelldatum) gespeichert.

### Klasse: DATEI

| DATEI |
| --- |
| Dateiname<br>Dateityp<br>Dateigröße<br>Erstellungsdatum<br>Änderungsdatum<br>... |
| speichere()<br>setzeDateiname()<br>öffne()<br>... |

## 07 Datenträger

**Festplatte:** Eine Festplatte ist ein Laufwerk, das die Daten magnetisch auf mehreren im Gehäuse untergebrachten fest eingebauten Metallscheiben speichert. Auf der Festplatte befinden sind das Betriebssystem, die Anwenderprogramme und die Anwenderdaten. Festplatten mit einer Speicherkapazität von 500 GB sind heute keine Seltenheit.

Festplatte

**CD oder DVD:** Beides sind Speichermedien mit hoher Speicherkapazität (CD: etwa 650 MB; DVD: 4,7 GB). Das Beschreiben einer CD- oder DVD-ROM ist nur mit einem Brenner möglich.

CD oder DVD

**USB-Stick:** Der Memory-Stick, ein weit verbreitetes Speichermedium, wird an einer seriellen Schnittstelle des PC angeschlossen und ist ein praktischer Helfer, vor allem um Daten zu transportieren.

USB-Stick

**Blu-ray** (Abk. BD) ist ein neues Speichermedium vor allem für Filme. Die Speicherkapazität ist wesentlich höher aus bei einer DVD (ab 25 GB).

**A** Schreibe ein paar Zeilen und speichere sie dann ab.

Schließe das Dokument.

**B** Öffne das Schriftstück wieder und ergänze es mit einer weiteren Übung.

## 08 Stell dir vor ...

Heute wollen wir mit den Fingern in die Oberreihe hinauf gehen. Wir beachten dabei, dass sich nur der Finger bewegt, mit dem gerade geschrieben wird. Die anderen bleiben in der Ausgangsstellung liegen. Dein blauer Finger, mit dem du das „f" geschrieben hast, bewegt sich – etwas nach links gehend – in die obere Tastenreihe. Dort trifft er auf das „r" wie **„Rakete"**. Sicher hast du schon einmal im Fernsehen eine Rakete zum Mond fliegen sehen. Unsere Rakete hat die Farbe blau. Der Startvorgang unserer blauen Rakete musste aber kurz unterbrochen werden, weil sich ein grüner **Esel** auf die Abschussrampe verirrt hatte.

Da musste die große **Wolke**, welche die blaue Rakete aufnehmen wollte, so fest lachen, dass sie ganz gelb wurde. Und in dem tiefen Meer ärgerte sich eine **Qualle** so stark, dass sie ganz rot anlief. Trotzdem hatte sie Glück, dass sie nicht gefangen und auf einem blauen **Tisch** geschlachtet wurde. Weißt du noch alle neuen Buchstaben? Das blaue „r" für die blaue Rakete, das grüne „e" für den grünen Esel, das gelbe „w" für die gelbe Wolke, das rote „q" für die rote Qualle und schließlich das blaue „t" für den blauen Tisch.

### Übe mit Coko!

1 frf rfr frf rfr frf rfr ded ede ded ede ded ede
2 sws wsw sws wsw sws wsw aqa qaq aqa qaq aqa qaq
3 frf ftf frf ftf frf ftf aqa sws ded frf ftf fgf

4 er er er der der der wer wer wer wert wert wert
5 es es es weg weg weg was was was fast fast fast
6 je je je weh weh weh alt alt alt hart hart hart
7 des des des weder weder weder etwas etwas etwas
8 elf elf elf alter alter alter klare klare klare

9 hat hat hat fragt fragt fragt glatt glatt glatt
10 sehr sehr sehr star star star kalte kalte kalte
11 hart hart hart fest fest fest jeder jeder jeder
12 traf traf traf wahr wahr wahr hatte hatte hatte

13 darf darf darf erst erst erst legte legte legte
14 fast fast fast leer leer leer stört stört stört
15 fett fett fett kahl kahl kahl hörte hörte hörte

**A** Schreibe die Zeilen 1 – 9 einmal ab.

Mache eine Pause.

**B** Schreibe dann die Zeilen 10 – 15 einmal ab.

Speichere das Geschriebene.

**C** Öffne am nächsten Tag die Datei und schreibe die Zeilen 7 – 12 der Seite 145 ab.

Speichere das Geschriebene.

## 09 Kaum zu glauben

… aber vielleicht wahr. Kann es sein, dass dir im Traum schon einmal ein **Ufo** begegnet ist? Ein ganz großes blaues Ufo. Der erste Buchstabe dieses kurzen Wortes ist ein „u“, „u“ wie Ufo. Weil der Zeigefinger deiner rechten Hand blau ist, schreibst du damit auch das „u“. Aber – es steht, wie das „r“, in der Oberreihe. Also: Zeigefinger der rechten Hand nach oben links. Im Traum bist du mit diesem blauen Ufo über Irland geflogen; Irland, die auch die „grüne Insel“ genannt wird. Du merkst dir also das grüne „i“ für die grüne Insel und du weißt, dass der Mittelfinger der rechten Hand ganz grün ist. Auf dieser grünen **Insel** wurden viele Häuser gebaut. In einem dieser Häuser steht ein winzig kleiner gelber **Ofen**, auf dem eine alte Frau ihre Suppe kocht. Da läutet auf einmal der Postbote an der Haustür und bringt der alten Frau ein großes rotes **Paket**. Darüber freut sich auch der kleine John, der in einem blauen **Zelt** vor dem Haus campiert. Ja, das Zelt ist blau, genau so blau wie der Zeigefinger deiner rechten Hand. Aber: Um das „z“ zu erreichen, musst du den Zeigefinger in der Oberreihe ganz weit nach links strecken.

Denke also daran: Blaues „z“ für Zelt, blaues „u“ für Ufo, grünes „i“ für Insel, gelbes „o“ für Ofen, rotes „p“ für Paket. Und schon hast du die Buchstaben der Oberreihe auf der rechten Seite der Tastatur kennen gelernt.

## Übe mit Coko!

**A** Öffne die Übung der letzten Lektion.

Füge die Zeilen 1 – 9 dieser Lektion dazu.

Mache eine Pause.

**B** Schreibe nun die Zeilen 10 – 15 dieser Lektion einmal ab.

Speichere das Geschriebene.

**C** Am nächsten Tag kannst du noch die Zeilen 13 – 18 der Seite 145 anfügen.

```
1  juj uju juj uju juj uju kik iki kik iki kik iki
2  lol olo lol olo lol olo öpö pöp öpö pöp öpö pöp
3  juj jzj juj jzj juj jzj öpö lol kik juj jzj jhj
4  so so so dir dir dir sie sie sie reif reif reif
5  zu zu zu rot rot rot wir wir wir fest fest fest
6  wo wo wo aus aus aus gut gut gut drei drei drei

7  oft oft oft etwas etwas etwas heute heute heute
8  auf auf auf ruhig ruhig ruhig zwölf zwölf zwölf
9  wie wie wie teuer teuer teuer leise leise leise

10 oder oder oder soll soll soll passt passt passt
11 zwei zwei zwei klug klug klug jetzt jetzt jetzt
12 rief rief rief grau grau grau ledig ledig ledig

13 dies dies dies quer quer quer euere euere euere
14 fort fort fort ihre ihre ihre diese diese diese
15 hier hier hier wild wild wild eitel eitel eitel
```

## 10 Hier steht kein X für ein Y

Zwei Buchstabenreihen auf deiner Computertastatur hast du schon kennen gelernt. Nun gehen wir in die Unterreihe. Während der Griffweg nach oben links geführt hat, geht es in die Unterreihe nach unten rechts. Dein blauer Zeigefinger – und nur der – wandert also vom „f" nach links unten zum blauen „v". Und beim blauen „v" denken wir an einen **Vogel** mit blauem Gefieder. Bist du schon einmal mit einem Auto ohne Dach gefahren? So einen Flitzer nennt man **Cabrio**, mit einem „c" am Wortanfang. Und dieses „c" ist genauso grün wie das „d", das für den grünen Drachen steht. Heute passen wir besonders auf, dass wir kein „x" für ein „y" schreiben. Wer kennt ein Musikinstrument mit „x"? Richtig! Das **Xylofon**. Dieses Xylofon ist ebenso gelb wie dein linker Ringfinger und wie der Buchstabe „x". Ein Auto ohne Dach, so haben wir heute gelernt, nennt man Cabrio. Und ein ganz tolles Segelschiff wird oft als „**Yacht**" bezeichnet. Und damit man dieses tolle Segelschiff auch ganz gut sieht, haben wir es mit roter Farbe angestrichen. Du merkst dir also: Dein roter kleiner Finger der linken Hand gehört dem roten „y". Eine Besonderheit ist unser blauer **Baum**. Nicht nur, weil er blau ist und weil folgerichtig das „b" mit dem blauen Zeigefinger geschrieben wird, sondern auch, weil dieser blaue Finger weit nach rechts in die Unterreihe wandert.

### Übe mit Coko!

1 fvf vfv fvf vfv fvf vfv dcd cdc dcd cdc dcd cdc
2 sxs xsx sxs xsx sxs xsx aya yay aya yay aya yay
3 fvf fbf fvf fbf fvf fbf aqa sxs dcd fvf fbf fgf

4 vor vor vor viele viele viele exakt exakt exakt
5 ich ich ich extra extra extra dicht dicht dicht
6 bis bis bis beide beide beide bitte bitte bitte

7 bei bei bei reich reich reich beste beste beste
8 fix fix fix loyal loyal loyal volle volle volle
9 bar bar bar durch durch durch achte achte achte

10 vier vier vier vage vage vage blaue blaue blaue
11 oval oval oval dick dick dick brave brave brave
12 gibt gibt gibt boxe boxe boxe breit breit breit

13 scharf scharf scharf zyklisch zyklisch zyklisch
14 weiche weiche weiche typische typische typische
15 geboxt geboxt geboxt hektisch hektisch hektisch

16 bedeckt bedeckt bedeckt schwere schwere schwere
17 lyrisch lyrisch lyrisch kurvige kurvige kurvige
18 private private private bewölkt bewölkt bewölkt

**A** Gib vor dem Schreiben dem neuen Schriftstück einen Dateinamen.

Schreibe die Zeilen 1 – 18 ab.

Mache nach der Hälfte der Abschrift eine Pause.

**B** Schreibe dann die letzten neun Zeilen.

Zusätzlich kannst du noch die Zeilen 19 – 24 der Seite 145 üben.

## 11 Punkt, Punkt, Komma, Strich ...

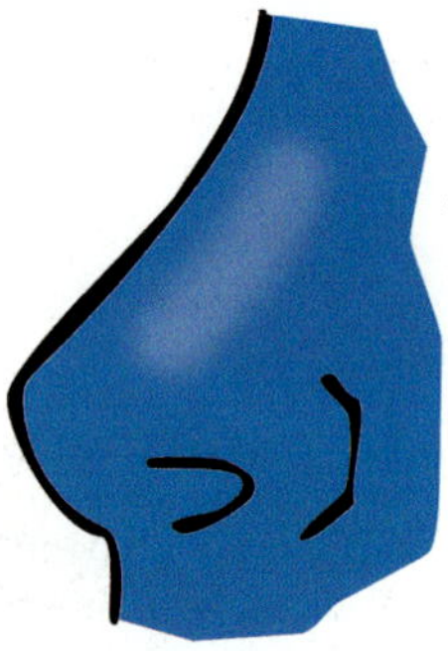

... fertig ist das Angesicht. Punkt, Komma und Strich - die Tasten für diese drei Zeichen „besuchen" wir heute. Aber, Moment! Beginnen wollen wir mit dem „m", das die Farbe blau hat und deshalb mit dem blauen Zeigefinger geschrieben wird. Welches Tier beginnt mit „m"? Richtig. Die **Maus**! Und unsere Maus ist blau. Jetzt aber zum **Komma**. Das Komma hat die Farbe grün, und deshalb wird es mit dem grünen Mittelfinger geschrieben. Hoffentlich sieht man den **Punkt**, den wir gelb darstellen wollen, auf dem Papier gut. Unser gelber rechter Ringfinger, wandert also nach rechts unten zum gelben Punkt. Wenn wir z. B. „Hans-Peter" schreiben wollen, brauchen wir einen **Strich**. Damit man diesen Strich gut sehen kann, stellen wir ihn rot dar. Und rot ist unser kleiner Finger. Wenn du dir die Lage dieses Striches genau ansiehst, erkennst du, dass er – von der Höhe betrachtet - in der Mitte liegt. Deshalb heißt er Mittestrich. Eine Taste haben wir noch vergessen. Sie wird mit dem blauen Zeigefinger angeschlagen. Aber der Weg zu dieser Taste ist eine Besonderheit, denn wir gehen mit dem blauen Zeigefinger, der auf dem „j" liegt, nach links unten. Dort befindet sich der blaue Buchstabe „n". Wir können uns das „n" leicht merken, weil wir manchmal Menschen sehen, deren **Nase** ganz blau ist.

### Übe mit Coko!

1 jmj mjm jmj mjm jmj mjm k,k ,k, k,k ,k, k,k ,k,
2 l.l .l. l.l .l. l.l .l. ö-ö -ö- ö-ö -ö- ö-ö -ö-
3 jmj jnj jmj jnj jmj jnj ö-ö l.l k,k jmj jnj jhj
4 man man man manch manch manch meist meist meist
5 arm arm arm nicht nicht nicht bekam bekam bekam
6 nur nur nur mögen mögen mögen gerne gerne gerne

7 neu neu neu ihnen ihnen ihnen empor empor empor
8 bin bin bin braun braun braun darum darum darum
9 dem dem dem daran daran daran neben neben neben

10 zum, zum, zum, nie, nie, nie, nach, nach, nach.
11 mit, mit, mit, nah, nah, nah, ohne, ohne, ohne.
12 und, und, und, wem, wem, wem, warm, warm, warm.

13 wenig, wenig, wenig, niemals, niemals, niemals.
14 wegen, wegen, wegen, wandern, wandern, wandern.
15 meine, meine, meine, war- te, war- te, war- te.

16 röm.-kath., röm.-kath., s-förmiger, s-förmiger.
17 x-fache, x-fache, fett-triefend, fett-triefend.
18 x-förmig, x-förmig, schwarz-gelb, schwarz-gelb.

**A** Versuche mehrmals in der Woche zu üben.

Schreibe die Zeilen 1 – 18 dieser Lektion ohne Zeitdruck ab.

Mache dabei eine Pause.

**B** Am nächsten Tag kannst du die Zeilen 25 – 30 der Seite 145 üben.

## 12 Findest du mich im Alphabet?

Jetzt kannst du schon alle Buchstaben von A bis Z blind, also ohne auf die Finger zu schauen, mit der Computertastatur schreiben. Versuche es gleich einmal!

a b c d e f g h i j k l m n o p q r s t u v w x y z

In der deutschen Sprache gibt es aber noch weitere Buchstaben, z. B. die Umlaute. Das „ö" kennst du schon. Es wird mit dem roten kleinen Finger der rechten Hand geschrieben und erinnert dich an die Öllampe. Wenn du nun in der Grundreihe diesen roten kleinen Finger weiter nach rechts streckst, kannst du das „ä" schreiben. Du weißt, dass das „a" bei dem Wort „Apfel" rot ist und mit den kleinen Finger der linken Hand geschrieben wird. Das „ä" bei dem Wort „**Äpfel**" ist also auch rot und wird mit dem gestreckten kleinen Finger der rechten Hand geschrieben. – Es gibt noch einen weiteren Umlaut in der deutschen Sprache, nämlich das „ü". Willst du die „ü"-Taste erreichen, musst du deinen roten kleinen Finger der rechten Hand nach rechts in die Oberreihe strecken. Beim Schreiben des Buchstabens „ü" sollst du an das Verkehrszeichen „**Überholverbot**" denken. – Im Deutschen gibt es einen Buchstaben, der nur klein geschrieben wird: das Eszett. Und weil es dieses Zeichen nur einmal gibt, musste es ganz nach oben in die Ziffernreihe „auswandern". Du gehst also mit deinem roten kleinen Finger der rechten Hand gerade über die obere Tastenreihe drüber und „landest" auf der Taste mit dem Buchstaben „ß". Er soll dich an einen roten **Fuß** erinnern.

### Hinweis

Zusätzliche Erklärungen findest du für

- Korrekturen S. 38
- Großschreibung S. 41
- Schreibregeln für Satzzeichen S. 39 und Abkürzungen S. 42
- Verwendung des Mittestrichs S. 44

Nach diesen Übungen geht es weiter ab S. 46.

### Übe mit Coko!

```
1  öäö äöä öäö äöä öüö üöü öüö üöü ößö ßöß ößö ßöß
2  öäö öüö ößö öäö öüö ößö öpö ößö öüö öäö ö-ö öäö
3  aqa sws ded frf ftf jzj juj kik lol öpö öüö ößö
4  aya sxs dcd fvf fbf jnj jmj k,k l.l ö-ö öäö öäö
5  wäre wäre säen säen älter älter nächste nächste
6  wäre säen älter nächste wäre säen älter nächste
7  nächste säen älter wäre säen älter nächste wäre

8  früh früh gültige gültige überprüfen überprüfen
9  früh gültige überprüfen früh gültige überprüfen
10 überprüfen gültige früh gültige überprüfen früh

11 außer außer fleißig fleißig schließen schließen
12 außer fleißig schließen außer fleißig schließen
13 fleißig außer schließen außer schließen fleißig

14 ändern ändern dürften dürften schießen schießen
15 für für üben üben zählen zählen dreißig dreißig
16 früher früher lästige lästige gemäßigt gemäßigt

17 fährt, fährt, stürzen, stürzen, reißen, reißen.
18 dafür, dafür, nämlich, nämlich, äußern, äußern.
19 beißt, beißt, kräftig, kräftig, grüßen, grüßen.
```

**A** Schreibe – auf drei Tage verteilt – die Zeilen 1 – 19 dieser Lektion und die jeweils letzten drei Zeilen der vorhergehenden vier Lektionen einmal ab.

Mache bei Bedarf eine Pause!

**B** Ganz wichtig ist auch die Zeile 1 auf Seite 146. Schreibe diese Zeile mehrmals.

**C** Als weitere Übungen stehen dir die Zeilen 2 – 31 der Seite 146 zum fleißigen Üben zur Verfügung.

# L2b

# Texterfassung und -bearbeitung

## 01 Grundstellung: f, j, d, k, s, l, a, ö

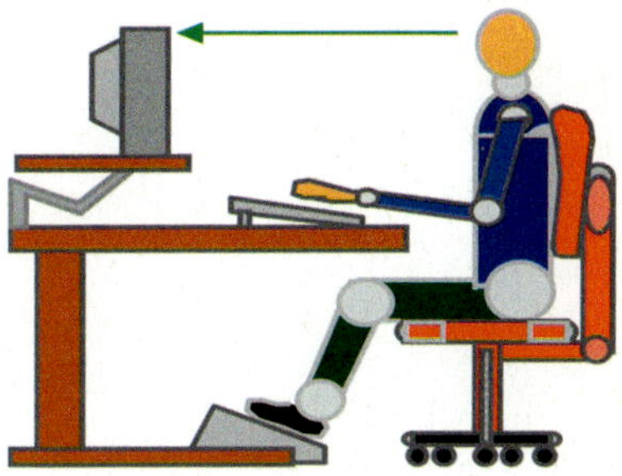

### Die richtige Schreibhaltung

Aufrecht sitzen, Ellenbogen locker an den Körper anlegen, Unterarm und Handrücken bilden eine gerade Linie. Die ersten Fingerglieder sind leicht gekrümmt.

### Einnehmen der Grundstellung

Die Grundstellung wird ertastend in der mittleren Buchstabenreihe (Grundreihe) eingenommen.

### Bedienung der Leertaste

Wenn du die Schreibhaltung eingenommen hast, sollten deine Daumen über der Leertaste schweben. Die Leertaste wird mit dem Daumen bedient. Beim Anschlag der Leertaste bewegt sich der Cursor (Positionsanzeiger am Bildschirm) nach rechts. Der Cursor steht immer rechts neben dem zuletzt geschriebenen Zeichen.

### Texteingabe

Texte können fortlaufend eingegeben werden. Am Zeilenende wird dabei eine automatische Zeilenschaltung vorgenommen. Um eine Leerzeile zu erhalten, ist die Returntaste (Enter) zweimal zu bedienen.

**Linke Hand** — **Rechte Hand**

| A | S | D | F | G | H | J | K | L | Ö |
|---|---|---|---|---|---|---|---|---|---|
| kleiner Finger | Ringfinger | Mittelfinger | Zeigefinger | | | Zeigefinger | Mittelfinger | Ringfinger | kleiner Finger |

### Erarbeitung der Grundstellung

```
1  fff fff fff fff fff fff fff fff fff fff fff fff fff fff fff
2  jjj jjj jjj jjj jjj jjj jjj jjj jjj jjj jjj jjj jjj jjj jjj
3  fjf jfj fjf jfj fjf jfj fjf jfj fjf jfj fjf jfj fjf jfj fjf

4  ddd ddd ddd ddd ddd ddd ddd kkk kkk kkk kkk kkk kkk kkk kkk
5  dkd dkd dkd dkd dkd dkd dkd kdk kdk kdk kdk kdk kdk kdk kdk
6  sss sss sss sss sss sss sss lll lll lll lll lll lll lll lll

7  sls sls sls sls sls sls sls lsl lsl lsl lsl lsl lsl lsl lsl
8  aaa aaa aaa aaa aaa aaa aaa ööö ööö ööö ööö ööö ööö ööö ööö
9  aöa aöa aöa aöa aöa aöa aöa öaö öaö öaö öaö öaö öaö öaö öaö
```

### Wortübungen

```
10 das das das das als als als als fad fad fad fad lös lös lös
11 ja öd da ja öd all das fad lös das als las fall falls allda
```

### Ausgleichsgymnastik

Gezielte Ausgleichsgymnastik hilft die Leistungsfähigkeit zu erhalten, zu steigern und gesundheitlichen Schäden entgegenzuwirken.

Nimm die richtige Schreibhaltung ein.

**A** Schreibe die Zeilen 1 – 11 einmal ab.

Mache dazwischen eine kurze Pause.

**B** Am nächsten Tag solltest du die Zeilen 1 – 6 der Seite 145 einmal schreiben.

## 02 Buchstaben g und h; e und i

### Wiederholung

1 ja öd das als las fad fall allda falls da als fad das falls
2 da ja all das fad als fall falls allda ja das all als allda

### Buchstaben g und h

Der linke bzw. rechte Zeigefinger tastet nach innen.

3 fg fg fgf gfg fgf fgd fgs fga jh jh jhj hjh jhj jhk jhl jhö
4 lag lag sag sag sah sah jag jag lag lag sag sag sah sah jag
5 lag sag sah jag lag sag sah lag sag sah jag lag sag sah lag

6 sag sag half half hall hall sag sag half half hall hall sag
7 sag half hall sag half hall sag half hall sag half hall sag
8 hall sag half sag hall half hall sag half hall sag hall sag

9 jag jag lag lag fahl fahl half half kahl kahl hall hall jag
10 jag lag fahl half kahl hall jag lag fahl half kahl hall jag
11 lag kahl half fahl jag hall kahl lag fahl half kahl jag lag

**Hinweis**

für das Öffnen von Dateien, für das Speichern und Drucken findest du auf Seite 28.

### Buchstaben e und i

Der linke bzw. rechte Mittelfinger tastet hoch links.

12 de de ded ede def ded des dea ki ki kik iki kij kik kil kiö
13 des des die die sei sei sie sie des des die die sei sei sie
14 des die sei sie des die sei sie des die sei sie des die sei

15 die die seid seid fiel fiel hilf hilf lese lese liege liege
16 die seid fiel hilf lese liege die seid fiel hilf lese liege
17 lese seid hilf fiel die liege hilf lese fiel seid hilf lese

18 es es sie sie dies dies fidel fidel leise leise diese diese
19 es sie dies fidel leise diese es sie dies fidel leise diese
20 leise sie dies es fidel diese es leise diese sie fidel dies

## Übe mit Coko!

**A** Schreibe an einem Tag die Zeilen 1 – 11 und am nächsten Tag die Zeilen 12 – 26 jeweils einmal ab.

**B** Schreibe die gesamte Übung nicht in einer Arbeitssitzung.

### Wortübungen

21 sie seid gehe lief lieh hilf feile lasse ideal jedes dieses
22 öde kahl egal hilf fiel seid klage alles diese diese seidig
23 die löse hege dies gehe alle helle leihe helfe ideal fliege

24 elf sei edel alle hege fasse leise klage leide lasse ideale
25 das die half lade ödes lasse alles leise helfe heile dieses
26 all sie egal hall gehe kesse feile liege lasse allda fliege

## 03 Buchstaben r und u; t und z

### Wiederholung

1 jede sehe lege lade hilf fiel dies lieh seid lies löse gehe
2 löse hilf lade dies sehe gehe sage seid lieh fiel hilf dies

### Buchstaben r und u

Der linke bzw. rechte Zeigefinger tastet hoch links.

3 fr fr frf rfr frf frd frs fra ju ju juj uju juj juk jul juö
4 der der ihr ihr aus aus ruf ruf der der ihr ihr aus aus ruf
5 der ihr aus ruf der ihr aus ruf der ihr aus ruf der ihr aus

6 dir dir drei drei rief rief dir dir drei drei rief rief dir
7 dir drei rief dir drei rief dir drei rief dir drei rief dir
8 drei rief dir rief dir drei dir rief drei rief dir drei dir

9 dar dar auf auf klar klar kauf kauf jeder jeder euere euere
10 dar auf klar kauf jeder euere dar auf klar kauf jeder euere
11 auf dar kauf klar euere jeder klar dar kauf euere jeder auf

### Buchstaben t und z

Der linke bzw. rechte Zeigefinger spreizt hoch nach innen.

12 ft ft ftf tft ftf ftd fts fta jz jz jzj zjz jzj jzk jzl jzö
13 zur zur gut gut zögert zögert zur zur gut gut zögert zögert
14 zur gut zögert zur gut zögert zur gut zögert zur gut zögert

15 zu zu ist ist gezahlt gezahlt zu zu ist ist gezahlt gezahlt
16 zu ist gezahlt zu ist gezahlt zu ist gezahlt zu ist gezahlt
17 gezahlt ist zu ist gezahlt zu gezahlt ist zu gezahlt zu ist

18 gut gut kurz kurz jetzt jetzt gut gut kurz kurz jetzt jetzt
19 gut kurz jetzt gut kurz jetzt gut kurz jetzt gut kurz jetzt
20 kurz gut jetzt kurz jetzt gut jetzt kurz jetzt gut kurz gut

Übe mit Coko!

### Wortübungen

21 tief dazu zart alles zuerst zeitig zerfiel durstig gezeigte
22 hart traf kurz zeige fragte gesagt gezahlt erteilt lieferte
23 ruft stur dazu kluge reitet taufte gehörte stellte reagiert

24 zu kahl hilf ziehe daraus getauft gefragt erhielt dreierlei
25 du faul alte stets tiefer liefert geklagt gesetzt kassierte
26 er fast sagt zeige leider freudig hierher gesiegt jederzeit

**A** Schreibe die Zeilen 1 – 26, auf zwei Tage verteilt, einmal ab.

Vergiss nicht die Hand- und Fingergymnastik.

## 04 Korrekturen

Bei der Texterfassung mit einem Computer wird der Text zunächst nicht auf dem Papier, sondern am Monitor dargestellt. Dadurch ist es möglich, Fehler bei der Erfassung sofort zu korrigieren. Ferner kann das Geschriebene in eine ansprechende äußere Form gebracht werden. Ein wesentlicher Vorteil bei der Texterfassung am Computer liegt auch darin, dass der Text nachträglich korrigiert, umgestellt, ganz bzw. teilweise gelöscht oder ergänzt werden kann. Alles Geschriebene kann dauerhaft aufbewahrt (gespeichert) und jederzeit erneut verwendet und bearbeitet werden.

### Korrekturtaste

**Der rechte kleine Finger spreizt weit hoch nach rechts.**

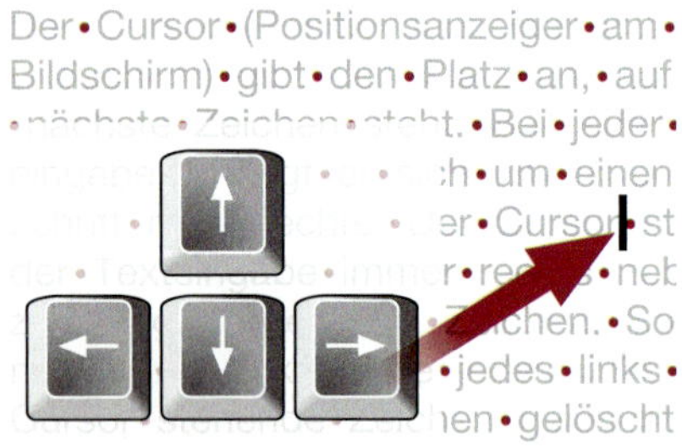

### Cursorsteuerung

Der Cursor (Positionsanzeiger am Bildschirm) gibt den Platz an, auf dem das nächste Zeichen steht. Bei jeder Tasteneingabe bewegt er sich um einen Zeichenschritt nach rechts. Der Cursor steht bei der Texteingabe immer rechts neben dem zuletzt geschriebenen Zeichen. Somit kann mit der Korrekturtaste jedes links vom Cursor stehende Zeichen gelöscht werden. Bei vielen Textverarbeitungsprogrammen wird die Stellung des Cursors am unteren Bildschirmfenster (Statuszeile) angezeigt.

## Übe mit Coko!

### Übungen

**1. Schreibe jeweils ein Wort und lösche dann mit der Korrekturtaste den letzten Buchstaben.**

```
1  falls alles dies diese dieser höhere heizte zögerte geduldige
2  falle ihres legte zeigte altes zahlte hörte startete ersetzte
```

**2. Schreibe jeweils ein Wort, lösche dann mit der Korrekturtaste den letzten Buchstaben und ersetze ihn durch „r".**

```
3  es die das des sie tief sehe alles fahl dieses leises startet
```

**3. Schreibe die Zeilen ab und korrigiere die Fehler sofort mit der Korrekturtaste.**

```
4  half lief leid fiel dies falls alles leide jedes feile dieses
5  drei legt rief klar faul laufe frage dulde kaufe eisig daraus
6  gehe grau rufe hier eure freue reise aller sagte jeder fliehe

7  der als drei klug zahlt jetzt dieses darauf riesige geduldige
8  aus die seid jede graue zielt heraus heiter ersetzt ehrgeizig
9  das sie fest kurz lehre leihe gerade freute gehörte reduziert
```

**4. Schreibe jeweils ein Wort und korrigiere es nach dem Beispiel in Zeile 11.**

```
10  leise dieses hier grau hart dar feilte gezeigt damit heikle
11  lese  diese  her  gau  hat  da  eilte  zeigt   mit   heile
```

**A** Schreibe die Übungen unter Beachtung der Arbeitsaufträge einmal ab.

Mache dazwischen eine Pause.

## 05 Buchstaben v und m; c und Komma

### Wiederholung

1 zur dazu jetzt teilt sagte zuteil heiter gekauft fehlerhaft
2 gut kurz heizt sieht lauft zuerst geizig geklagt dauerhafte

### Buchstaben v und m

Der linke bzw. rechte Zeigefinger tastet tief rechts.

3 fv fv fvf vfv fvf fvd fvs fva jm jm jmj mjm jmj jmk jml jmö
4 viele viele aktiv aktiv mehr mehr damit damit vermag vermag
5 viele aktiv mehr damit vermag viele aktiv mehr damit vermag

6 zum zum kam kam vier vier mild mild vage vage massiv massiv
7 zum kam vier mild vage massiv zum kam vier mild vage massiv
8 kam zum mild vier massiv vage zum vier mild massiv vage kam

9 kaum kaum immer immer kreativ kreativ vermietete vermietete
10 kaum immer kreativ vermietete kaum immer kreativ vermietete
11 immer vermietete kaum kreativ vermietete immer kreativ kaum

### Buchstabe c und Komma

Der linke bzw. rechte Mittelfinger tastet tief rechts.

12 dc dc dcd cdc dcf dcd dcs dca k, k, k,k ,k, k,j k,k k,l k,ö
13 ich ich euch euch dick, dick, ich ich euch euch dick, dick,
14 ich euch dick, ich euch dick, ich euch dick, ich euch dick,

15 sage, sage, mache, mache, fragte, fragte, gelacht, gelacht,
16 sage, mache, fragte, gelacht, sage, mache, fragte, gelacht,
17 fragte, mache, gelacht, sage, mache, fragte, gelacht, sage,

18 lache leise, lache leise, herrlich frisch, herrlich frisch,
19 lache leise, herrlich frisch, lache leise, herrlich frisch,
20 herrlich frisch, lache leise, herrlich frisch, lache leise,

**Merke!**

Die Satzzeichen werden ohne Zwischenraum an den vorhergehenden Buchstaben angefügt. Danach folgt ein Leerzeichen.

**Übe mit Coko!**

### Übungen

21 gehe heim, mache es richtig, vielleicht ist es ihm möglich,
22 sei ruhig, er versichert es, sie hat alles sicher erreicht,
23 sei leise, gehe rechtzeitig, das ist sicherlich sehr schade

24 sie diskutierte es, ich reichte es ihr, er erfuhr es gleich
25 ich hatte es eilig, er fuhr gleich her, ich schicke es euch
26 es ist alles recht, seid immer höflich, ich laufe geradeaus

**A** Schreibe an einem Tag die Zeilen 1 – 11 und am folgenden Tag die Zeilen 12 – 26 einmal ab.

Versuche langsam und fehlerarm zu schreiben.

## 06 Buchstaben b und n; Korrekturen

### Wiederholung

1 ich mache es, das ist sicher schade, sie ist immer ehrlich,
2 höre auf sie, er hatte mich gesucht, ich verkaufe ihm alles

### Buchstaben b und n

Der linke bzw. rechte Zeigefinger spreizt tief nach innen.

3 fb fb fbf bfb fbf fbd fbs fba jn jn jnj njn jnj jnk jnl jnö
4 bis bis bin bin bietet bietet bis bis bin bin bietet bietet
5 bis bin bietet bis bin bietet bis bin bietet bis bin bietet

6 aber aber eben eben bunt bunt lieben lieben bilden, bilden,
7 aber eben bunt lieben bilden, aber eben bunt lieben bilden,
8 bunt eben aber bilden, lieben eben bunt bilden, lieben aber

9 berichten berichten geblieben geblieben beliefern beliefern
10 berichten geblieben beliefern berichten geblieben beliefern
11 geblieben berichten beliefern berichten beliefern geblieben

**Übe mit Coko!**

### Übungen

12 heute bestellen, nicht besuchen, es gleich bezahlen können,
13 immer verzeihen, heute anfangen, er hat es gut beschrieben,
14 gut verarbeitet, damit beginnen, sie hatte selbst gehandelt

### ENTF-Taste

Mit der ENTF-Taste können die Zeichen rechts vom Cursor gelöscht werden. Dabei rücken die folgenden Textteile schrittweise nach links.

### Maus und Cursor

Mit den Cursortasten kann der Cursor nach links, rechts, oben oder unten bewegt werden. Cursorsprünge lassen sich mit eigenen Tasten ausführen. Alternativ dazu können Cursorbewegungen auch mit der Maus durchgeführt werden.

**A** Schreibe am ersten Tag die Zeilen 1 – 14 einmal ab.

**B** Führe am zweiten Tag den Arbeitsauftrag für die Zeilen 15 – 18 aus.

**C** Schreibe abschließend die Zeilen 15 und 17 dreimal ab.

### Übungen

Schreibe jeweils ein Wort und lösche dann mit der ENTF-Taste die Buchstaben nach dem Beispiel der Zeile 16. Verfahre ebenso bei Zeile 18.

15 arme bitten darum malte fremder diesmal versagte verstellte
16 arm bitte da mal fremd dies sage stellt

17 kaum dazu jedem damit immer hörte hasten abfahren verlegten
18 um zu jede mit im hört hat fahre legen

## 07 Großschreibung

### Wiederholung

1 finden stehen können suchen begleiten schreiben eingestellt
2 er besuchte uns gestern, er hatte geschrieben und angerufen

### Großschreibung

Der linke bzw. rechte kleine Finger spreizt tief nach außen und hält die Umschalttaste (Shift-Taste) fest, während mit der jeweils anderen Hand eine Taste gedrückt wird.

3 Ja Ja Ka Ka La La Öa Öa Fö Fö Dö Dö Sö Sö Aö Aö Gö Gö Ha Ha
4 Jagd Kalk Lauf Ösen Föhn Dach Sage Auge Gans Haut Tanz Zahn
5 Else Igel Röte Ufer Vieh Meer Bett Nerv Chat Jahr Föhr Göre

6 das Jahr, der Fall, die Kids, ein Ding, das Land, die Söhne
7 die Öfen, die Albe, das Glas, die Hand, der Test, die Zunge
8 ein Esel, die Idee, der Rest, die Ulme, die Vene, der Magen

9 mit Eifer, der Vater, der Brief, die Reihen, auf dem Tisch,
10 die Feder, die Reise, mit Macht, die Kunden, mit der Tasse,
11 bei Mainz, die Tiere, aus Stein, der Schlaf, aus der Höhle,

Übe mit Coko!

### Übungen

12 das Geld, in der Natur, die neuen Möbel, neben dem Eingang,
13 die Luft, zu dem Deich, aus altem Eisen, in letzter Minute,
14 das Ufer, in dem Kreis, die kurze Zeile, das kleine Zimmer,

15 die Menschen dazu aufgerufen, die Nachteile herausgestellt,
16 keinen neuen Kunden besuchen, zu geringes Interesse zeigen,
17 diese Ziele anstreben können, alle Ursachen herausgefunden,

18 Am Freitag besuchte der Auszubildende auch die Berufsschule
19 Mit Recht stellte der Vertriebsleiter die Leistungen heraus
20 Christian zeigte dem Ausbilder am Dienstag das Berichtsheft

21 Die Auszubildenden machten sich mit ihren Aufgaben vertraut
22 Die bestellten vier Maschinen sind zur Zeit nicht lieferbar
23 Bereits im Februar lieferte die Firma Kleinmann neue Tische

### Dauergroßschreibung

24 Der Lehrer hatte heute seine Hefte in der Klasse ausgeteilt
25 ELFRIEDE UND MARIA durften sich gestern eine neue CD kaufen

26 Luftverschmutzung kann verschiedene Krankheiten verursachen
27 DIE NEUE REGIERUNG trifft die Entscheidung erst am Dienstag

**A** Übung am 1. Tag:
Abschreiben der Zeilen 1 – 17.

**B** Übung am 2. Tag:
Abschreiben der Zeilen 18 – 27.

## 08 Buchstabe x; Punkt und Doppelpunkt

### Wiederholung

1 Auf die Dauer, keinen Grund haben, in der Stadt, der Brief,
2 die langen Reihen, auf dem Tisch, genaue Belege, der Vater,

### Buchstabe x

Der linke Ringfinger tastet tief rechts.

3 sx sx sxs xsx sxf sxd sxs sxa sxj sxk sxl sxö sxg sxh sx xs
4 fix fix mixt mixt extra extra fix fix mixt mixt extra extra
5 fix mixt extra fix mixt extra fix mixt extra fix mixt extra

6 ihre exakte Schrift, extreme Bedingungen, extra neu gemixt,
7 nicht existieren, den Text lesen, nicht nach Xanten fahren,
8 im Exil leben, das Examen ablegen, Max und Alexandra rufen,

### Punkt und Doppelpunkt

Der rechte Ringfinger tastet tief rechts.

9 l. l. l.l .l. l.j l.k l.l l.ö l: l: l:l :l: l:j l:k l:l l:ö
10 steil. steil. viel: viel: steil. steil. viel: viel: steile.
11 steil. viel: steil. viel: steil. viel: steil. viel: steile.

12 Klaus macht mit. Manfred schrieb ihm. Martin bedankte sich.
13 Heinz Neumann traf am Nachmittag in seiner Heimatstadt ein.
14 Adjektive: schlecht, ruhig, nieder, rötlich, dunkel, breit.

15 An der Sitzung nahmen teil: Beatrix und Alexandra Hartmann.
16 Ich denke stets daran: Erst Sicherheit, dann Schnelligkeit.
17 Merke: Herr, Zeit, Schritt, Tag und Leben sind Substantive.

18 Die Sieger fahren heute ins Trainingslager nach Österreich.
19 In den Tabellen sind jetzt die Hausnummern genau angegeben.
20 Die Anzahl der Zeitschriften und Zeitungen nimmt stetig zu.

### Abkürzungen mit Punkt

21 Buchstaben können Sie z. B. durch Fettschrift kennzeichnen.
22 Herr Dr. Richard Bergmann hat eine eigene Kanzlei eröffnet.
23 Die Veranstaltung findet evtl. im Dez. d. J. in Köln statt.

### Abkürzungen ohne Punkt

24 Alle gesetzlichen Bestimmungen sind nicht im HGB zu finden.
25 Auch ARD und ZDF berichteten gestern aus Xanten und Bremen.
26 Die Bezeichnungen kg und g fehlen leider auf diesem Schild.

**Merke!**

Ausgesprochene Abkürzungen erhalten einen Punkt. Folgen zwei oder mehr Abkürzungen aufeinander, werden sie mit Leerzeichen geschrieben.

Ist eine Abkürzung ein selbstständiges Wort oder wird sie buchstäblich gesprochen, wird kein Punkt eingefügt.

**A** Schreibe zum einen die Zeilen 1 – 14 und zum anderen die Zeilen 15 – 26 jeweils einmal ab.

**B** Suche weitere Abkürzungen mit Buchstaben, die du schon schreiben kannst.

## 09 Buchstaben w und o; q und p

### Wiederholung

1 Auf die Dauer, keinen Grund haben, in der Stadt, der Brief.
2 Der Chef, genaue Belege, der Vater, dies ist auf dem Tisch:

### Buchstaben w und o

Der linke bzw. rechte Ringfinger tastet hoch links.

3 sw sw sws wsw swf swd sws swa lo lo lol olo loj lok lol loö
4 wo wo wer wer was was so so wo wo wer wer was was so so wer
5 wo wer was so wo wer was so wo wer was so wo wer was so wer

6 wie wie wann wann also also weil weil doch doch etwas etwas
7 wie wann also weil doch etwas wie wann also weil doch etwas
8 wie also wann doch weil etwas weil wie doch also etwas weil

9 Wind Wind Ofen Ofen Waage Waage Ostern Ostern Wehmut Wehmut
10 Wind Ofen Waage Ostern Wehmut Wind Ofen Waage Ostern Wehmut
11 Ofen Wehmut Wind Waage Ostern Wind Wehmut Ofen Waage Ostern

### Buchstaben q und p

Der linke bzw. rechte kleine Finger tastet hoch links.

12 aq aq aqa qaq aqf aqd aqs aqa öp öp öpö pöp öpj öpk öpl öpö
13 pur pur quer quer plus plus pur pur quer quer plus plus pur
14 pur quer plus pur quer plus pur quer plus pur quer plus pur

15 pro pro quitt quitt parkt parkt bequem bequem packen packen
16 pro quitt parkt bequem packen pro quitt parkt bequem packen
17 parkt packen quitt pro bequem packen quitt parkt pro bequem

18 Platz Platz Quelle Quelle Personen Personen Quartal Quartal
19 Platz Quelle Personen Quartal Platz Quelle Personen Quartal
20 Personen Quelle Quartal Platz Quelle Personen Quartal Platz

### Satzübungen

21 Die eigene Wohnung sollte Ihnen viel Bequemlichkeit bieten.
22 Trotz der Proteste hatten die Politiker nichts unternommen.
23 Die Quartalsabrechnung wird morgen mit der Post verschickt.
24 Der Prospekt zeigt Ihnen den Querschnitt unseres Programms.

25 Herr Peter Widmann wurde zum Leiter der Realschule ernannt.
26 Wir bitten Sie, die Dienstreisen telefonisch zu beantragen.
27 Die Qualifikationsspiele zur Weltmeisterschaft sind im Mai.
28 Die Feuerwehr konnte den Brand im Hochhaus schnell löschen.

**A** Schreibe an zwei Tagen die Zeilen dieser Seite ab.

**B** Beachte beim Schreiben der Zeilen 25 – 28, dass nur dann die nächste Zeile geschrieben werden darf, wenn die vorhergehende fehlerfrei erfasst wurde.

**C** Weitere Übungen findest du auf Seite 145, Zeilen 7 – 18.

## 10 Buchstabe y; Mittestrich

### Wiederholung

1 die Qual, die Partei, der Wind, im Oktober, keine Quittung.
2 Das junge Paar wird nach der Hochzeit in Regensburg wohnen.

### Buchstabe y und Mittestrich

Der linke bzw. rechte kleine Finger tastet tief rechts.

3 ay ay aya yay ayf ayd ays aya ö- ö- ö-ö -ö- ö-j ö-k ö-l ö-ö
4 lo- yal, lo- yal, ty- pisch, ty- pisch, Bay- ern, Bay- ern,
5 lo- yal, ty- pisch, Bay- ern, lo- yal, ty- pisch, Bay- ern,

6 Asyl, Asyl, ha- ben, ha- ben, Type, Type, ba- cke, ba- cke,
7 Asyl, ha- ben, Type, ba- cke, Asyl, ha- ben, Type, ba- cke,
8 ha- ben, ba- cke, Type, Asyl, ba- cke, Asyl, ha- ben, Type,

9 in die City fahren, Karl-Heinz und Hans-Peter, Bad Pyrmont,
10 eine Yacht steuern, Olympische Spiele besucht, in Malaysia,
11 das kleine Display, Computer- und Brettspiele, der Rhythmus

12 um Asyl bitten, ein- und aussteigen, der Martin-Luther-Weg,
13 die Symphathie, Bahn- und Flugreise, Frau Anna-Maria Huber,
14 die Typografie, am Josef-Frey-Platz, in Boston und New York

**Merke!**

Der Bindestrich wird ohne Leerzeichen geschrieben.

Beim Wortergänzungsstrich folgt ein Leerzeichen vor oder hinter dem Mittestrich.

Wird der Mittestrich als Gedanken- bzw. Streckenstrich oder als Zeichen für „gegen" verwendet, dann steht davor und dahinter ein Leerzeichen.

## Übe mit Coko!

### Satzübungen

15 Auf dem Rhein-Main-Flughafen sahen wir einen Airbus landen.
16 Die Garten- und Campingmöbel sind nochmals teurer geworden.
17 Viele Firmen sind - so hörten wir - sehr stark verschuldet.
18 Die Bauarbeiten im Konrad-Adenauer-Weg dauern bis Mittwoch.

19 Die Briefannahme und -ausgabe ist jetzt vereinfacht worden.
20 Der Athlet unternahm mehrere Versuche - leider ohne Erfolg.
21 Dann aber - nach kurzer Zeit - versuchte er es noch einmal.
22 Ein Aufschrei unter den Zuschauern - er hatte es geschafft.

23 Der Presse gab sie - obwohl ganz erschöpft - ein Interview.
24 Der Flug Frankfurt - New York - Los Angeles ist ausgebucht.
25 Beatrix Mayer wohnt in der Friedrich-Ebert-Allee in Speyer.
26 Das Spiel Deutschland - Italien ist noch nicht ausverkauft.

27 Wir haben alle E-Mail-Nachrichten an Herrn Schmidt gesandt.
28 Die Bahnstrecke Passau - Wien ist mehrere Stunden gesperrt.
29 Schreiben Sie bitte Ihren Vor- und Zunamen deutlich lesbar.
30 Lydia, Tommy und Jenny erzielten in Physik sehr gute Noten.

**A** Schreibe am ersten Tag die Zeilen 1 – 14 und am zweiten Tag die restlichen Zeilen ab.

Beachte dabei, dass pro Absatz nicht mehr als drei Fehler unterlaufen dürfen, ansonsten musst du mit dem Absatz wieder von vorne beginnen.

Sei ehrlich bei der Fehlerkorrektur!

**B** Du kannst auch schon die Zeilen 19 – 30 auf Seite 145 schreiben.

## 11 Buchstaben ä, ü und ß

### Wiederholung

1 Die Ein- und Ausfahrt befindet sich am Otto-Kopetzky-Platz.
2 Die Autobahn Salzburg – Linz ist – so hörten wir – vereist.

### Buchstaben ä und ü

Der rechte kleine Finger spreizt nach außen bzw. nach oben rechts.

3 öä öä öäö äöä öäj öäk öäl öäö öü öü öüö üöü öüj öük öül öüö
4 wäre wäre üben üben hätten hätten füllen füllen wählt wählt
5 wäre üben hätten füllen wählt wäre üben hätten füllen wählt

6 für für würde würde käme käme müssen müssen drängen drängen
7 für würde käme müssen drängen für würde käme müssen drängen
8 würde drängen käme müssen für würde käme müssen drängen für

9 dürft würde rückt wählt gütig ständig fühlen nützen züchten
10 gewünscht ungenügend verspätet überflüssig nähme anständige
11 kein Ärger, diese Übungen, die Änderungen, die Überschüsse,

### Buchstabe ß

Der rechte kleine Finger tastet fast gerade hoch in die Ziffernreihe.

12 öß öß ößö ßöß ößj ößk ößl ößö öß öß ößö ßöß ößj ößk ößl ößö
13 süß süß heiß heiß große große süß süß heiß heiß große große
14 süß heiß große süß heiß große süß heiß große süß heiß große

15 fleißig fleißig spaßig spaßig mäßige mäßige äußerst äußerst
16 fleißig spaßig mäßige äußerst fleißig spaßig mäßige äußerst
17 äußerst mäßige spaßig fleißig mäßige äußerst spaßig fleißig

18 der Gruß, keine Äußerungen, viel Fleiß, eine Fußgängerzone,
19 die Soße, viele Grußkarten, seine Füße, die Großhandlungen,
20 Maßstäbe, zuckersüßer Wein, große Maße, mehrere Großstädte,

### Satzübungen

21 Unter diesen Umständen wird die Einspruchsfrist verlängert.
22 Selbstverständlich muss großer Schaden nachgewiesen werden.
23 Es genügt doch, die Entscheidung nur mündlich zu begründen.
24 Frau Preß wird sich längere Zeit damit beschäftigen müssen.

25 Natürlich werden die Wünsche unserer Kunden berücksichtigt.
26 Die Ausschüsse prüfen, ob auch die Gebühren anzuheben sind.
27 Die Geschäftsführerin fährt bereits am Sonntag nach Gießen.
28 Viele Käufer schätzen die gute Qualität dieser Erzeugnisse.

**Übe mit Coko!**

**A** Versuche, auf zwei Tage verteilt, jede Zeile dieser Lektion einmal fehlerfrei zu schreiben.

**B** Als zusätzliche Aufgabe stehen Übungen auf der Seite 146 bereit. Denke daran: Übung macht den Meister!

## 12 Training, Fließtext, Silbentrennung

### Häufige Wörter

1 im das aus zur wen hier fest mehr ihnen durch senden zurück
2 ab und die bei wir kann alle frei macht älter können wieder
3 in sie mit nur ihr sich auch oben nicht laden werden sollte
4 zu ein für vom war über nach aber einem höher andere hatten
5 er von auf wer sei darf mehr ohne fährt legen eignen nehmen

### Längere Wörter

6 Aufgabengebiete Wirtschaftlichkeit Probenummern Stammkunden
7 Verkaufsgebiete zusammenarbeiten freundschaftlich Textilien
8 Preisausschreiben Elektrogeräte Kundenbetreuer schlagfertig
9 fachmännische nützliche Telefonanschlüsse Verdienstausfälle
10 zusammenarbeiten Einfamilienhaus Materialbedarf Mülldeponie

11 Geschäftsbriefe Praktikumsstelle Lampenschirm Informationen
12 Computertechnik Lebensbedingungen jugendlich Landwirtschaft
13 grundsätzlich Einheitswert Berufsberater Zeitschriftenmarkt
14 Vorüberlegungen zusammenarbeiten programmieren wesentlicher
15 Außendienstmitarbeiterinnen Lebensversicherungsgesellschaft

### Fließtext (automatischer Zeilenumbruch)

Als Fließtext bezeichnet man die Texteingabe, die ohne Zeilenschaltung vorgenommen wird. Dabei führt das Programm einen automatischen Zeilenumbruch durch.

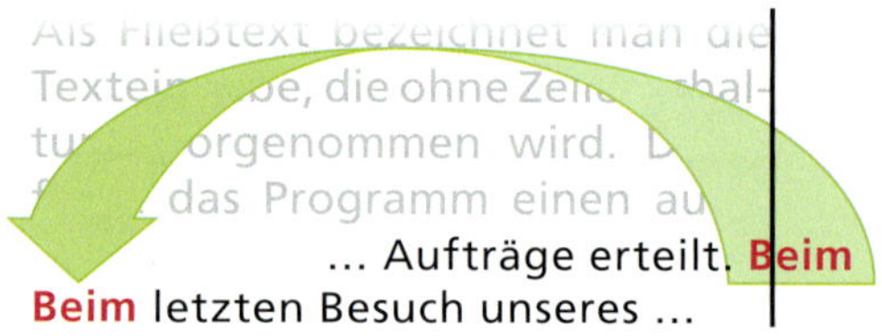


### Silbentrennung

Bei den Textverarbeitungsprogrammen erfolgt die Silbentrennung entweder bei der Texteingabe oder durch einen eigenen Befehl nach der Texterfassung. Die meisten Programme unterbreiten ferner einen Trennvorschlag, der bestätigt oder verändert werden kann.

**Übe mit Coko!**

### Übung

**Erfasse folgende Zeilen mit vorher eingestellter Silbentrennung als Fließtext. Verwende für die Absatzschaltung entweder ein weiteres Return oder benutze die entsprechende Formatierung, die dir das Programm für die Absatzgestaltung anbietet.**

16 Im Unterricht des Faches Informationstechnologie ordnen, ver-
17 tiefen und erweitern wir unsere Kenntnisse und Fertigkeiten im
18 Gebrauch des Computers. Wir verstehen den PC als Werkzeug, das
19 vielfältig einsetzbar ist. Grundlegende theoretische Kenntnisse
20 wenden wir natürlich auch bei den praktischen Arbeiten an.

21 In den meisten Bereichen des täglichen Lebens kann der Computer
22 sinnvoll eingesetzt werden. In der Schule wird er nicht nur im
23 Fach Informationstechnologie gebraucht. Auch in anderen Fä-
24 chern, z. B. in Deutsch, Erdkunde oder in den Naturwissenschaf-
25 ten wird er ebenso praxisgerecht und nutzbringend eingesetzt.

**A** Schreibe am ersten Tag die Zeilen 1 – 5 zweimal und die Zeilen 6 – 15 einmal ab.

**B** Versuche am zweiten Tag die Zeilen 16 – 25 innerhalb von zehn Minuten einmal abzuschreiben; ggf. musst du deine Arbeitszeit verlängern.

**C** Fleißaufgabe: Schreibe die Zeilen 1 – 18 der Seite 147 einmal ab.

## 13 Semikolon, Grundstrich; Zeichen schützen

### Wiederholung

1 Das Angebot für Großkunden ist von den Nachfragen abhängig.
2 Beatrix Fässler besuchte nach der Realschule das Gymnasium.

### Semikolon, Grundstrich

3 k,k k;k ö-ö ö_ö k,k k;k ö-ö ö_ö k,k k;k ö-ö ö_ö k,k k;k ö_ö

4 Bestellung: Laserdrucker, Tintenstrahldrucker; Farbmonitore
5 Hemd, Jacke, Krawatte; Äpfel, Birnen; Brot, Kuchen, Torten.
6 Das Gespräch findet am Montag statt; wollen Sie teilnehmen?

7 Das Angebot wurde verbessert; dies gilt auch für Fahrzeuge.
8 Der Wein ist sehr billig; aber er ist für uns zu säuerlich.
9 Die Sache ist erledigt; deshalb sollten wir nicht streiten.

10 Die Schülerin hat die Prüfung ________________ bestanden.

Anmerkung: Der Grundstrich wird bei der Arbeit am Computer kaum verwendet.

### Ausrufezeichen und Fragezeichen

11 a1a a!a ößö ö?ö a1a a!a ößö ö?ö a1a a!a ößö ö?ö a1a a!a ö?ö

12 Hallo! Achtung! Vorsicht! Alles Gute! Sehr schön! Sei leise!
13 Für Sie! Gute Reise! Viel Erfolg! Schöne Ferien! Viel Glück!
14 Grüß Gott! Meine Damen und Herren! Ruf mich bitte wieder an!

15 Wo? Wer? Was? Wie? Wann? Warum? Wohin? Weshalb? Wo warst Du?
16 Wer weiß das? Wer kann mich verstehen? Wohin gehst Du heute?
17 Sind Sie damit einverstanden? Kannst Du mich morgen anrufen?

### Geschützter Bindestrich

Ein geschützter Bindestrich wird verwendet, wenn verhindert werden soll, dass ein mit Bindestrich geschriebenes Wort getrennt wird.

### Geschütztes Leerzeichen

Bei der Fließtexteingabe erfolgt der Zeilenumbruch beim vorhergehenden Leerzeichen. Damit bestimmte hintereinander stehende Wörter oder Zeichen nicht durch ein Leerzeichen auseinander gerissen werden, muss das Leerzeichen geschützt werden.

**Übe mit Coko!**

### Übung

**Schreibe folgende Zeilen ab und achte darauf, dass bei zusammengehörenden Objekten ein geschützter Bindestrich eingegeben wird.**

18 Wir konnten Ihnen in den vergangenen Tagen leider keine
19 E-Mails senden, weil die von Ihnen angegebene Adresse zum
20 x-ten Mal als falsch bzw. nicht existent angezeigt wurde.

**Schreibe folgende Zeilen ab und achte darauf, dass bei zusammengehörenden Objekten ein geschütztes Leerzeichen eingegeben wird.**

21 Die Sportlerinnen und Sportler sind heute gebeten worden,
22 u. a. auf ihre Wertgegenstände aufzupassen. Diese könnten
23 z. B. in einem abschließbaren Behälter aufbewahrt werden.

**A** Schreibe die Zeilen 1 und 2, 4 – 9, 12 – 17 und 18 – 23 einmal ab. Mache ggf. dazwischen eine Pause.

**B** Fleißaufgabe:
Schreibe die Zeilen 19 – 36 der Seite 147 einmal ab.

## 14 Ziffern 4 und 9; 5 und 8

### Wiederholung

1 Das Semikolon steht nie am Satzende; dort kommt der Punkt.
2 Unsere Angebote sind günstig; bestellen Sie jedoch sofort.

### Ziffern 4 und 9

Der linke bzw. rechte Mittelfinger tastet fast gerade hoch in die Ziffernreihe.

3 d4d k9k d4d k9k d4d k9k d4f k9j d4d k9k d4s k9l d4a k9ö d4d
4 4 Daten, 9 Knoten, 4 Disketten, 9 Kalorien, 4 Dänen, 9 Dias
5 4. Dezember, der 9. Kunde, der 44. Tag, vor 9 Kalendertagen

6 Der Schulleiter, Herr Max Huber, feiert den 49. Geburtstag.
7 Am 4. Dezember wurde der Rechnungsbetrag bereits angemahnt.
8 Die 494 Kisten konnten auf die Transporter verladen werden.

**Merke!**

Bei Ordnungszahlen folgt das Leerzeichen hinter dem Punkt.

Bei einer dezimalen Teilung wird das Komma geschrieben.

Bei Aneinanderreihungen von Buchstaben und Ziffern wird ein Bindestrich geschrieben.

### Ziffern 5 und 8

Der linke bzw. rechte Zeigefinger tastet fast gerade hoch in die Ziffernreihe.

9 f5f j8j f5f j8j f5f j8j f5f j8j f5d j8k f5s j8l f5a j8ö f5f
10 5 Filme, 8 Jahre, 5 Federn, 8 Jacken, 55 Felder, 888 Jungen
11 8-jährig, am 5. Februar, der 8. Januar, 5-mal, der 8. Juli,

12 Am Sportfest in Wien nahmen voriges Jahr 854 Sportler teil.
13 Die Rechnung muss 8 Tage vor der Abreise überwiesen werden.
14 Bei einigen Waren haben wir Lieferrückstände von 5 Monaten.

### Ordnungszahlen

15 in der 5. Folge, der 8. Käufer, mit dem 4. Sieg, der 9. Tag
16 der 8. Arbeitstag, während der 4. Woche, wieder im 5. Monat
17 An ihrem 55. Geburtstag trafen sehr viele Glückwünsche ein.

### Dezimale Teilung

18 um 459,88 EUR billiger, 99,98 cm hoch, 958,99 EUR Guthaben,
19 9,98 EUR, 5,99 m lang, 8,55 EUR überwiesen, 5,5 km gelaufen
20 Das Bankguthaben ist in diesem Jahr um 85,99 EUR gestiegen.

### Aneinanderreihung von Buchstaben und Ziffern

21 ein 5-seitiger Prospekt, 9-jährige Katze, 8-tägiger Urlaub,
22 der 98-Jährige, ein 4-Zylinder-Motor, das 9-teilige Geheft,
23 Im 59-seitigen Prospekt ist das 8-Punkte-Programm zu lesen.

**A** Schreibe die Zeilen 1 – 23 einmal ab. Suche jeweils fünf Beispiele für Ordnungszahlen, für die dezimale Teilung und für die Aneinanderreihung von Buchstaben und Ziffern.

Verteile die Arbeit auf zwei Tage.

**B** Erfasse an einem der beiden Tage noch zusätzlich den Text „Multimedia" auf Seite 149 als 10-Minuten-Abschrift.

## 15 Ziffern 6 und 7; 3 und 0

### Wiederholung

1 Der Leiter der Berufsberatung, Herr Froh, ist 49 Jahre alt.
2 Nach dem 5. Durchgang starten die größeren 85-PS-Fahrzeuge.

### Ziffern 6 und 7

Der linke bzw. rechte Zeigefinger tastet weit hoch in die Ziffernreihe.

3 f6f j7j f6f j7j f6f j7j f6f j7j f6d j7k f6s j7l f6a j7ö f6f
4 6 Fälle, 7 Jacken, 66 Fahrten, 77 Jungen, 6 Filme, 7 Joppen
5 der 67. Rekord, nach 76 Monaten, 645 867 Einwohner, 7,5-mal

6 Überweisen Sie den Betrag von 67.955 € auf unser Girokonto.
7 Die Einwohnerzahl unserer Stadt steigerte sich auf 675 458.
8 Die Gewinnsumme der Lotterie erhöht sich auf 4.899.679 EUR.

### Ziffern 3 und 0

Der linke bzw. rechte Ringfinger tastet fast gerade hoch in die Ziffernreihe.

9 s3s l0l s3s l0l s3s l0l s3f l0j s3d l0k s3s l0l s3a l0ö s3s
10 3 Säcke, 0 Löcher, 33 Semmeln, 300 Leisten, 80 Schülerinnen
11 am 30. August, über 3 000 Meilen, 300 Langläufer, 43 Surfer

12 Beim 3. Fehlstart wurden die Läufer leider disqualifiziert.
13 Im Vorverkauf wurden schon 3 000 Eintrittskarten abgesetzt.
14 Unsere Realschule erhielt die neue Telefonnummer 0873 4689.

### Zahlengliederungen

15 Der Tachometer des gelben Vorführwagens zeigte 9 300 km an.
16 Vielen Dank für die Überweisung der Rechnung über 93.549 €.
17 Das 5-Liter-Fahrzeug hat schon über 34 500 km zurückgelegt.

18 Eggenfelden im Rottal hat derzeit mehr als 14000 Einwohner.
19 Wir bitten um Überweisung des Restbetrages von 9350,98 EUR.
20 Die Kosten für den Neubau werden über € 1.000.000 betragen.

### Telefonnummern

21 Kündigen Sie bitte Ihren Besuch unter der Nr. 0873 5498 an.
22 Der Provider hat uns die Nummer +49 373 6553786 zugewiesen.
23 Das Sekretariat der Schule ist unter 074 6358-3 erreichbar.

24 Unsere Telefonzentrale hat die Rufnummer 08743 956837-6936.
25 Ich bin ab sofort unter der Rufnummer 06543 497 erreichbar.
26 Herr Josef Richter hat eine neue Handy-Nummer: 0373 486572.

**Merke!**

Zahlen mit mehr als drei Stellen können durch je einen Leerschritt in dreistellige Gruppen gegliedert werden. Bei Geldbeträgen verwendet man aus Sicherheitsgründen bei der Gliederung einen Punkt.

Das €-Zeichen wird mit <AltGr> + E erzeugt.

Währungsbezeichnungen können vor oder hinter dem Betrag stehen.

Telefonnummern werden funktionsbezogen durch je ein Leerzeichen gegliedert (Provider, Landesvorwahl, Ortsnetzkennzahl, Anschlussnummer).

**A** Beschrifte dein Übungsblatt mit deinem Namen und deiner Telefonnummer. Schreibe deine Rufnummer einmal auf die internationale und einmal auf die nationale Art. Besitzt du ein Handy? Schreibe auch diese Rufnummer normgerecht auf.

**B** Schreibe diese Seite, auf zwei Tage verteilt, einmal ab.

**C** Als zusätzliche Arbeit kann die Konzentrationsübung auf Seite 151 geschrieben werden.

## 16 Ziffern 2 und 1; Regeln

### Wiederholung

1 Die Sängerin konnte nach 7-jähriger Pause wieder auftreten.
2 Wir werden Ihnen den Gewinn über 9.000 € sofort überweisen.

### Ziffern 2 und 1

Der linke kleine Finger tastet fast gerade bzw. schräg hoch in die Ziffernreihe.

3 a2a a1a a2a a1a a2a a1a a2f a1f a2d a1d a2s a1s a2a a1a a2a
4 2 Akten, 1 Antrag, 21 Abende, 121 Anfragen, 211 Autogramme,
5 der 21. Brief, ein 12-Zylinder-Motor, Tel.-Nr. 0821 412483.

6 Am 12. Tag unserer Exkursion waren rund € 2.100 verbraucht.
7 In der 2. Etage des 8-stöckigen Hauses brach ein Feuer aus.
8 Am 21. April erscheint unser 20-seitiger farbiger Bildband.

### Kalenderdaten

9 27. November 2010, 2010-11-27, 4. Februar 2010, 2010-02-04.
10 Der Verkaufsleiter kam am 1. Jan. d. J. in unseren Betrieb.
11 Das Datum der 12. Rechnung muss richtig lauten: 2010-09-12.

12 Die Meisterschaft findet am Samstag, 17. April 2010, statt.
13 Der Erscheinungstermin des Buches ist der 21. Oktober d. J.
14 Im Protokoll wurde vermerkt: 2010-12-08 – letzter Stichtag.

### Uhrzeit

15 Pünktlich um 3 Uhr wird heute auf die Sommerzeit umgestellt.
16 Der Eilzug fährt laut Fahrplan um 08:37 Uhr von Gleis 17 ab.
17 Genau um 19:04:37 Uhr wird die alte Elektronik abgeschaltet.

18 Unsere Zentrale ist künftig nur noch ab 09:30 Uhr geöffnet.
19 Der Bus fährt pünktlich um 06:20 Uhr vom St.-Josef-Platz ab
20 und kehrt wieder gegen 19:30 Uhr nach Bad Griesbach zurück.

### Postleitzahlen und Postfachnummern

21 Die Stadt Pfarrkirchen im Rottal hat die Postleitzahl 84347.
22 Vergessen Sie nicht unsere Postfachnummer 7 45 39 anzugeben.
23 Unsere Anschrift: Firma Otto Klein, Postfach 3 86, 95031 Hof

24 Im Jahr 1962 wurde die vierstellige Postleitzahl eingeführt.
25 Seit dem 1. Juli 1993 gibt es die fünfstellige Postleitzahl.
26 Musteranschrift: Herrn Max Meier, Postfach 2 12, 88316 Isny.

**Merke!**

Kalenderdaten können alphanumerisch oder numerisch geschrieben werden. Bei der numerischen Schreibung wird entweder in der Reihefolge Jahr-Monat-Tag mit dem Mittestrich gegliedert oder (sofern keine Missverständnisse entstehen) in der Reihenfolge Tag, Monat, Jahr (gegliedert mit dem Punkt), wobei Tag und Monat jeweils zweistellig anzugeben sind.

Bei der Angabe der Uhrzeit in Stunden, Minuten und Sekunden ist jede Einheit mit zwei Ziffern anzugeben und mit einem Doppelpunkt zu gliedern.

Deutsche Postleitzahlen werden fünfstellig ohne Leerzeichen geschrieben.

Postfachnummern werden von rechts beginnend durch je ein Leerzeichen in zweistellige Gruppen gegliedert.

**A** Schreibe rechtsbündig in die Zeile deiner Namensangabe das heutige Datum in numerischer und alphanumerischer Form. Die dazu die Zeilen 1 – 14 einmal ab.

**B** Bei deiner nächsten Arbeitssitzung werden die Zeilen 15 – 26 insgesamt zweimal abgeschrieben, wobei in einer Zeile nicht mehr als ein Fehler gemacht werden darf; ggf. muss die Zeile wieder von vorne begonnen werden.

## 17 Zifferneingabe über die numerische Tastatur

Die Ziffern können sowohl über die Tasten der alphanumerischen Tastatur als auch über den Ziffernblock der numerischen Tastatur eingegeben werden. Bei einigen Keyboards muss der Rechenblock erst über die Taste „Num Lock" aktiviert werden. Dies wird meist durch eine Kontrollleuchte angezeigt. Häufig sind die alphanumerischen Tasten doppelt belegt.

Wie die alphanumerische Tastatur kann auch der Rechenblock rationell mit dem entsprechenden Fingersatz bedient werden.

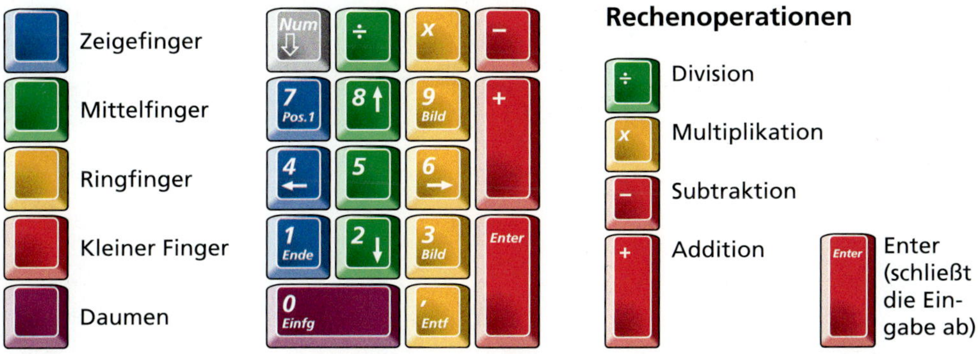


Gib über die numerische Tastatur die folgenden Ziffern bzw. Zahlen und die Rechenoperationen ein.

Beachte dabei, dass es sich hierbei um eine Zifferneingabe und weder um eine Gestaltung nach den Regeln für die Textverarbeitung noch um mathematische Aufgaben handelt.

| a) | b) | c) | d) | e) | f) |
|---|---|---|---|---|---|
| 47414 | 1957 | 5-5 | 4*7*4 | 4/1/4 | 4/5*6 |
| 58525 | 3759 | 4-4 | 5*8*5 | 5/2/5 | 5-2+0 |
| 69636 | 5370 | 6-6 | 6*9*6 | 6/3/6 | 2*8+1 |
| 474475476 | 5+5 | 4-7-4 | 4*1*4 | 4,4 | 02-06-17 |
| 585584585586 | 4+4 | 5-8-5 | 5*2*5 | 5,5 | 69-09-21 |
| 696695694 | 6+6 | 6-9-6 | 6*3*6 | 6,6 | 74-12-24 |
| 414415416 | 4+7+4 | 4-1-4 | 4/4 | 474,41 | 1958-11-23 |
| 525524525526 | 5+8+5 | 5-2-5 | 5/5 | 585,52 | 1973-08-19 |
| 636635634 | 6+9+6 | 6-3-6 | 6/6 | 636,63 | 2002-01-27 |
| 405060708090102030 | 4+1+4 | 4*4 | 4/7/4 | 404,04 | 585420,00 |
| 470580690410520630 | 5+2+5 | 5*5 | 5/8/5 | 505,05 | 957104,28 |
| 410520630474580 | 6+3+6 | 6*6 | 6/9/6 | 606,06 | 386021,67 |
| 590 | | | | | |

**A** Erfasse die Übungen a – f über die numerische Tastatur.

**B** Schreibe von Seite 150 die Zeilen 1 – 14 einmal ab.

**C** Erfasse anschließend den Text „Hardware: Die Eingabegeräte" als 10-Minuten-Abschrift.

# L3

# Informations-austausch

## 01 Ordnung

Seit nunmehr zwei Jahren besitzt Lena schon einen digitalen Fotoapparat und das Fotografieren macht ihr riesigen Spaß. Bisher hat Lenas Vater alle ihre Fotos auf seinem Computer gespeichert und sich um das Ausdrucken gekümmert. Jetzt aber hat Lena einen eigenen Computer bekommen und sie will ihre Fotos selber verwalten.

Dem Papa ist das ganz recht und er erklärt ihr: „Auf deiner Festplatte gibt es einen Speicherort mit deinem Benutzernamen ‚Lena' oder ‚Eigene Dateien'. Nur an diesem Ort darfst du speichern und alle anderen Bereiche der Festplatte sind für dich tabu. Denn es gibt sehr viele Dateien auf deiner Festplatte, die der Computer unbedingt benötigt. Diese darfst du auf keinen Fall beschädigen, sonst funktioniert dein PC nicht mehr richtig."

Lena hat sich bisher nicht darum gekümmert, wo die einzelnen Dateien abgespeichert wurden, ihr war das egal. Sie hat immer nur auf das Icon von „Speichern" gedrückt.

- IT-Hausaufgabe von gestern
- Fotos vom Geburtstag ihres Bruders Maxi von letzter Woche
- Fotos vom letzten Besuch ihrer Freundin Kathrin
- ...

Papa zeigt ihr das ganze Durcheinander und schlägt vor – wie bei wichtigen Unterlagen auch – die Dateien in Ordnern abzulegen.

Lena überlegt, wie sie eine Ordnung in ihre vielen Fotos bringen kann und was sie sonst noch so abspeichern will. Dabei ergeben sich viele Gesichtspunkte, die beachtet werden müssen:

**Privates und Schule, Bilder, Texte, Tiere, Hobbys, Sport.**

Sie beginnt, die Themenbereiche zu sortieren und stellt fest, dass der Ordner „Fotos" zu unübersichtlich wird. Dieser Ordner braucht ganz sicher Unterteilungen:

- Fotos
  - Urlaub
    - 2007
    - 2008
    - 2009
  - Feste
  - Freunde
  - Geburtstage
    - Mama
    - Papa
    - Maxi
    - Elisabeth

Ihr Vater hilft ihr bei der Erstellung der Ordner und erklärt Lena: „In einen Ordner kannst du weitere Ordner stellen, das ist so wie die Unterteilungen bei einem richtigen Ordner. Schau her, so erstellst du Ordner!"

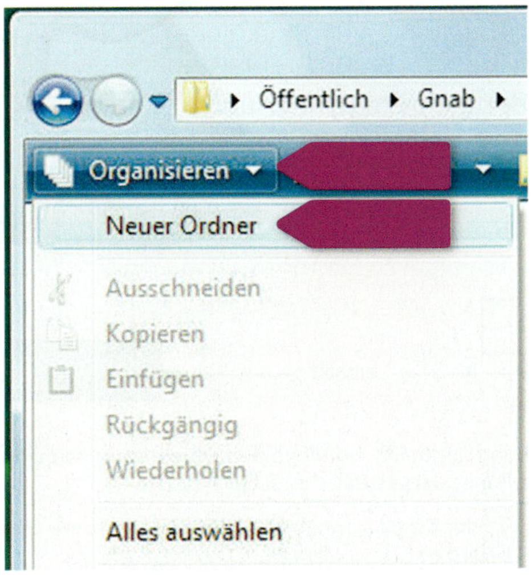


**Merke!**

Datei (engl. file) ist die Bezeichnung für eine Zusammenstellung von Programm- oder Arbeitsdaten auf Datenträgern.

**A** Erstelle auf deinem Privatcomputer einen neuen Ordner für die Schule mit sinnvollen Unterordnern.

## 02 Arbeitsplatz

Das Programmfenster Computer (Arbeitsplatz) dient zur Organisation und Verwaltung der Speichermedien. Außer den Laufwerken werden auch noch die Symbole für Desktop, Benutzerordner von Lena, Systemsteuerung, Netzwerk und Papierkorb angezeigt. Jedes Laufwerk wird durch ein eigenes Symbol dargestellt.

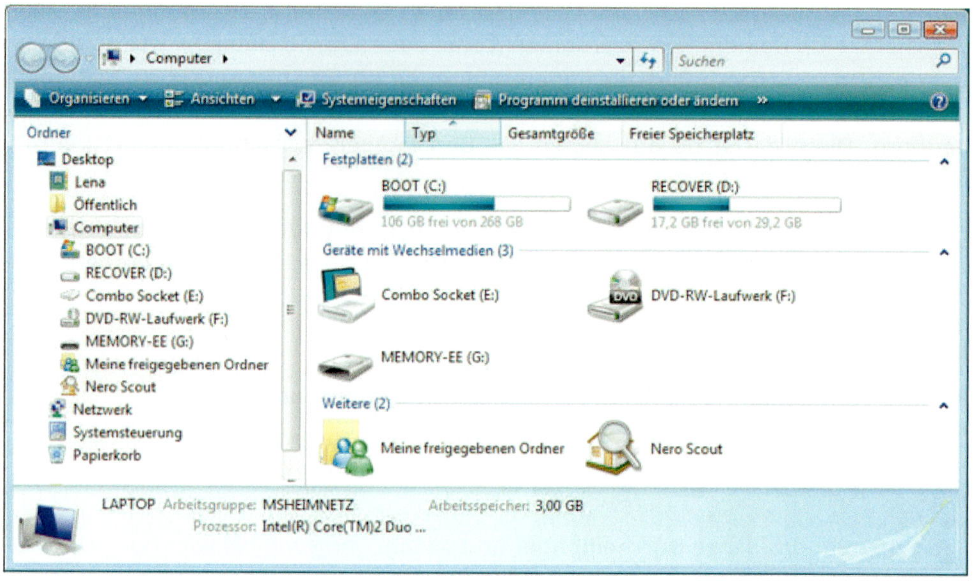

**Lena**
(Eigene Dateien)

Der Ordner „Lena" (oder „Eigene Dateien von Lena") ist ein Wurzelordner, der Ausgangsordner eines Ordnersystems.

Dateien und Ordner bilden ein Dateisystem mit Ordnungsebenen.

Dieses System, in dem die Elemente über- oder untergeordnet sind, nennt man hierarchisch. Man kann die einzelnen Objekte in einem Baumdiagramm darstellen.

Ein Ordner kann

- keinen, einen oder mehrere Ordner und
- keine, eine oder mehrere Dateien enthalten

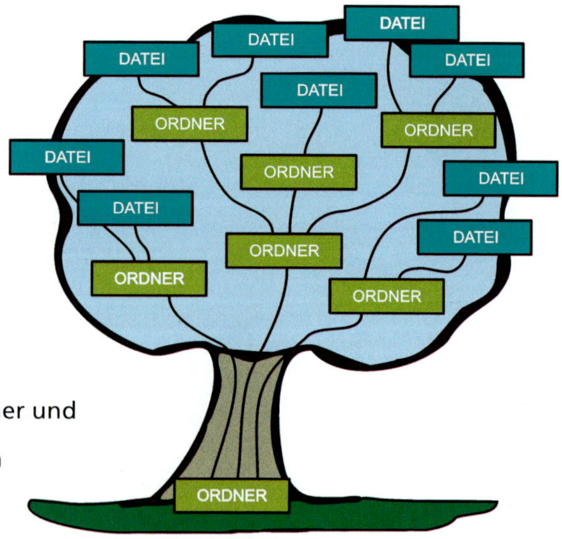


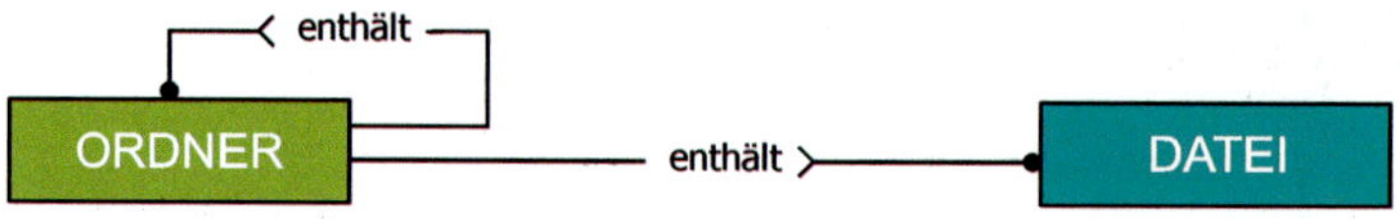


**Anmerkung:** Die Beziehung „enthält" zwischen den Objekten verschiedener Klassen wird durch Linien mit oder ohne Punkt dargestellt:

enthält > (Linie mit Punkt): Einem Objekt der Klasse können **kein, ein** oder **mehrere** Objekte der anderen Klasse zugeordnet werden.

enthält > (Linie ohne Punkt): Einem Objekt der Klasse kann **kein** oder **ein** Objekt der anderen Klasse zugeordnet werden.

## 03 Ordner und Dateien

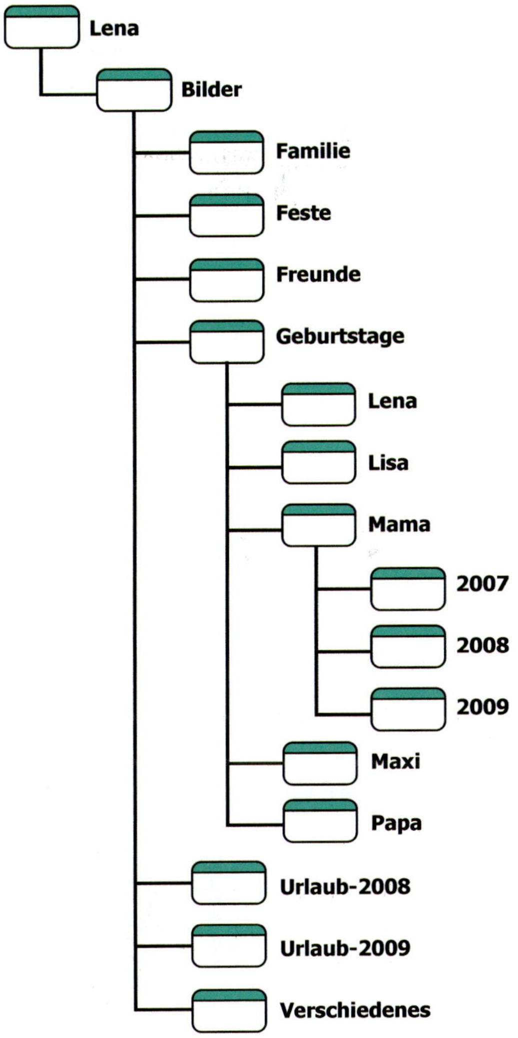


Dateien und Dateiordner können als Objekte mit Attributen und Methoden beschrieben werden. In Objektdiagrammen werden die Beziehungen zwischen den einzelnen Objekten grafisch dargestellt.

Mithilfe der Methoden kannst du immer Ordnung auf dem PC-Speicherplatz halten.

Ordner:

- Neu erstellen
- Öffnen
- Unterordner bilden
- Umbenennen
- Kopieren
- Verschieben
- Löschen
- ...

Dateien:

- Öffnen
- In Ordner kopieren
- In Ordner verschieben
- Umbenennen
- Löschen
- Drucken
- ...

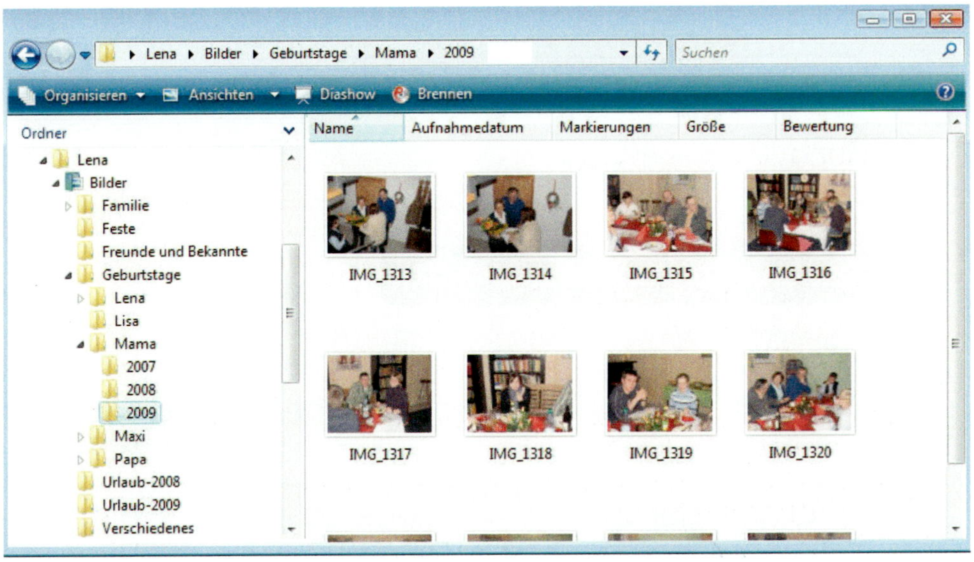


### Klasse: ORDNER

**DATEIORDNER**

Ordnername
Datum
Schreibgeschützt
Verborgen
...

setzeName()
öffne()
lösche()
verschiebe()
...

### Klasse: DATEI

**DATEI**

Name
Typ
Größe
...

setzeName()
öffne()
lösche()
verschiebe(Ordner)

**A** Erstelle ein Objektdiagramm für die „Eigenen Dateien" deines Privatcomputers. Notiere dir dazu Verbesserungsvorschläge.

**B** Kopiere alle Dateien, die du für die Schule erstellt hast, in deine Unterordner des Ordners „Schule".

## 04 Informationsbeschaffung

Lena erzählt dir von ihrer Urlaubsfahrt mit ihren Eltern. Sie behauptet, dass sie mit dem Auto 12 Stunden fahren mussten, um an ihren Urlaubsort „Glückstadt" zu kommen. Kann man Lena glauben? In welchem Land war Lena im Urlaub? Plötzlich interessierst du dich für diese Stadt mit dem vielversprechenden Namen. Du möchtest mehr darüber erfahren.

Lena fragt ihre Eltern, wo sie Informationen über den Ort erhalten kann. Darauf antwortet die Mutter: „Vor Jahren war ich schon mal dort und habe eine Informationsbroschüre mitgebracht. Ob ich die noch finde? Sieh lieber mal im Lexikon nach."

Es gibt viele verschiedene Möglichkeiten, sich Informationen zu beschaffen.

**Merke!**

**Medien sind Kommunikationsmittel, mit deren Hilfe sich Menschen untereinander verständigen können, bzw. Informationen weitergeben können.**

**Massenmedien sind Mittel zur Veröffentlichung und Verbreitung von Informationen.**

- **Buch (Fachbuch, Lexikon)**
- **Zeitung**
- **Broschüren**
- **Radiogerät**
- **Fernsehgerät**
- **…**

Das Lexikon und der Flyer sind schon einige Jahre alt. Die Informationen könnten daher nicht mehr auf dem neuesten Stand sein. „Schau doch mal im Internet nach", rät Mutti.

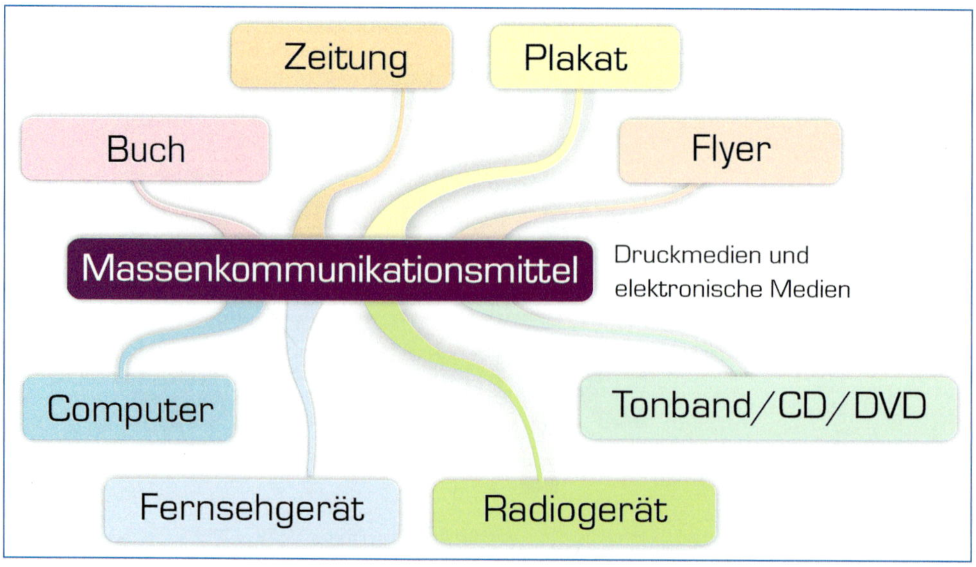


**A** **In welchem Bundesland liegt Glückstadt? Welche deutsche Großstadt ist in der Nähe? Suche den Ort im Inhaltsverzeichnis deines Atlas.**

## 05 Informationen im Internet

Der modernste Weg, um sich mit anderen Menschen auszutauschen, ist das Internet. Man kann von dort Informationen erhalten oder sie anderen zur Verfügung stellen.

Die verschiedenen Internetdienste sind:

- **WWW** (World Wide Web) Grafisch orientiertes, multimediales Informationssystem im Internet, bestehend aus Webseiten
- **E-Mail** (elektronische Post) Empfangen und Versenden von Nachrichten
- **FTP** (File Transfer Protocol) Dateitransfer, Up- und Download
- **Usenet** (Newsgroups) Forum zum Informationsaustausch
- **IRC** (Internet Relay Chat) Echtzeitkommunikation im Chat
- **Telnet** Zugriff auf andere Rechner zur Nutzung oder Wartung dieser Rechner
- **Internettelefon** Telefonieren über Mikrofon, Soundkarte und Lautsprecher.

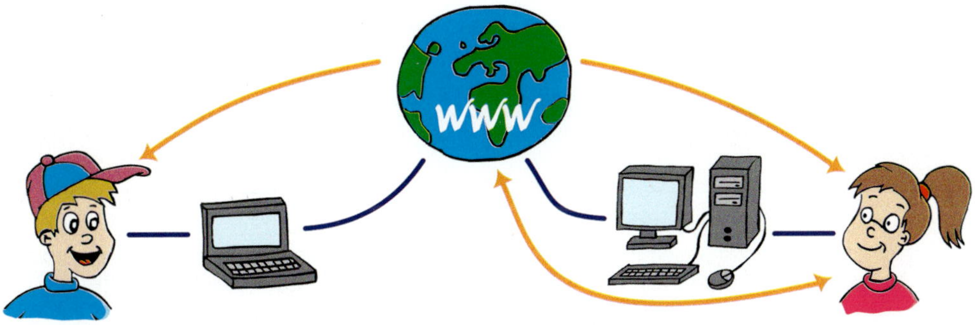


### Coko gibt Dir den Rat:

**Überprüfe die Internetseiten, aus denen du Informationen beziehst.**

- Sei vorsichtig im Umgang mit Informationen aus dem Internet! Nicht alles, was im Internet steht, ist richtig. Sehr häufig verfolgen die Informanten mit dem Angebot eine Absicht, z. B. Verkaufswerbung.
- Sind die Internetseiten seriös? Haben sie einen Hinweis über den Ersteller (Impressum) mit Angaben über den Autor und dessen Adresse?
- Gibt es ein Aktualisierungsdatum auf den Internetseiten? Ohne Datumsangabe kann man nicht feststellen, ob die Informationen aktuell sind.
- Ist der Inhalt umfassend dargestellt und sind wichtige Informationen enthalten?
- Sind die Informationen objektiv dargestellt oder möchte der Informant ein Geschäft machen? Sollst du etwas bestellen oder kaufen?
- Sind die Informationen übersichtlich dargestellt?
- Gibt es Werbeeinblendungen?

**A** **Suche im Internet eine Seite über eine Musikband und überprüfe diese Seite anhand der Ratschläge von Coko. Notiere dir dazu Stichpunkte.**

## 06 Internetadressen

Das Internet (Abkürzung für *International Network*) ist ein Zusammenschluss von Computern, die über Telefonleitungen miteinander verbunden sind. Es wurde 1969 im amerikanischen Verteidigungsministerium entwickelt und hatte zunächst die Aufgabe, im Falle eines Krieges funktionsfähig zu bleiben, wenn herkömmliche Nachrichtenwege versagen (z. B. Funk). Danach entwickelte sich aus diesem Projekt ein Rechnernetz zur Kommunikation zwischen Forschungseinrichtungen, Universitäten und Regierungen. Heute ist das Internet ein die ganze Erde umfassendes Netzwerk, in dem Millionen von verschiedenen Computern gegenseitig Informationen austauschen.

Im Internet ist eine unüberschaubare Menge von Informationen abgespeichert, man muss nur die richtige Internetseite finden. Dazu benötigst du einen Browser, das ist ein Programm, mit dem man Internetseiten aufrufen und anzeigen kann.

Jede Datei, die auf irgendeinem Computer im Netz gespeichert ist, bekommt eine eigene Adresse, ein URL.

Die Adresse ist immer gleich aufgebaut und in mehrere Bereiche gegliedert:

**Merke!**

**Ein URL (engl. Uniform Resource Locator) gibt genau den Ort (Internetdienst, Server) an, an dem die Datei gespeichert ist.**

| http:// | www. | realschule. | bayern. | de | /Eltern/Gremien/ |
|---|---|---|---|---|---|
| 1 | 2 | (3) | 4 | 5 | (6) |

| | | |
|---|---|---|
| 1 | hypertext transfer protocol | Name der Übertragungsart (Protokoll), mit dem die Datenübertragung realisiert wird. |
| 2 | Webserver<br>(meist **W**orld **W**ide **W**eb) | Der Internetdienst WWW wird benutzt. |
| (3) | **Local Domain** | Abteilung oder Organisation des Anbieters<br>(ist nicht zwingend erforderlich) |
| 4 | **Domain**<br>Name des Anbieters | Serverkennung, Firma, Provider, Institution<br>bayern = Bayer. Staatsregierung |
| 5 | **Top Level Domain**<br>Länderkennung bzw. Hauptbereiche oder Sparten | at = Österreich<br>ch = Schweiz<br>de = Deutschland<br>uk = Großbritannien<br>com = commercial (USA)<br>gov = government (USA)<br>net = network |
| (6) | **Pfad zur Information** | Unterverzeichnis, in dem die Internetseite abgespeichert ist, z. B.<br>/Eltern/Gremien/<br>(ist nicht unbedingt erforderlich) |

Achte besonders auf die Schreibweise zwischen den Bereichen mit den Sonderzeichen :// oder . oder /

**A** **Starte deinen Internetbrowser und gib die Adresse www.glueckstadt.de ein. Versuche über diese Stadt Zahlen und Daten ausfindig zu machen.**

**Wie viele Einwohner hat die Stadt? An welchem Fluss liegt die Stadt?**

## 07 Navigation im WWW

Starte den Internetbrowser, der auf deinem Computer installiert ist, und gib dann die Internetadresse http://www.realschule.bayern.de/schulen/ in das Adressfeld der Navigationsleiste ein und schließe mit der Returntaste ab. Damit kommst du zum Internetportal der Realschulen.

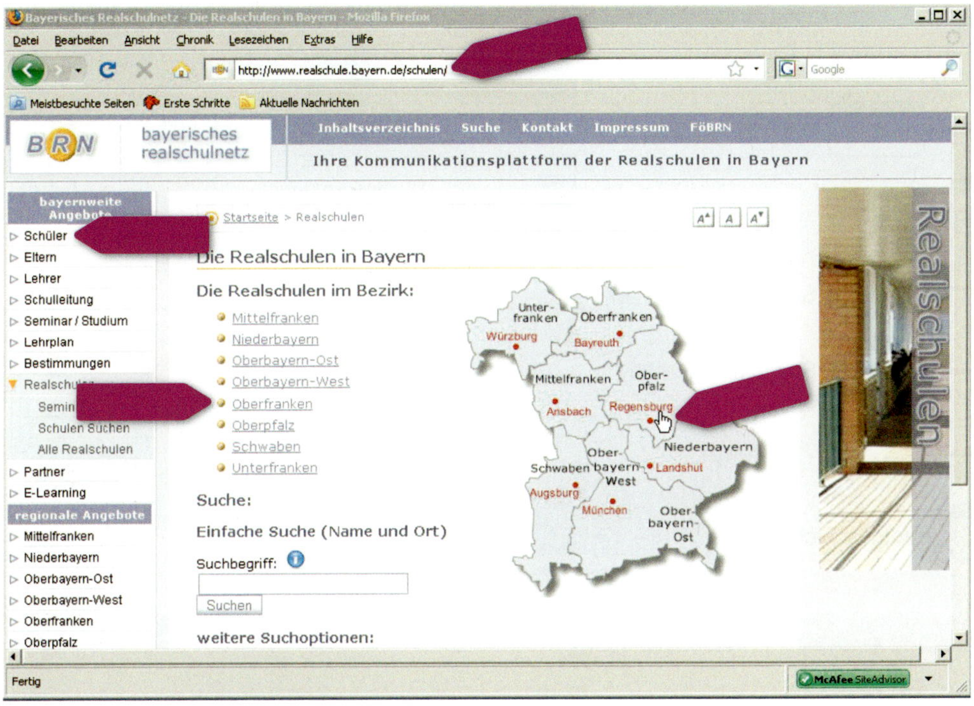


Diese Internetseite bietet dir kaum Informationen über die Realschule, sie hilft dir nur als Wegweiser durch die vielen Seiten des bayerischen Realschulnetzes. Dazu gibt es „Links", die du aufrufen kannst.

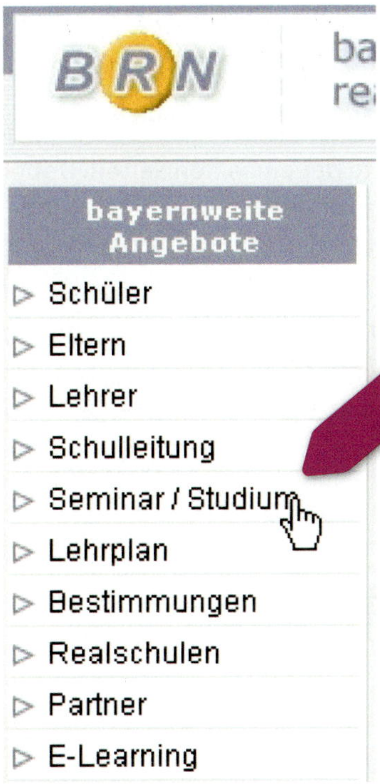


Überall dort, wo der Mauszeiger sich zur Hand wandelt, ist ein Hyperlink hinterlegt. Die Textobjekte, die Hyperlinks enthalten, sind meist farbig und unterstrichen. Auch Grafiken und Bilder können mit Links hinterlegt sein (siehe oben).

Durch Anklicken von Hyperlinks gelangst du auf andere Seiten oder Dokumente, die im Hypertextformat abgespeichert sind.

Mehrere Dokumente, die über Verweise miteinander verknüpft sind, bilden zusammen einen Hypertext.

**Merke!**

**Hyperlinks (kurz Links) sind per Mausklick aktivierbare elektronische Verweise mit Verbindungen zu Unterseiten und zu anderen Seiten.**

**Als Hypertext bezeichnet man auch die Programmierart zur Organisation von Informationen in Dokumenten mithilfe von Texten, Bildern und Hyperlinks.**

**A** Gib die Adresse für das Realschulnetz (siehe oben) in deinen Browser ein und suche im richtigen Regierungsbezirk deine Schule.

Schreibe handschriftlich auf, wie viele Klassen und wie viele Schülerinnen und Schüler in den verschiedenen Jahrgangsstufen deine Schule hat.

## 08 Seitenstruktur

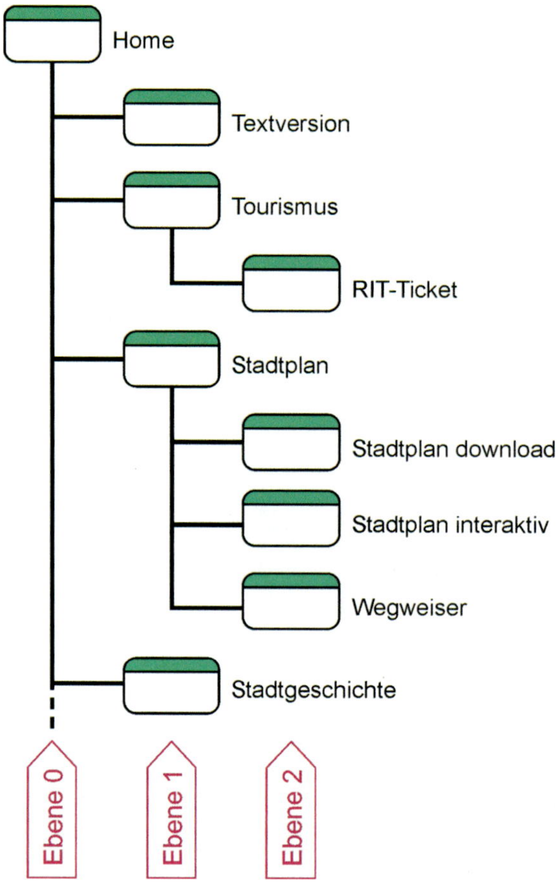

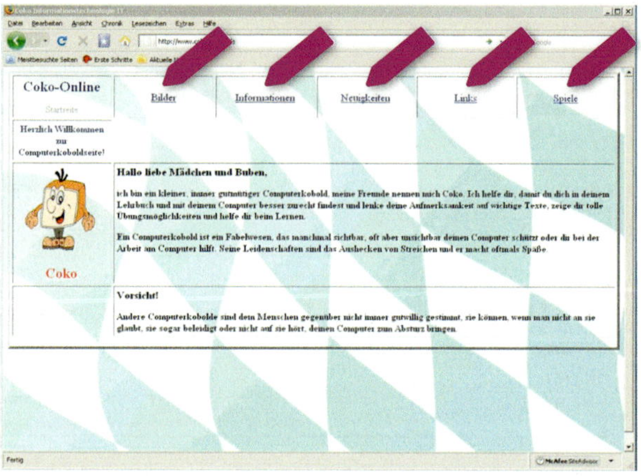


Viele der Internetseiten bestehen aus einer Startseite und mehreren Unterseiten in verschiedenen Ebenen.

Über die Links in der Kopf- oder Seitenleiste erreichst du die von dir gewünschten Unterseiten, z. B. Stadtplan.

Externe Links leiten dich weiter zu anderen Internetauftritten außerhalb dieser Seite.

Die Rand- oder Kopfleiste informiert dich über die Inhalte der einzelnen Seiten. Dabei können die verlinkten Seiten wieder auf andere Seiten verweisen. Durch eine übersichtliche Darstellung kannst du dich z. B. im Internetangebot der Stadt Passau gut zurechtfinden.

In gut aufgebauten Internetseiten sind in einer übersichtlichen Ordnerstruktur alle Unterseiten der ersten Ebene und der weiteren Ebenen leicht zu erreichen. Mit der Schaltfläche „zurück" kommst du jeweils wieder auf die übergeordnete Ebene.

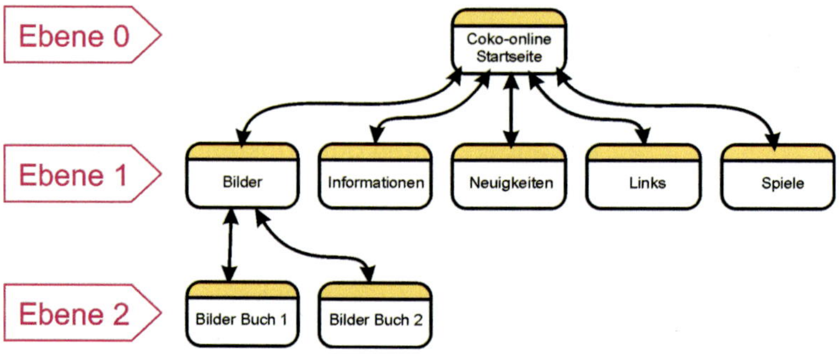


**Merke!**

**Als Sitemap (Seitenstruktur) wird die vollständige übersichtliche Darstellung aller Einzeldokumente eines Internetauftritts bezeichnet.**

**A** Die Stadt Passau präsentiert sich in der Zwischenzeit mit einem völlig neuen Internetauftritt. Erstelle dazu eine neue Sitemap mit allen Seiten der 1. Ebene.

**B** Lade im Internet die Seite www.regensburg.de und zeichne dafür eine Sitemap mit allen Seiten der 1. Ebene.

## 09 Das Informationssystem WWW

Die Flut von Dokumenten, die bereits im Netz ist – und täglich kommen neue hinzu – machen die Suche nach den richtigen Informationen kompliziert. So kann jeder, der im Internet surft, auf Millionen von Dokumenten zugreifen.

Um sich in diesem Meer von Informationen zurechtzufinden, gibt es Suchmaschinen, die dir bei entsprechenden Anfragen eine Anzahl von Suchergebnissen präsentieren.

Alle „Suchdienste" sammeln ständig Informationen aus der ganzen Welt, die sie in Datenbanken als Schlagwörter in Verbindung mit der WEB-Adresse erfassen. Sie durchforsten Seite um Seite eines Web-Servers und liefern so den Datenbanken der Suchmaschinen die Informationen, die wir dann mit Schlüsselwörtern aufrufen können.

Überlege dir vor der Suche ein geeignetes Stichwort, nach dem im Internet gesucht werden soll. Zu allgemein gehaltene Begriffe bringen eine unüberschaubare Menge von Treffern.

Suchbegriffe können auch kombiniert werden. Suchst du z. B. nach der Anzahl der geschossenen Tore des letztjährigen Torschützenkönigs der Fußballbundesliga, so genügt es nicht, nur den Begriff „Tor" einzugeben. Du erhältst dabei Millionen Seiten, die zum Teil nichts mit Fußball zu tun haben, z. B. Angebote über Garagentore.

Datei Bearbeiten Ansicht Chronik Lesezeichen Extras Hilfe

Tore Franz Beckenbauer Nationalmannschaft

**Web** Ergebnisse **1** - **10** von ungefähr **48.200** für **Tore Franz Beckenbauer Nationalmannschaft**.

Franz Beckenbauer - Biografie WHO'S WHO
Juni 2004, gründete **Franz Beckenbauer** die Trainerfindungskommission (TFK), um einen neuen Bundestrainer für die deutsche **Nationalmannschaft** zu finden. ...
www.whoswho.de/templ/te_bio.php?PID=358&RID=1 - 43k - Im Cache - Ähnliche Seiten

Deutsche Nationalmannschaft - Tore gegen die Sessel-Trainer ...
Deutsche **Nationalmannschaft Tore** gegen die Sessel-Trainer,Deutschlands Bundestrainer ... von gestern zu erzählen als **Franz Beckenbauer** - dann ist es Lattek. ...
www.sueddeutsche.de/sport/weltfussball/artikel/293/180736/ - Ähnliche Seiten

Tor nach Aus in der Nationalmannschaft: Kevin Kuranyi ist wieder ...
Die Enttäuschung über die Ausbootung in der **Nationalmannschaft**, ... herabgestiegen zum Mimöschen der Nation (**Franz Beckenbauer** bezeichnete so die jammernden ...
www.rp-online.de/public/article/sport/fussball/uefa-cup/629806/Kevin-Kuranyi-ist-wieder-da.html - Ähnliche Seiten

Franz Beckenbauer – Wikipedia
Juni 1968 konnte Deutschland durch ein **Tor** von **Beckenbauer** erstmals gegen England und ... Es war seine vierte Endspielteilnahme mit der **Nationalmannschaft** . ...
de.wikipedia.org/wiki/**Franz_Beckenbauer** - 87k - Im Cache - Ähnliche Seiten

Fußball – Nationalmannschaft: Franz Beckenbauer: „Ballack ist der ...
Fußball - **Nationalmannschaft** - **Franz Beckenbauer**: Ballack ist der Herr im Haus. **Franz Beckenbauer**. Der „ewige Vize" Michael Ballack klammert sich weiter an ...
www.focus.de/sport/fussball/em2008/.../fussball-**nationalmannschaft-franz-beckenbauer**-ballack-ist-der-herr-im-haus_aid_315403.htm... - Ähnliche Seiten

Franz Beckenbauer - Sportlegenden - 1aSport.de
Nach 103 Länderspielen beendete der damalige Rekordnationalspieler **Franz Beckenbauer** 1977 seine aktive DFB-Laufbahn, in der er 14 **Tore** erzielen konnte. ...
www.1asport.de/sport/Sportlegenden/**Franz-Beckenbauer**_18j.html - 58k - Im Cache - Ähnliche Seiten

FRANZ BECKENBAUER - Nachrichten Vermischtes - WELT ONLINE
22. Jan. 2008 ... Juni 1968 konnte Deutschland durch ein **Tor** von **Beckenbauer** erstmals ... und die **Nationalmannschaft** konnte sich nach einem 0:0 in Albanien, ...
www.welt.de/vermischtes/article1581022/**FRANZ_BECKENBAUER**.html - 128k - Im Cache - Ähnliche Seiten

DFB - Deutscher Fußball-Bund e.V. - Franz Beckenbauer
In Erinnerung sind aber auch seine vier erzielten **Tore** auf dem Weg zur ... Als Teamchef der deutschen **Nationalmannschaft** trat **Beckenbauer** erstmals 1984 in ...
www.dfb.de/index.php?id=12348 - 17k - Im Cache - Ähnliche Seiten

Fertig

**Frage:**

Wie viele Tore hat der Libero Franz Beckenbauer in der Nationalmannschaft geschossen?

**Suchbegriffe:**

- Tore
- Franz
- Beckenbauer
- Nationalmannschaft

Die Suche liefert 48 200 Seiten, aber in nur wenigen Seiten findet man die Antwort auf die gestellte Frage. In vielen dieser Seiten sind alle Suchbegriffe zwar enthalten, jedoch nicht in dem erforderlichen Zusammenhang.

Abacho · Ask.com Deutschland · Blinde Kuh · WEB.DE · Google Deutschland · Yahoo! Deutschland · Helles-Koepfchen.de · fragFINN.de

**Merke!**

**Kombiniere Suchbegriffe, die die Abfrage möglichst genau beschreiben. Mehrere geeignete Suchbegriffe bringen gute Ergebnisse.**

**A** Gib in eine beliebige Suchmaschine die Suchbegriffe links ein und beantworte dann die gestellte Frage. Beschreibe stichpunktartig die Karriere von Franz Beckenbauer.

**B** Was ist ein Libero? Suche eine kurze Beschreibung im Internet und drucke sie aus.

## 10 Kommunikation mit E-Mails

Die elektronische Post, kurz E-Mail genannt, ist durchaus mit dem herkömmlichen Briefwechsel vergleichbar. Der wichtigste Unterschied liegt im Medium und im Transport. Während bei der herkömmlichen Post (snail-Mail, „Schneckenpost") die Nachrichten zu Papier gebracht und durch einen Zustelldienst (z. B. die Bundespost) verteilt werden, erfolgt die Information bei der E-Mail in digitaler Form über das Internet. Diese Post landet in einem elektronischen Briefkasten und kann dort abgerufen werden.

Die Vorteile sind bemerkenswert:

- Der Versand erfolgt weltweit zum Ortstarif innerhalb von wenigen Minuten.
- Es können Dateien als Anlage mitgeschickt werden.
- Die Anlagen können am Computer weiter verarbeitet werden.
- Der Empfang ist postlagernd und überall abrufbar.
- Die Verteilung kann an mehrere Personen gleichzeitig erfolgen.
- Bei Wohnortwechsel ist normalerweise keine neue Adresse erforderlich.

**Merke!**

**E-Mail-Adressen bestehen aus dem Benutzernamen, dem „AT"-Symbol, der Domain und der Top-Level-Domain.**

### E-Mail-Adresse

Der herkömmliche Briefverkehr benötigt für einen geregelten Versand bzw. Empfang die Anschrift des Absenders und des Empfängers. So ist es auch bei der E-Mail. Jeder Teilnehmer hat also eine eigene Adresse, anhand derer spezielle Rechner im Datennetz feststellen können, wohin die Post geleitet werden soll. E-Mail-Adressen sind weltweit eindeutig. Sie setzen sich aus dem Benutzernamen und dem Namen des Computers (Mail-Server) zusammen, auf dem das elektronische Postfach eingerichtet ist. Diese beiden Angaben werden durch das AT-Symbol @ – auch „Klammeraffe" genannt – getrennt. E-Mail-Adressen erhält man von seinem Provider, bei dem man für die Bereitstellung aller Dienste eine Gebühr entrichten muss. Verschiedene Internetdienstleister (GMX, FreeMail, Hotmail, Yahoo!Mail, ...) bieten ihren Mitgliedern einen kostenlosen E-Mail-Dienst, dessen Finanzierung durch Werbeeinnahmen erfolgt.

**RS-Musterstadt@bay-online.de**

Username (Name des Empfängers) | Domain (Name des Mail-Servers, der die Mailbox verwaltet) | Top-Level-Domain

### Voraussetzungen für den E-Mail-Empfang und -Versand

Um E-Mails senden und empfangen zu können, braucht man:

- Internetzugang (über Provider → Dienstanbieter für www, Chat oder E-Mail)
- E-Mail-Software (Mail-Client)

E-Mails können von allen Vermittlungsstellen gelesen werden und unterliegen aufgrund ihres Übermittlungskanals einem relativ hohen Risiko der Verfälschung, sie können leicht auch unter fremden Namen erstellt werden. Aus Sicherheitsgründen muss deshalb die rechtliche Verbindlichkeit der Mails ausgeschlossen werden. Über E-Mail-Verkehr versandte Erklärungen dienen somit ausschließlich dem reinen Informationsaustausch.

**A** Gib in eine Suchmaschine folgende Begriffe ein:

- Vorteile Nachteile E-Mail

Schreibe dann alle Nachteile auf, die eine E-Mail hat.

**B** Mit welcher herkömmlichen Versandart ist eine E-Mail zu vergleichen? Begründe.

## 11 E-Mails abrufen und schreiben

E-Mails sind Objekte der Klasse E-Mail. Die Attribute können bei verschiedenen Programmen unterschiedlich sein, jedoch müssen die Attribute Absender, Empfänger, Kopieempfänger, Betreff und Nachrichteninhalt enthalten sein.

**Merke!**

**E-Mails sind Objekte der Klasse E-MAIL. Die Anhänge gehören zur Klasse ANHANG.**

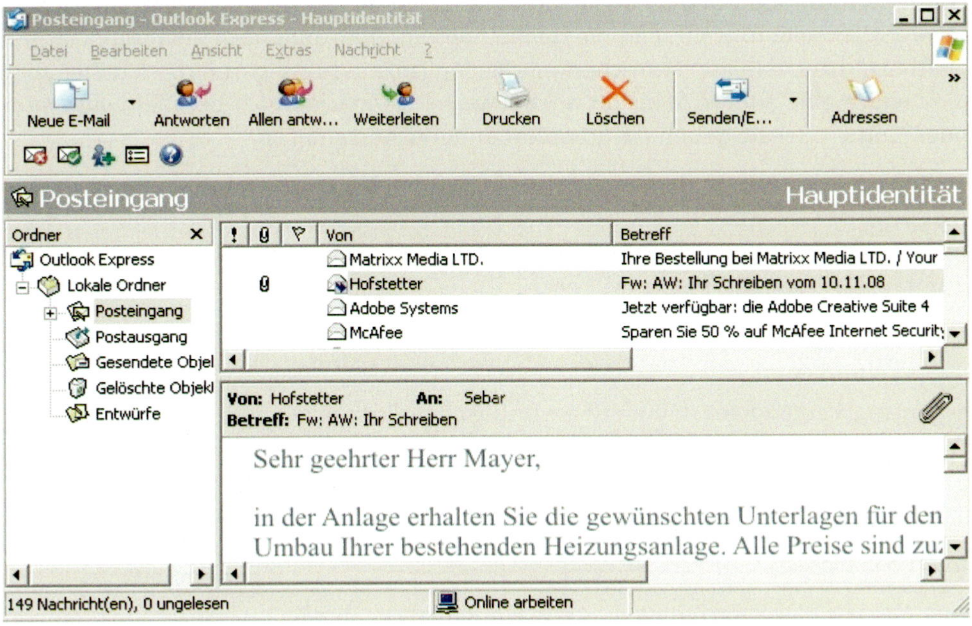


**Klasse: E-MAIL**

| E-MAIL |
|---|
| Absender |
| Empfänger |
| Kopieempfänger |
| Betreff |
| Nachrichteninhalt |
| … |
| versende() |
| antworte() |
| leiteweiter() |

**Klasse: ANHANG**

| ANHANG |
|---|
| Typ |
| Größe |
| … |
| öffne() |
| kopiere() |
| lösche() |
| … |

Mit einem E-Mail-Programm (Outlook, Thunderbird, InCrediMail usw.) kannst du Mails, die an dich verschickt wurden und in deinem Postfach beim E-Mail-Provider lagern, abrufen und lesen. Vielfach wirst du antworten (AW) oder diese Mail an Freunde weiterleiten (Fw). Manchmal ist auch ein Anhang, zum Beispiel ein Bild, an die Mail angehängt. Das erkennst du an der Büroklammer.

**Coko gibt Dir den Rat:**

**Vorsicht:** In Anhängen können schadhafte Programme versteckt sein, die deinen Computer lahm legen oder ihn ausspionieren können. **Öffne deshalb nie Anhänge von dir unbekannten Absendern!**

Rufe dein Mail-Programm auf und klicke auf die Schaltfläche „Neue E-Mail". Es öffnet sich ein Fenster für das Schreiben von E-Mails.

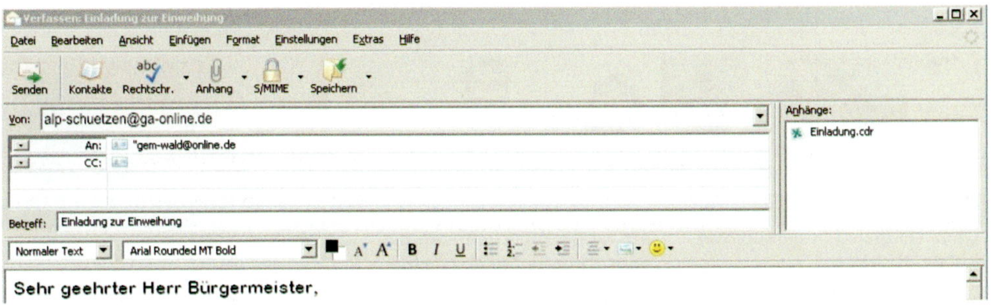


**A** **Zeichne eine Klassenkarte für dein E-Mail-Programm und gib darin alle Attribute und Methoden an, die du in deinem Programm findest.**

## 12 Kommunikation in Echtzeit – Chatten

Chat ist für viele Kinder und Jugendliche ein beliebtes Internetmedium. Anstatt zu telefonieren, unterhält man sich über die Computertastatur mit mehreren Freunden gleichzeitig. Aber auch unbekannte Personen können sich dem Chat anschließen und „mitreden". Da die Teilnehmer sich meist anonym mit Spitznamen (nicknames, z. B. sewa-13) anmelden, weiß man nie genau, wer im Chatroom noch anwesend ist und „mithört" bzw. mitliest. Menschen mit Persönlichkeitsstörungen nutzen dabei auch die Chance eine andere Identität anzunehmen. Sie machen sich beispielsweise älter oder jünger oder sie geben ein komplett anderes Aussehen vor.

**Coko gibt Dir den Rat:**

**Vorsicht!**

Chatten ist nicht frei von Sicherheitsrisiken:

- **Schadprogramme,** wie Viren, Würmer oder Trojanische Pferde können bei der Übertragung der Informationen leicht verbreitet werden.
- **Zugangskennwörter** sind meist einfach zu knacken. Damit können Profis eine falsche Identität vortäuschen.
- **Programmfehler** können deinen Computer oder andere Computerprogramme beeinflussen oder schädigen.

**Merke!**

**Eine „Firewall" besteht aus Programmen oder Programmteilen, die auf einem Computer installiert werden, um das dortige Betriebssystem zu schützen.**

**Die Personal-Firewall soll unerwünschten Datenverkehr zwischen Computer und Internet ausfiltern.**

Bevor du mit dem Chatten beginnst, erkundige dich, ob dein Computer vor Viren geschützt ist und eine funktionierende Firewall hat.

Für die unterschiedlichsten Themen gibt es verschiedene Chatrooms, z. B. Café, Sport oder Schule.

Einige Anbieter stellen auch Mailboxen und Gästebücher zur Verfügung. Außerdem gibt es die Möglichkeit, Chatteilnehmer als Freunde zu markieren. Du siehst dann nach dem Einloggen, welcher deiner Freunde sich bereits im Chatroom aufhält.

Möchtest du nur mit dir bekannten Personen chatten, musst du einen privaten Chatroom (z. B. nur für deine Klasse) einrichten, der für alle anderen nicht einsehbar ist.

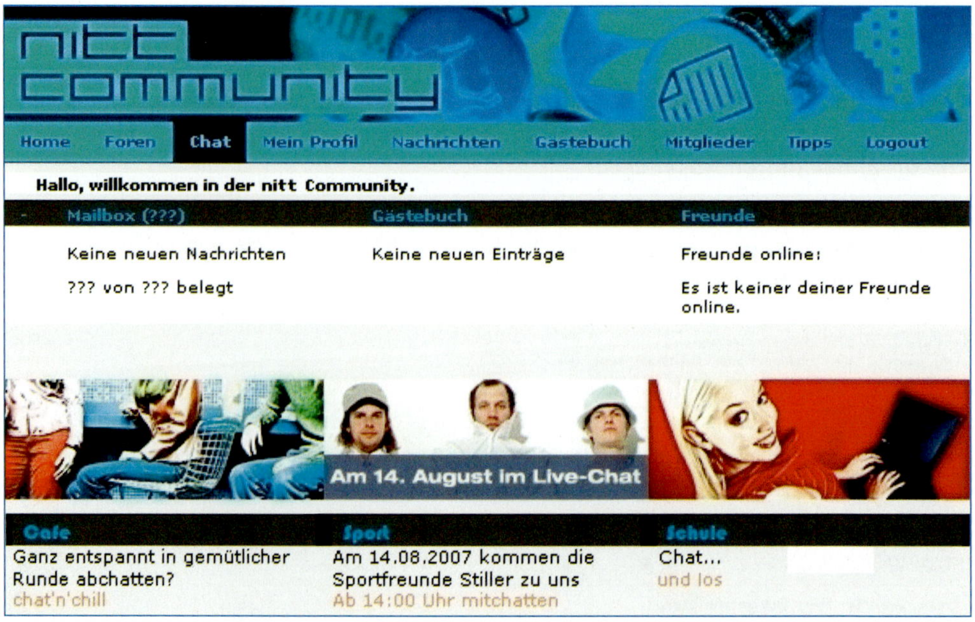


**A** Suche im Internet nach folgenden Begriffen

- Jugendliche Chatopfer

und notiere stichpunktartig, welche Gefahren lauern.

## 13 Chat

Nach dem Ausfüllen (siehe Randspalte: Tipps von Coko) des Anmeldeblattes, kannst du dich mit deinem Spitznamen und deinem Kennwort einloggen.

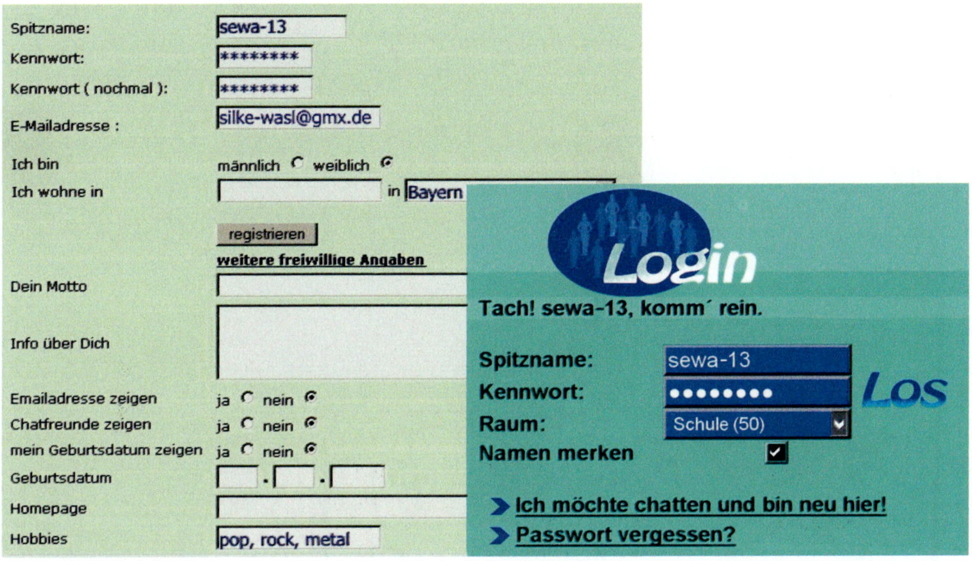


Wie du im Bild unten erkennen kannst, werden in einem Chat oft belanglose Dinge geschrieben. Auf die Rechtschreibung wird – bedauerlicherweise – kein Wert mehr gelegt. Die Chatteilnehmer nehmen es nicht so genau, manchmal beleidigen oder beschimpfen sie auch ihre Gesprächsteilnehmer. Selbstverständlich sind rassistische oder Gewalt verherrlichende Reden verboten.

Sei du ein Vorbild im Chat, achte auf die Rechtschreibung und bleibe höflich, dann sind es andere auch. Halte dich an die „Chatiquette“, das ist ein Standard für die Verhaltensregeln in Internet-Chats.

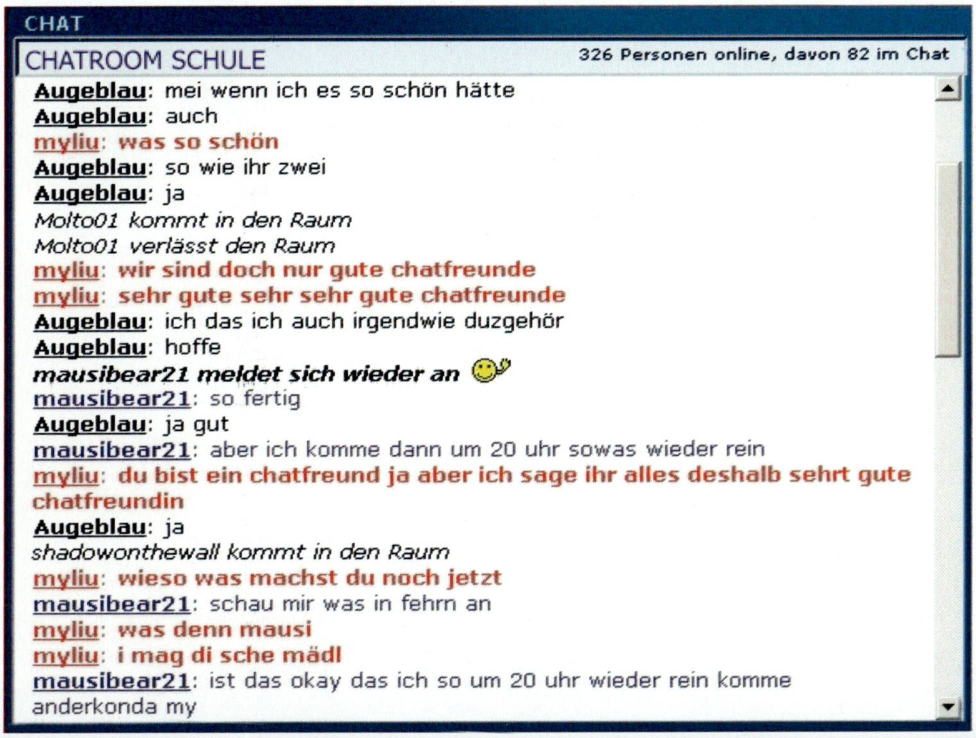

**Coko rät:**

Du darfst im Chat niemals deine persönlichen Daten wie

- Name, Vorname
- Geburtstag
- Adresse oder Wohnort
- Schuladresse
- Telefon-, Handynummer,
- E-Mail-Adresse

preisgeben, auch nicht, wenn du meinst, dass dein Chatfreund ein echter Freund ist.

Setze nie ein gutes Bild von dir in den Chat. Zusammen mit dem Schulnamen kann jemand vor der Schule warten und dich erkennen. Außerdem könnte der unbekannte Chatpartner dein Nachbar sein und dich erkennen!

Verabrede dich niemals allein mit Freunden aus dem Chat. Nimm Eltern oder Bekannte mit. Du weißt vorher nie, wen du treffen wirst!

**A** Suche Informationen über die Chatiquette, evtl. bei www.chatiquette.de

Schreibe die wichtigsten drei Regeln ab und sprich mit deinen Klassenkameraden darüber.

# L4

# Bildbearbeitung

# 01 Bilddokumente

## Bilder analysieren

Die Schüler der Klasse 6a bereiten einen Europatag vor, an dem viele verschiedene Projekte zum Thema „Europa" erstellt werden. Eine Gruppe mit den Schülerinnen Lisa und Anna muss sich um eine europäische Dekoration des Klassenraums kümmern. Anna hat auch sofort eine tolle Idee: „Wir basteln die blaue Flagge von Europa mit den zwölf Sternen." Lisa ist einverstanden und sucht auch gleich im Internet ein Bild der Fahne. Aber wie sollten sie diese Flagge nachbauen? Sie überlegen kurz und Lisa meint, dass es genüge, wenn sie diese Fahne auf einen großen weißen Karton malen würden. Voller Tatendrang machten sie sich ans Werk.

Dazu muss Anna die Sterne mit Bleistift vorzeichnen. „Wie viele Zacken hat ein Stern?" fragt sie Lisa. Diese sieht sich das Bild nochmal genau mit der Lupenfunktion des Programms an und ruft: „Das sieht ja aus wie ein Mosaik!".

Bitmaps sind aus einzelnen quadratischen Bildpunkten (Pixel) zusammengesetzte Bilder. Fotos, die von einem Fotoapparat oder einem Scanner mit Bildbearbeitungsprogramm auf den Computer übertragen werden, sind Pixelgrafiken.

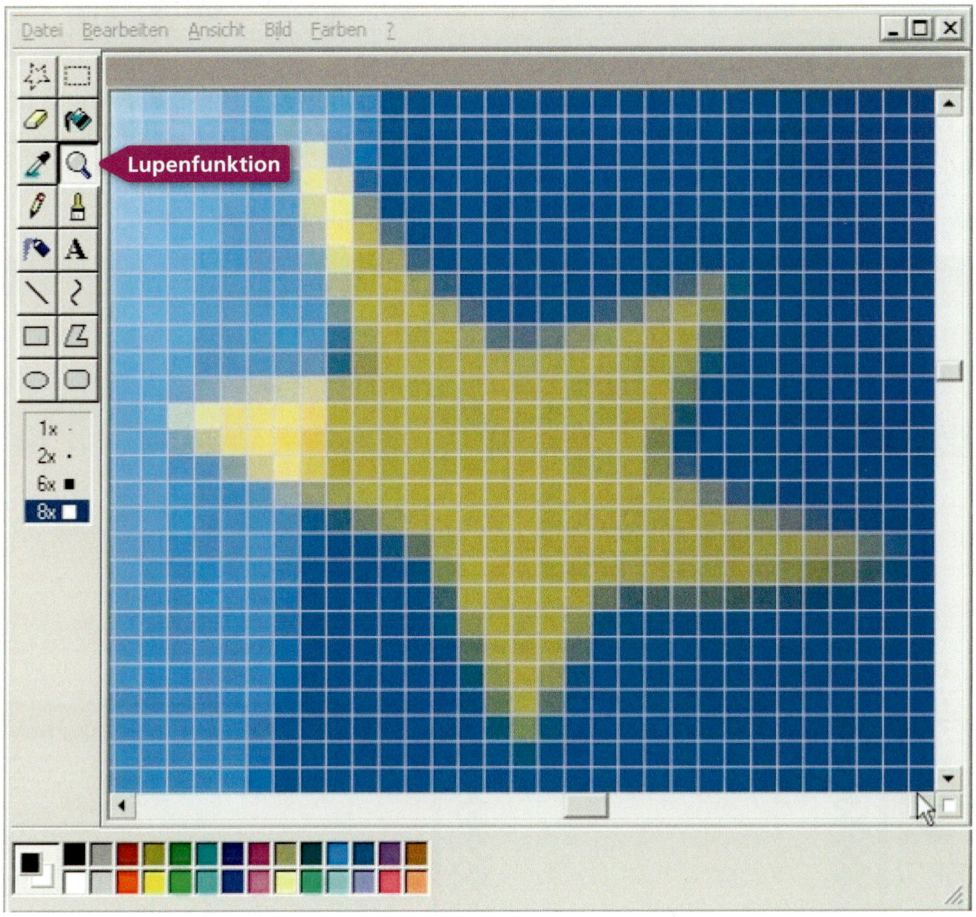


**Merke!**

**Pixel (engl. picture element → pixel) sind die kleinsten Elemente eines Rasterbildschirms, die in Zeilen und Spalten angeordnet sind.**

## 02 Bitmaps

**Klasse: PIXEL**

| PIXEL |
|---|
| Position<br>Farbe |
| setzePosition()<br>setzeFarbe() |

### Bilder selbst erstellen

Alle Bilder, Grafiken und sogar Schriften werden am Bildschirm durch Punktgrafiken dargestellt. Die Position jedes Punktes ist eindeutig durch seine Spalten- und Zeilennummer bestimmt und für jeden Punkt ist eine Farbe festgelegt.

Jedes Pixel hat also zwei Attribute

- Position am Bildschirm (Lage)
- Farbe

Steht auf einem blauen Bildschirm oben links das Wort STERN, so sieht es stark vergrößert etwa so aus:

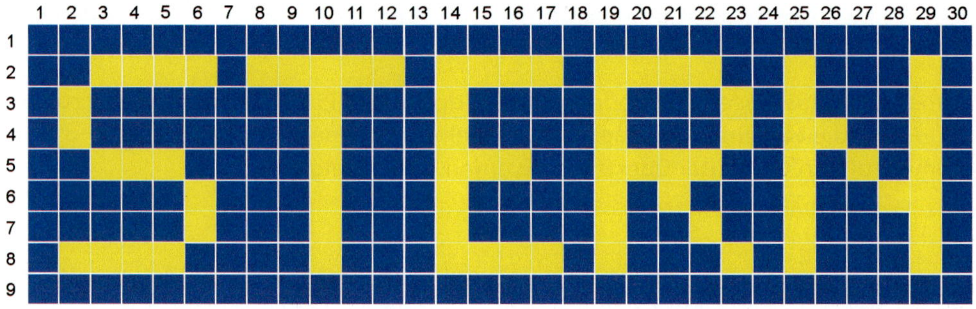


Da die Pixel winzig klein sind, kann man sie am Monitor nicht einzeln sehen. Gehst du jedoch ganz nahe an die Projektionsfläche eines Beamers, kannst du die Bildpunkte erkennen!

Unterschiedlich große Monitore können folgende Pixelmengen darstellen:

| | Spaltenzahl | Zeilenzahl | Berechnung | Pixel |
|---|---|---|---|---|
| Standardmonitor/Beamer | 1 024 | 768 | 1 024 x 768 | 786 432 |
| Laptop (Breitbild) | 1 360 | 768 | 1 360 x 768 | 1 044 480 |
| 20" Monitor | 1 680 | 1 050 | 1 680 x 1 050 | 1 764 000 |

**Merke!**

**Ein Muster aus Bits nennt man ein Bitmap bzw. eine Bitmap-Grafik.**

Vergrößert man die Ansicht in einem Bildbearbeitungs- oder Malprogramm, so kann man die einzelnen Pixel mit dem Stift oder dem Pinsel in der Farbe verändern, das bedeutet, man kann pixelweise malen oder zeichnen.

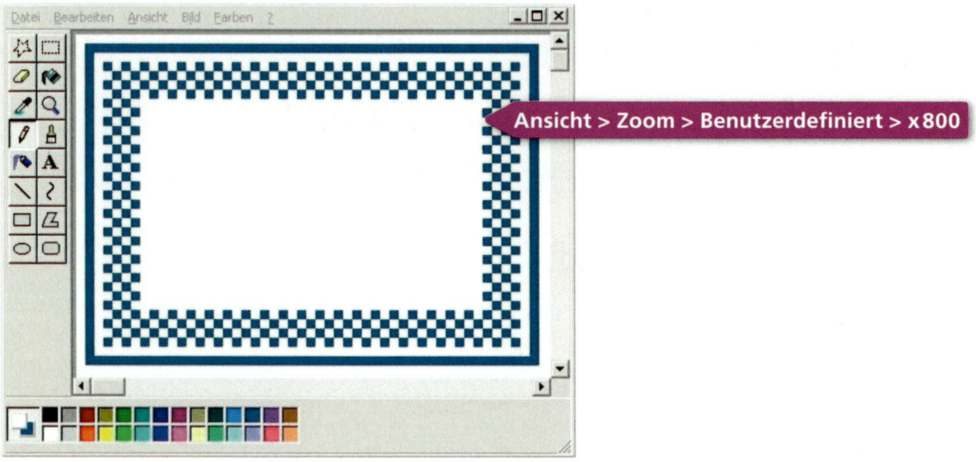


**A** **Stelle in einem Malprogramm die Ansicht auf 800-fache Vergrößerung (Zoom), zeichne den Rahmen, wie im Bild zu sehen ist, um deinen Bildausschnitt und drucke diesen dann aus. Was stellst du fest?**

## 03 Pixelgrafiken verändern

### Farben verändern

Der Stern auf dem Internetbild gefällt den beiden Schülerinnen nicht besonders, da er farblich nicht einheitlich gelb ist. Lisa hat wieder die rettende Idee: „Wir zeichnen einfach einen schönen Stern darauf."

Mit der Methode „Linien zeichnen" und der Farbeinstellung „gelb" versucht sie die Umrisse des Sterns nachzuziehen. Sie stellt fest, dass die Linien mit einem Treppeneffekt dargestellt werden. Dabei werden schräge oder gebogene Linien nicht mit glattem Verlauf, sondern gestuft gezeichnet. Dieser Treppeneffekt (engl. Aliasing, treppenförmige Anordnung der Pixel) ist typisch für Bitmap-Grafiken.

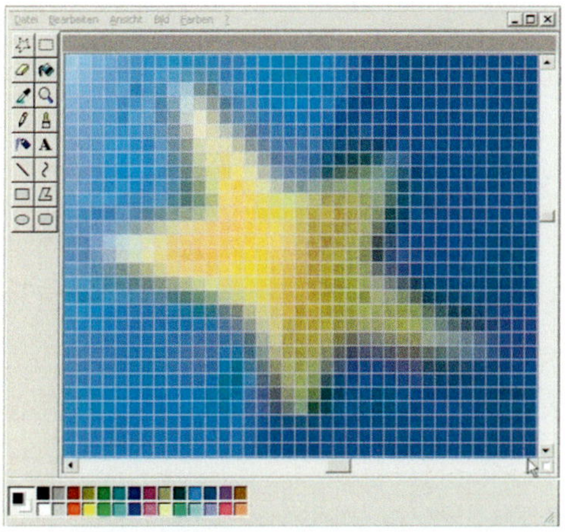

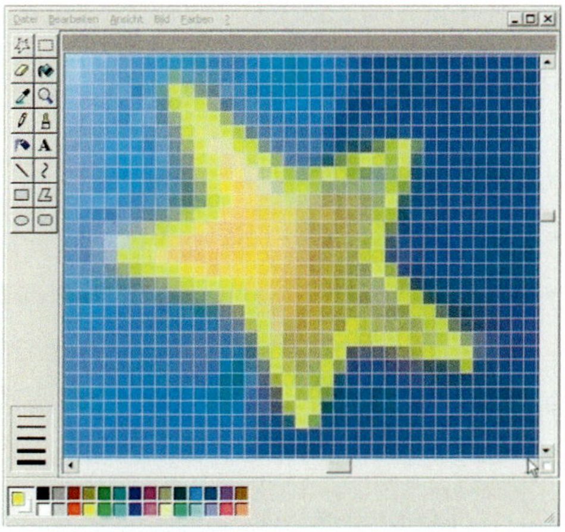

Das Werkzeug „Pinsel" ist für größere Flächen vorgesehen und Lisa malt damit die Innenfläche aus. Anschließend wählt sie mit der Pipette die dunkelblaue Hintergrundfarbe an und gibt mit dem Pinsel damit dem Hintergrund ein einheitliches blau.

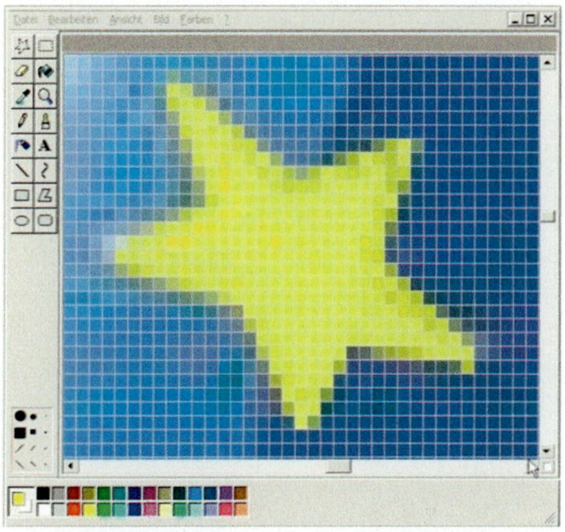

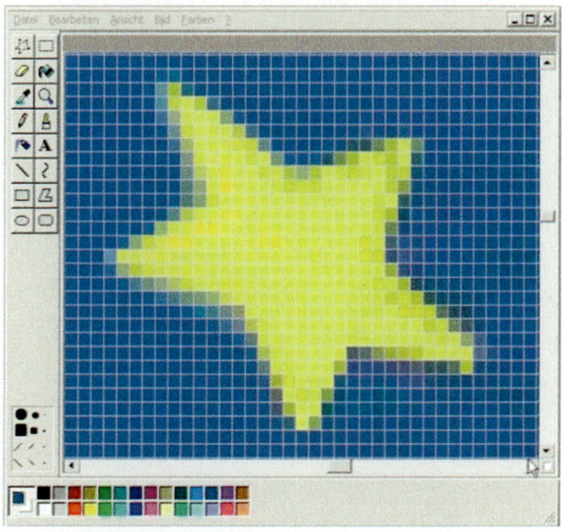

Mit weiteren Werkzeugen kann man andere Effekte erreichen, z. B.

- Auswahl für einen rechteckigen Bereich oder Freihandauswahl
- Lupe für Ausschnittvergrößerung
- Radiergummi für das Löschen von Farben (Hintergrundfarbe erscheint)
- Farbfüller für Objekte oder den Hintergrund
- Sprühdose für Objekte oder den Hintergrund
- Zeichnen der Objekte Rechteck, Vieleck, Kreis, usw.

**A** Zeichne mit einem Malprogramm mehrere Fünf-Zack-Sterne in verschiedenen Größen auf blauem Hintergrund.

**B** Ermittle für einen deiner Sterne die Anzahl der Pixel, die zwischen gegenüberliegenden Ecken liegen.

## 04 Bilddokumente neu erstellen

Lisa möchte nun die ganze Europaflagge am Bildschirm malen. Dazu kopiert sie zuerst den gezeichneten Stern in die Zwischenablage und erstellt eine neue Zeichnung.

- Auswahl rechteckiger Bereich, Bearbeiten, Kopieren
- Datei, Neu

Den weißen Hintergrund füllt sie sofort mit blauer Farbe. Sie möchte nun den Stern der Zwischenablage zwölfmal auf die Flagge kopieren. Sie überlegt kurz und meint: „Die zwölf Sterne sind in einem Kreis angeordnet wie die Ziffern einer Uhr." Die Idee mit dem Kreis ist für die Anordnung der Sterne von großer Wichtigkeit. Als Hilfslinie zeichnet sie nun einen Kreis in die Mitte der Flagge und kopiert zuerst die Sterne auf die Zeigerstellungen für drei, sechs, neun und zwölf Uhr. Anschließend kopiert sie die restlichen Sterne auf die Flagge und verschiebt sie in die entstandenen Zwischenräume.

- Farbfüller blau
- Zeichnen Objekt Kreis weiß
- Bearbeiten, Einfügen und mit der Maus verschieben
- Bearbeiten, Einfügen und mit der Maus verschieben
- ...

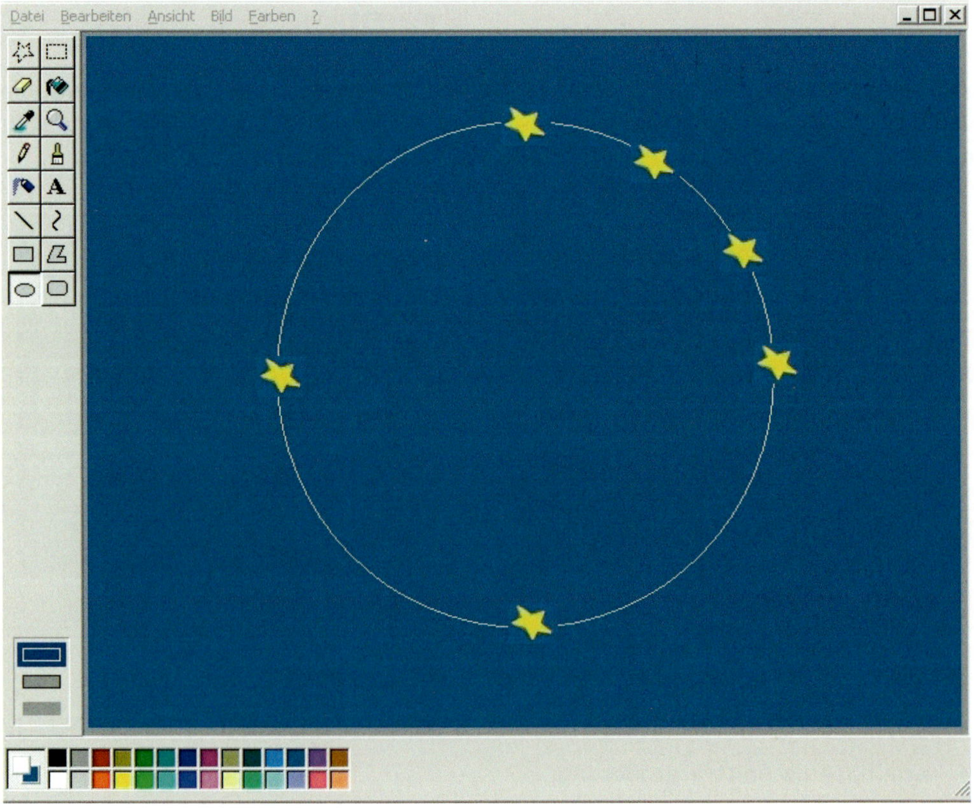


Zum Schluss übermalt sie den weißen Kreis mit blauer Farbe und korrigiert die blaue Farbe im Umkreis der Sterne.

**A** **Erstelle auch du mit einem Malprogramm eine Europaflagge und drucke sie aus.**

## 05 Bilddokumente verändern

### Bilder verändern

Anna sieht sich das Bild an und meint, dass die Sterne doch nicht so exakt geraten sind. In einem Textverarbeitungsprogramm habe sie schon mal mit dem Hilfsmittel „Autoformen" Sterne gezeichnet. Lisa denkt auch, dass sie dies ausprobieren sollten. Sie öffnet ihr Textverarbeitungsprogramm und zeichnet einen Stern, den sie mit gelber Farbe füllt.

- Erstellen einer Standardform im Textverarbeitungsprogramm
- Bearbeiten, Kopieren im Textverarbeitungsprogramm
- Bearbeiten, Einfügen im Malprogramm und verschieben

„Fertig! Das Ganze ist keine Hexerei", sagt Anna nach dem Speichern der Datei und stellt ihren Ausdruck dem Lehrer vor.

### Bildattribute

Lehrer Schlaumann hat natürlich sofort Verbesserungsvorschläge. Er meint, man könnte das Bild noch sehr viel größer erstellen, das Schullogo und den Text „Europatag" hinzufügen. Er erklärt ihnen auch, wie sie vorgehen sollten.

Jedes Bilddokument ist ein Objekt und hat demnach Attribute. Im Dateiordner ist nur die Gesamtgröße angegeben. In der Datei selbst jedoch sind Länge und Breite in Pixel gespeichert.

- Bild, Attribute, Breite: 1 280 , Höhe: 1 024

Das Bild wurde noch ergänzt mit dem Logo und dem Schriftzug der Realschule. Jetzt ist auch Lehrer Schlaumann hoch zufrieden.

**Klasse: DATEI**

| DATEI |
| --- |
| Dateityp |
| Speicherort |
| Größe |
| Erstellt am |
| Zugriffsrechte |
| … |
| öffne() |
| kopiere() |
| lösche() |
| … |

**Objekt: EU-FLAGGE**

| EU-Flagge: DATEI |
| --- |
| Dateityp = bitmap |
| Speicherort = D:\EU\Lisa |
| Größe = 901 KB |
| Erstellt am = … |
| Zugriffsrechte = … |
| … |

**Methoden:**

EU-Flagge.öffne()
EU-Flagge.lösche()
…

**A** Beschrifte deine Europaflagge mit dem Schulnamen deiner Schule.

**B** Kopiere in den Sternenkreis das Logo deiner Schule.

## 06 Bildmodellierung

### Bilder vorbereiten

Lisa und Anna haben jetzt am Computer eine tolle Europafahne erstellt. Für den Europatag wollen sie aber an ihrer ersten Idee festhalten und eine große Europaflagge auf blauem Karton erstellen, da das Bemalen ihnen zu aufwändig erscheint. Die Sterne sollen aus gelbem Papier ausgeschnitten und aufgeklebt werden.

Anna fragte nach einem Zeichenversuch eines Sterns nochmals nach: „Und wie zeichnet man schöne Fünf-Zacken-Sterne?" Lisa erinnerte sich an den Mathematikunterricht. Da hatten sie schon einiges über regelmäßige Figuren und Winkel gelernt und sie beginnt auch gleich auf einem Skizzenblock mit dem Zirkel und dem Geodreieck zu konstruieren und erklärt dabei:

- „Ein ganzer Kreis hat einen Vollwinkel mit 360°."
- „Bei fünf Ecken hat jeder Teilwinkel 360° : 5 = 72°."
- „Die durch die Teilung entstehenden Eckpunkte verbindest du mit den beiden gegenüber liegenden Ecken."

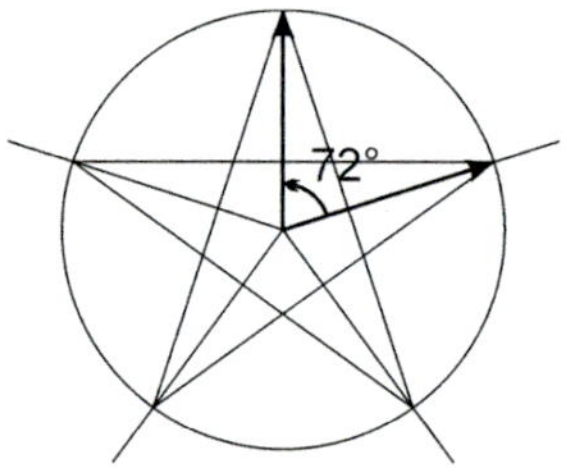


**Merke!**

**CAD (computer-aided design) bedeutet computerunterstütztes Konstruieren oder Entwerfen.**

**CAD-Programme sind also Zeichenprogramme für geometrische Objekte.**

Anna nimmt die fertige Skizze und will sie gleich zwölf mal durchpausen. Doch Lisa hat eine bessere Idee: „Wir konstruieren mit einem CAD-Programm einen Fünf-Zacken-Stern und drucken den Umriss auf gelbem Papier aus."

Bei der „echten" Europafahne ist die Größe der Flagge aber auch die Größe der Sterne genau festgelegt. Eine Internetrecherche mit dem Suchbegriff „Europaflagge" bringt folgende Hinweise mit einer Skizze.

Alle Berechnungen beziehen sich auf die Breite der Flagge:

- Sternenradius:
  r = BREITE : 18
- Sternenkreisradius:
  R = BREITE : 3
- Fahnenlänge:
  L = BREITE · 1,5

Für einen Karton mit einer Breite von 420 mm ergeben sich folgende Werte:

r = 420 : 3 = 23,3 [mm]

R = 420 : 3 = 140 [mm]

L = 420 · 1,5 = 630 [mm]

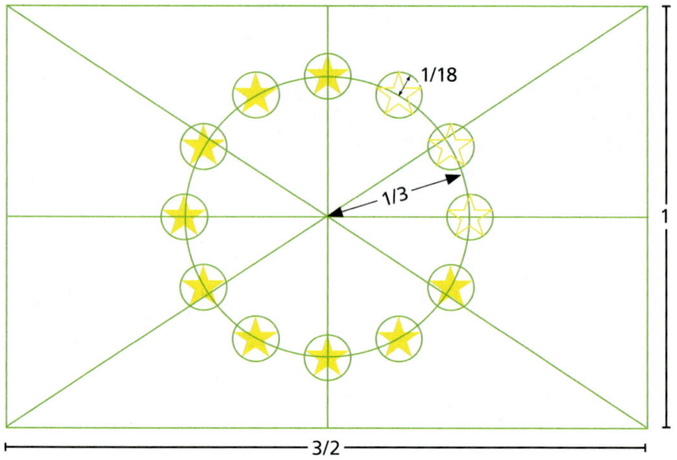


**A** **Konstruiere mit Zirkel und Geodreieck einen Fünf-Zacken-Stern mit einem Radius von 60 mm.**

**B** **Konstruiere mit Zirkel und Geodreieck einen Neun-Zacken-Stern mit einem Radius von 60 mm.**

## 07 Vektorgrafiken erstellen

Eine Vektorgrafik setzt sich aus Objekten zusammen, die durch ihre geometrischen Merkmale beschrieben werden. In Lektion 1 haben wir bereits diese geometrischen Objekte kennen gelernt, z. B. die Klasse der Kreise, die durch ihre Attributwerte und Methoden genau zu definieren sind.

Bei Vektorgrafiken werden nicht die Eigenschaften jedes Punktes eines Rechtecks beschrieben, sondern die Attribute einzelner Punkte, Randlinien und Flächen. Dadurch wird der Speicherbedarf für diese Grafiken erheblich reduziert.

**Klasse: KREIS**

| KREIS |
|---|
| PositionX<br>PositionY<br>Durchmesser<br>Füllfarbe<br>Füllmuster<br>Linienfarbe<br>Linienart<br>... |
| setzePositionX()<br>setzePositionY()<br>setzeDurchmesser()<br>setzeFüllfarbe()<br>setzeFüllmuster()<br>... |

### Programme für Vektorgrafiken

Für diese Grafiken benötigt der Computer spezielle Programme, die die Bildbeschreibungen (Attribute und Methoden) verarbeiten können.

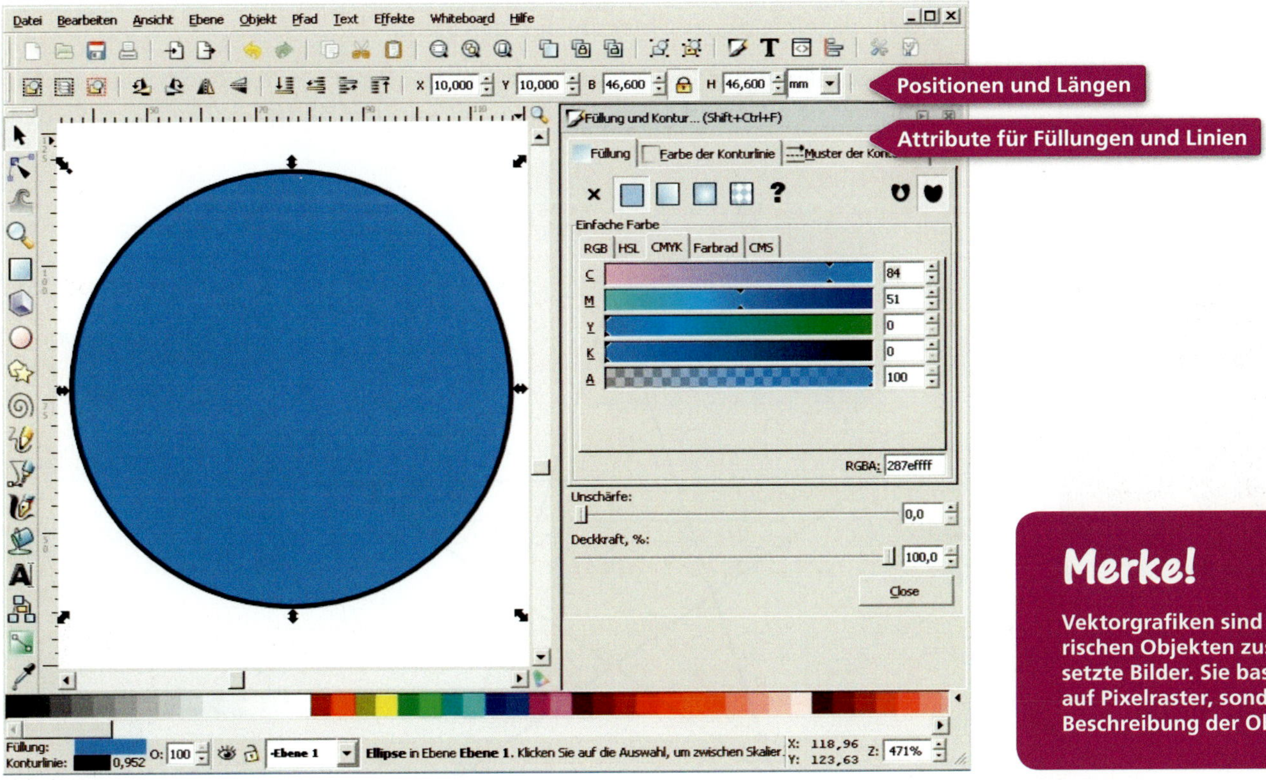


**Merke!**

**Vektorgrafiken sind aus geometrischen Objekten zusammengesetzte Bilder. Sie basieren nicht auf Pixelraster, sondern auf der Beschreibung der Objektattribute.**

Bei diesem Programm werden die Attribute so gesetzt:

- Füllung entspricht der Methode setzeFüllfarbe()
- Farbe der Konturlinie entspricht der Methode setzeRandfarbe()
- Muster der Konturlinie entspricht der Methode setzeLinienart()
- X entspricht der Methode setzePositionX()
- Y entspricht der Methode setzePositionY()
- B entspricht der Methode setzeDurchmesserX()
- H entspricht der Methode setzeDurchmesserY()

### Objekt: Kreis-1

**Kreis-1: KREIS**

PositionX = 10
PositionY = 10
Durchmesser = 46,6
Füllfarbe = kein
Füllmuster = kein
Linienfarbe = blau
Linienart = voll
...

### Objekt: Linie-1

**Linie-1: LINIE**

AnfPositionX = 33,3
AnfPositionY = 33,3
B = 0,2
H = 25
Linienfarbe = grün
Linienart = voll
...

### Methoden:

Linie-1.klone()
Linie-1.dreheUm()

**A** Konstruiere mit einem Vektorgrafikprogramm einen FünfZacken-Stern mit einem Radius von 60 mm.

**B** Konstruiere mit einem Vektorgrafikprogramm einen NeunZacken-Stern mit einem Radius von 60 mm.

## 08 Bildobjekte konstruieren

Anna und Lisa setzen jetzt ihre mathematischen Vorüberlegungen zur Konstruktion des Fünf-Zacken-Sterns am Computer um.

Zuerst zeichnen sie einen Kreis mit dem Durchmesser von 46,6 mm, da sie einen Radius von 23,3 mm berechnet haben. Dann erzeugen sie eine senkrechte Linie vom Mittelpunkt (Position 33,3/33,3) ausgehend nach oben (Länge 25 mm, Linienstärke 0,2 mm) etwas über den Kreis hinaus, damit sie den Schnittpunkt mit dem Kreis deutlich erkennen können. Mit dem Befehl „Klonen" wird eine zweite Linie mit den gleichen Attributwerten erzeugt. Die Linien liegen genau übereinander, sodass nur die neue, zweite Linie sichtbar ist. Diese zweite Linie wird mit dem Befehl „DrehenUm" um 72° am Kreismittelpunkt gedreht. Ebenso kann mit den weiteren Linien verfahren werden. Die Schnittpunkte dieser Linien mit dem Kreis sind die Sterneckpunkte.

Nun können Lisa und Anna eine neue Ebene erzeugen, die über der Grundebene liegt. Wenn sie in dieser neuen Ebene zeichnen, können in der Grundebene die Objekte nicht verändert werden (Grundebene muss gesperrt werden), sie sind jedoch sichtbar. Jetzt kann Lisa die Eckpunkte mit den gegenüber liegenden Eckpunkten verbinden. Hier ist besonders darauf zu achten, dass eine komplett geschlossene Linie entsteht, die ein einziges Objekt bildet, den Stern.

Ist die Farbfüllung des Sterns in der Mitte nicht erfolgt, so sind Teilflächen entstanden, die mit dem Objektbefehl „Vereinigung" zu einer Fläche verschmolzen werden.

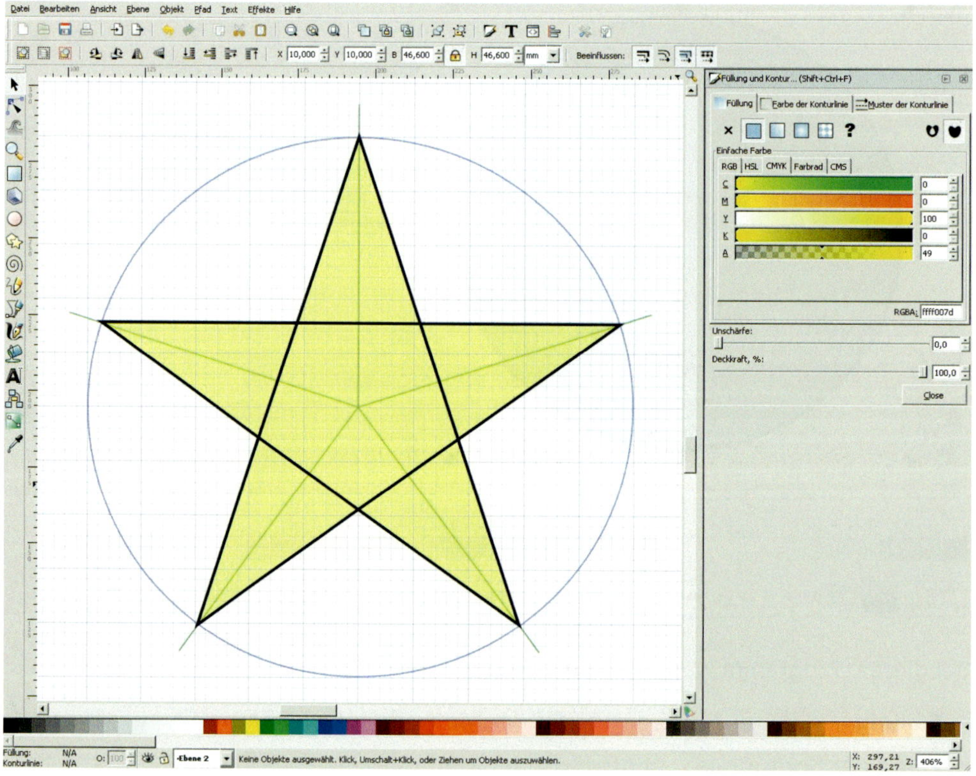


Beim Löschen der Grundebene werden alle Hilfslinien darin auch entfernt. Lisa und Anna löschen diese Grundebene und im Objekt Stern die Füllung, da sie auf gelbes Papier ausdrucken. Sie klonen das Objekt elfmal und verteilen die Kopien auf dem DIN A4-Blatt für den Ausdruck.

## 09 Mit Grundformen arbeiten

### Neue Objekte erzeugen

Anna und Lisa möchten jetzt auch das Schullogo der Zuse-Realschule am Computer nachbauen. Dazu zerlegen sie die Figur in Gedanken in Teilfiguren, die leicht zu zeichnen sind, beziehungsweise als „Autoformen" bereits im Werkzeugkasten des Programms bereit stehen:

Klassen geometrischer Figuren sind:

- Rechteck (Sonderform Quadrat)
- Ellipse (Sonderform Kreis)
- Trapez
- Dreieck (Sonderform rechtwinklig)
- Parallelogramm (aus Rechteck)
- Polygon (Vieleck) …

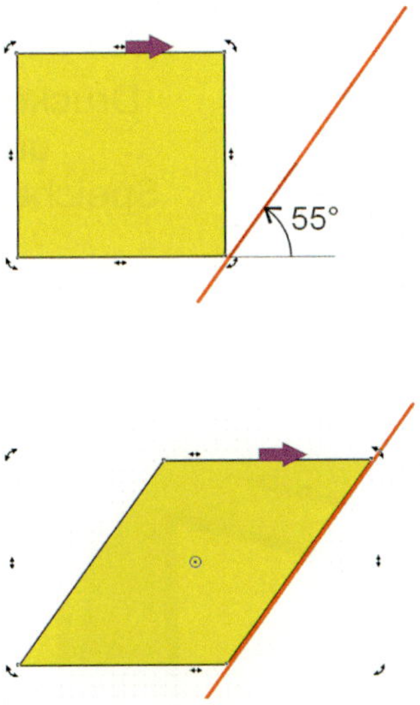


Zeichne auch du ein Rechteck und ein Quadrat mit gleicher Breite nebeneinander, so kannst du das Quadrat verscheren, sodass ein Parallelogramm entsteht. Zeichne vorher eine waagrechte Hilfslinie, die du mit einem bestimmten Winkel drehst. An dieser Linie kannst du dein neues Parallelogramm ausrichten. Schiebe nun dieses Parallelogramm über das Rechteck. Mit dem Befehl „Vereinigung" oder „Verschmelzen" wird aus den beiden Figuren ein einzelnes Objekt.

Den Kreisbogen für das „R" kannst du ebenso erstellen. Zeichne zwei Kreise nebeneinander. Mit dem Befehl „Ausrichten" werden beide mittig angeordnet. Der Befehl „Differenz" schneidet aus dem unten liegenden Kreis den oben liegenden heraus. Ebenso kann mit einem Rechteck eine Kreishälfte abgeschnitten werden.

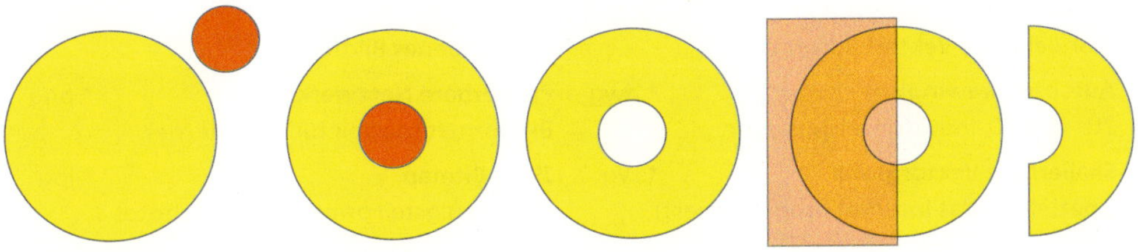

Zeichne nun die weiteren Rechtecke und Parallelogramme und verschmelze sie anschließend zum „R".

### Methoden für Objekte

| Ausrichtung |
|---|
| vertikal zentrieren |
| horizontal zentrieren |
| linksbündig ausrichten |
| unten bündig ausrichten |
| **Neue Objekte** |
| Vereinigung |
| Differenz |

**A** Erstelle für deine Anfangsbuchstaben von Vor- und Zuname eine Vektorgrafik.

**B** Erstelle Sonderformen der Buchstaben A, B und C.

## 10 Vergleich der Grafikformate

### Vektorgrafik – Pixelgrafik

Für das Icon „Ordner" wurde eine neue Vektorgrafik erstellt. Da Windows nur Pixelgrafiken für Icons verwendet, wurde die Vektorgrafik in eine Pixelgrafik exportiert. Der Vergleich der beiden vergrößerten Bilder zeigt sehr deutlich den Unterschied der beiden Bilder.

Im Bild ist die Vergrößerung eines kleinen Bildes in den zwei Varianten dargestellt:

| Vektorgrafik | Pixelgrafik |
|---|---|
| Darstellungsqualität in jeder Größe optimal | Darstellung der Realität hervorragend (Fotos) |
| Speicherbedarf unabhängig von der Größe | Hoher Speicherbedarf bei großen Bildern |
| Ungeeignet für fotorealistische Darstellung | Qualitätsverlust bei Größenänderung |

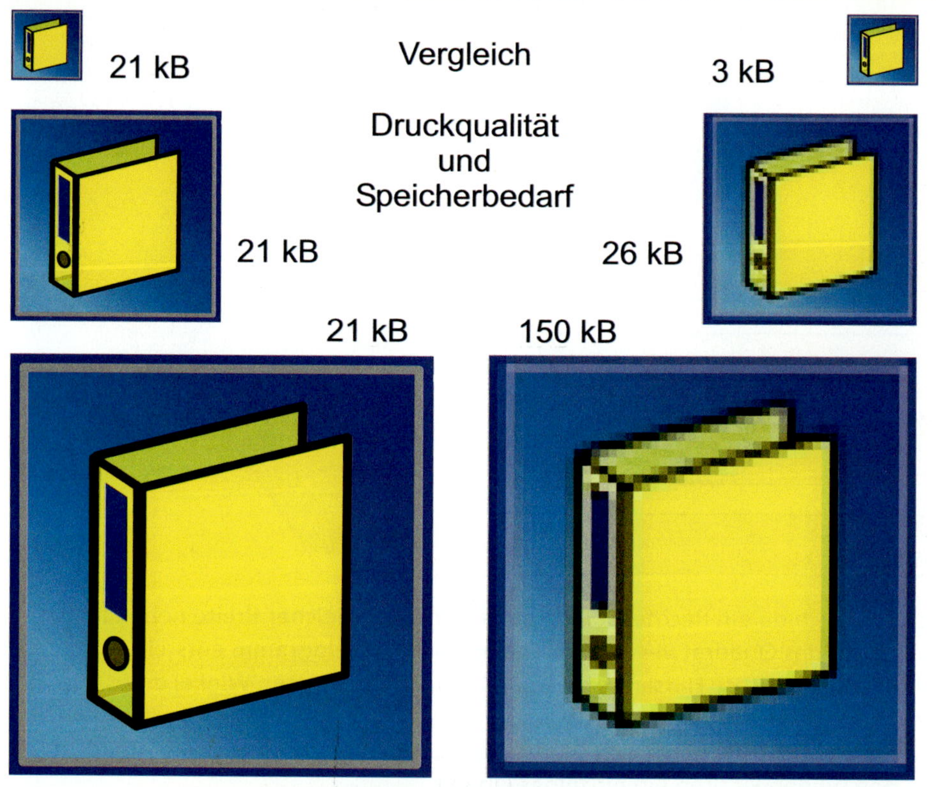


| Beispiele für Grafikformate: | |
|---|---|
| **Adobe Illustrator** *.ai<br>für grafische und geometrische Objekte | **Windows Bitmap** *.bmp<br>Standard-Windows-Bildformat |
| **Corel Draw** *.cdr<br>(Coreleigenes Vektorbildformat) | **Corel Paint** *.cpt<br>(Coreleigenes Bildformat) |
| **Autocad (drawing)** *.dwg<br>2D- und 3D-Industriezeichnungen | **Portierbare Netzwerkgrafik** *.png<br>Bildformat speziell für das Internet |
| **Skalierbare Vektorgrafik** *.svg<br>(speziell für das Internet programmiert) | **JPEG-Bitmap** *.jpg<br>das gängigste Format für Digitalfotos |
| **Windows Metafile** *.wmf<br>(für Grafikaustausch zwischen Programmen) | **Graphics Interchange Format** *.gif<br>für Web-Grafiken und Animationen<br>(Komprimierung ohne Qualitätsverluste) |

## 11 Auflösung und Farbtiefe

Bilder, die mit der Digitalkamera aufgenommen oder mit einem Scanner eingescannt wurden, sind Pixelgrafiken mit einer bestimmten Auflösung:

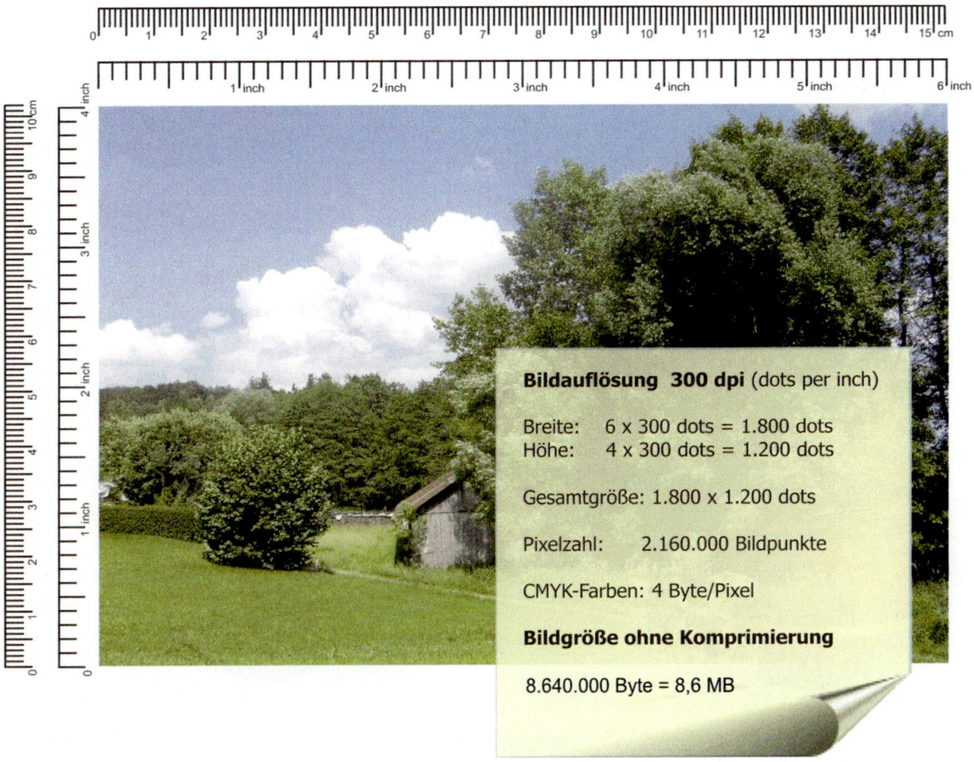


**Merke!**

**Die Farbtiefe gibt die Anzahl der darstellbaren Farben für einen Bildpunkt in der Einheit Bit an.**

**8 Bit (1 Byte) → 256 Farben**

### Fotodruck

Für den Fotodruck oder den Vierfarbdruck ist eine Auflösung von 300 dpi sinnvoll, damit die Bilder verlustfrei dargestellt werden können.

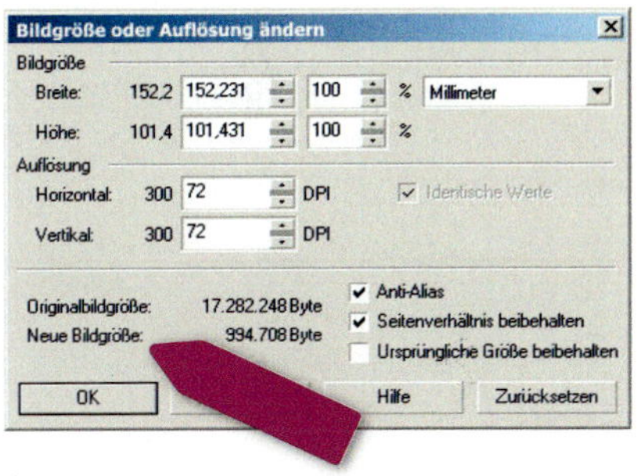


### Pixelgrafiken

können in komprimierten Formaten auf der Festplatte abgespeichert werden.

- ohne Komprimierung
  (z. B. Format BMP, 6,5 MB mit RGB-Farben, 3 Byte/Pixel → 24 Bit Farbtiefe)
- Komprimierung ohne Qualitätsverlust, aber mit Farbreduzierung
  (z. B. Format GIF, 1,4 MB mit Farbpalette 256 Farben, 8 Bit Farbtiefe)
- Komprimierung mit Qualitätsverlusten
  (z. B. Format JPG, 0,8 MB mit CMYK-Farben, 4 Byte/Pixel → 32 Bit Farbtiefe, Komprimierungsfaktor 10)

### Farbtiefe

24 Bit Farbtiefe bei RGB und 32 Bit Farbtiefe bei CMYK wird als True Color mit 16,7 Millionen verschiedenen Farben bezeichnet.

Für die Darstellung von Bildern auf dem Bildschirm genügt eine Auflösung von 96 dpi und 24 Bit Farbtiefe. Höhere Auflösungen werden auf Bildschirmen normaler Größe nicht dargestellt. Ähnliches gilt für die Präsentation von Bildern im Internet. Diese haben meist eine noch niedrigere Auflösung, um die Übertragungszeit zu verringern.

Grafikprogramme können die Auflösung jeder Pixelgrafik ändern und zeigen dabei die Originalbildgröße und die neue Bildgröße vor der Änderung an (siehe Randspalte).

## 12 Bildkorrekturen und Effekte

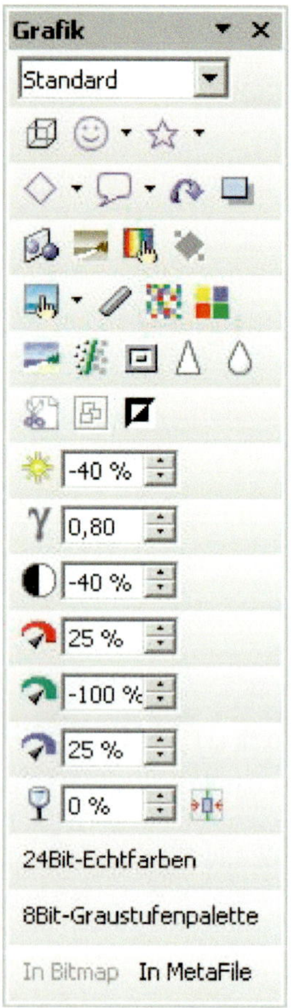


Je nach Bildbearbeitungsprogramm können **Fotokorrekturen** erfolgen, die

- Helligkeit
- Farbbalance,
- Kontrast,
- Schärfe und
- Farbsättigung

eines Bildes verändern.

Mit dem Hintergrundlöschwerkzeug lassen sich unerwünschte Bildteile oder Hintergründe mühelos entfernen, während die Einzelheiten des Fotos erhalten bleiben.

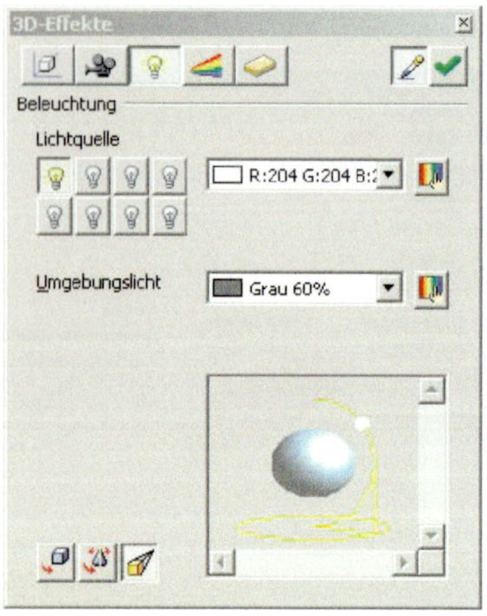

Wird das Bild in ein Graustufenbild umgewandelt, kann es anschließend mit einzelnen Farben wieder koloriert werden, indem die Farbwerte für Rot, Grün und Blau angepasst werden.

Mit der 3D-Lichtquelle und den Transparenzmöglichkeiten können noch Beleuchtungseffekte den Gesamteindruck verbessern.

**A** Erstelle für ein Foto von dir ein bearbeitetes Bild ähnlich der Vorlage:

## 13 Schriftzüge erstellen und bearbeiten

Dem Bild soll jetzt nur noch der Schriftzug der Kultband „Beatles“ hinzugefügt werden, damit es als Vorlage für eine Präsentation dienen kann.

Mit einem Vektorgrafikprogramm wird der Schriftzug erst als Text geschrieben und anschließend durch Umformung in einzelne Grafikobjekte in der Form noch angepasst.

THE BEATLES

Der Schriftzug kann durch Farbveränderung und Schatten in die gewünschte Form gebracht und auf den Hintergrund als neues Objekt kopiert werden. Mit der Methode „Transparenz zuweisen“ erreicht man bei guten Bildbearbeitungsprogrammen die gewünschten Effekte.

**A** Erstelle für ein Referat im Fach Musik einen geeigneten Schriftzug.

**B** Erstelle Sonderformen der Buchstaben A, B und C, füge einen Schatten hinzu und ordne sie so an:

## 14 Farbgestaltung

### Licht

Lichtquellen wie z. B. die Sonne, eine Kerze, eine Glühlampe oder ein Computermonitor senden Licht in den umgebenden Raum ab. Dieses Licht ist meist weiß. Durch technische Hilfsmittel kann dieses Licht in ein buntes Farbband (Spektrum) zerlegt und die farbigen Lichter wieder zu weißem Licht vereinigt werden. Weißes Licht besteht also aus verschieden farbigen Lichtstrahlen. Auch in der Natur wird manchmal das Mischlicht weiß in die Spektralfarben zerlegt, z. B. beim Regenbogen.

**Merke!**

**Bei Monitoren entsteht der Farbeindruck durch das RGB-Farbmischverfahren.**

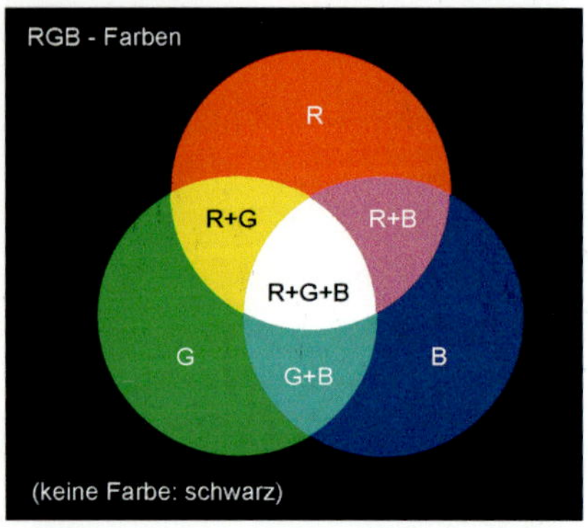


### Farbmischsysteme

Grundsätzlich ist von zwei verschiedenen Farbmischsystemen auszugehen.

- Farbabstrahlung von selbst leuchtenden Körpern (z. B. Monitor)
- Farbeindrücke von beleuchteten Körpern (z. B. Ausdruck)

### Additive Farbmischung – RGB-Farben

Monitore strahlen drei verschiedene Farben in unterschiedlichen Stärken ab: **R**ot, **G**rün und **B**lau (RGB). Durch die Übereinanderlagerung von allen drei Grundfarben entsteht weiß.

Aus diesen drei Grundfarben entstehen durch Mischung alle anderen Farbtöne. Die Intensität für Rot, Grün und Blau kann Werte von 0 bis 255 annehmen, also gibt es für jede Farbe 256 Abstufungen. Bei 256 verschiedenen Einstellungen (1 Byte/Farbe) für jede Farbe sind damit 256 · 256 · 256 = 16 777 216, also etwa 16 Millionen unterschiedliche Farben darstellbar. Einige davon sind in der Tabelle dargestellt.

| | | | | | | | | | | | | | |
|---|---|---|---|---|---|---|---|---|---|---|---|---|---|
| **R** | 255 | 255 | 255 | 200 | 100 | 100 | 0 | 0 | 0 | 255 | 200 | 150 | 100 |
| **G** | 255 | 255 | 255 | 200 | 100 | 200 | 255 | 200 | 100 | 0 | 0 | 0 | 0 |
| **B** | 200 | 150 | 0 | 0 | 0 | 0 | 0 | 200 | 100 | 255 | 200 | 150 | 100 |

| | | | | | | | | | | | | | |
|---|---|---|---|---|---|---|---|---|---|---|---|---|---|
| **R** | 255 | 200 | 150 | 100 | 50 | 0 | 0 | 0 | 0 | 255 | 200 | 150 | 100 |
| **G** | 0 | 0 | 0 | 0 | 0 | 0 | 0 | 0 | 0 | 100 | 100 | 100 | 100 |
| **B** | 0 | 0 | 0 | 0 | 0 | 255 | 150 | 100 | 50 | 255 | 200 | 150 | 100 |

Reines Schwarz entsteht durch die Einstellung 0 bei jeder Farbe (keine Lichtaussendung) und reines Weiß durch den Wert 255 in R, G und B.

## Subtraktive Farbmischung – CMYK-Farben

Wie wir wissen, besteht weißes Licht aus verschieden farbigen Lichtstrahlen.

Werden farbige Objekte mit weißem Mischlicht bestrahlt, so wird ein Teil der farbigen Lichtstrahlen vom Objekt aufgenommen (absorbiert), der Rest des farbigen Spektrums reflektiert. Die reflektierten Lichtstrahlen bilden das farbige Mischlicht. Der Farbeindruck dieses Objekts entsteht demnach durch Subtraktion von farbigen Lichtanteilen aus dem weißen Licht.

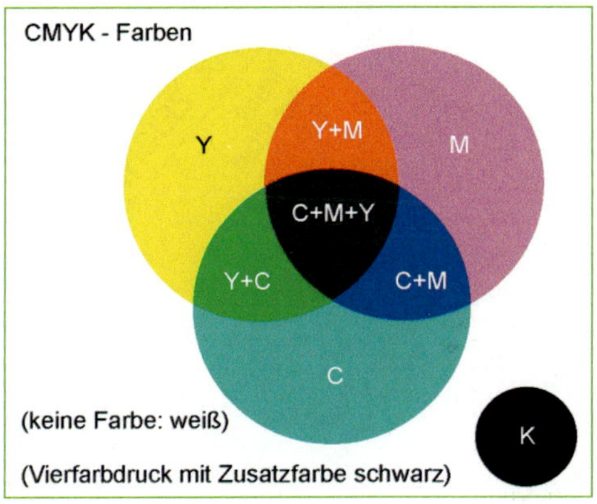


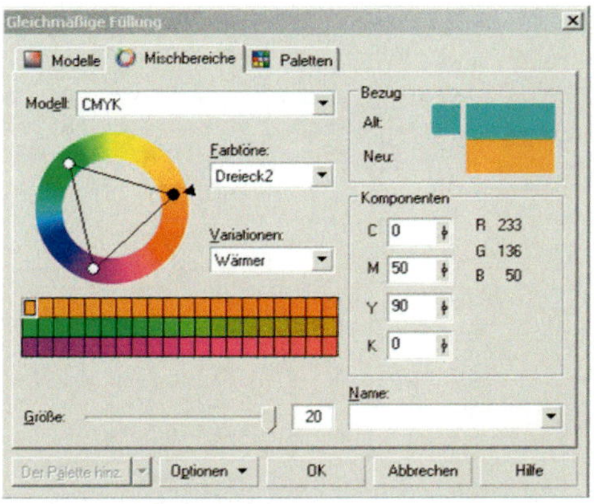


Mit den Grundfarben Cyan (C), Magenta (M) und Yellow (Y) können viele Mischtöne z. B. für den Abdruck eines Farbfotos hergestellt werden. Zu diesen drei Grundfarben wird noch Schwarz (black [K]) hinzugegeben, um – vor allem bei Texten – den Schwärzungsgrad (Farbtiefe) und den Kontrast zu erhöhen.

**Merke!**

**Bei allen Drucksachen entsteht das Druckbild durch subtraktive Farbmischung.**

In Druckereien werden für jede Grundfarbe und die entsprechende Einfärbung Druckplatten hergestellt. Das Papier durchläuft in der Druckmaschine nacheinander die Druckplatten und nimmt die verschiedenen Grundfarben übereinander auf. Die Grundfarben werden also separat auf das Papier aufgetragen. Durch die Mischung lassen sich damit die unterschiedlichen Farbtöne erzielen.

Monitorbild — Die Farben Cyan, Magenta, Yellow und Black werden übereinander aufgetragen — Druckerzeugnis

Die RGB-Mischfarbe am Monitor wird durch den Druckertreiber umgewandelt in eine CMYK-Mischfarbe, die meist einen anderen Farbeindruck erzeugt. Deshalb müssen die Ausdrucke bezüglich ihrer Farbgebung überprüft werden. Druckereien erstellen dazu den Andruck oder Kontrollausdruck (proof).

# L5

# Praktische Textverarbeitung

## 01 Zeichen der Ziffernreihe

### Prozent

1 5 % Rabatt, 6 % Nachlass, 12 % Reingewinn, genau 4,5 % Skonto
2 eine siebenprozentige Steigerung, die 15%ige Kapitalerhöhung,
3 einen 20%igen Verlust verkraften, die Ausgaben um 3 % senken.

4 Die Bausparsumme hat sich im vergangenen Jahr um 15 % erhöht.
5 Wir können mit einer 12%igen Verzinsung des Kapitals rechnen.
6 Wie viel Prozent Skonto können Sie auf die Rechnung gewähren?

### Paragraf

7 Nach § 3 unserer Satzung ist ein Ausschluss nicht vorgesehen.
8 In § 37 Abs. 4 RSO ist die Dauer einer Schulaufgabe geregelt.
9 In der Realschulordnung musste ein Paragraf verändert werden.

### &-Zeichen

10 Die Schreinerei und Möbelhandlung Hauser & Co. beliefert uns.
11 Wir haben ein Angebot der Firma Fischmann & Nöbauer erhalten.
12 Das Softwareunternehmen Berghofer & Söhne gewährt 3 % Skonto.

### Vor- und Nachklammer

13 Die Veranstaltung findet im August in Frankfurt (Main) statt.
14 Alle Klassensprecher(innen) melden nun die fehlenden Schüler.
15 Ändern Sie bitte in § 73 Abs. 8 die Abschnitte b), c) und d).

### Dollar

16 Für die Jeans musste ich in New York lediglich 45 $ bezahlen.
17 In Long Beach kostete die Übernachtung nur 38 USD pro Person.
18 Der amerikanische Dollar wird an der Börse stärker gehandelt.

### Apostroph

19 Wenn ich's dir nur sagen könnte! Hätt' ich es vorher gewusst.
20 Willst du's haben? Der Ohm'sche Widerstand, die heil'ge Nacht
21 Bert Brechts Dramen wurden nicht ins Bücherregal eingeordnet.

### Anführungszeichen und halbe Anführungszeichen

22 „Wo kann ich die Software kaufen?“, fragte Jakob den Lehrer.
23 Der Schüler sagte: „Ich kann den PC in der Schule benutzen.“
24 „Morgen Nachmittag“, versprach er, „kann ich dich besuchen.“

25 Das neue Fach „Informationstechnologie“ wird gut angenommen.
26 Kaufst du dir das Modell „StarPlus“ oder die Version „2010“?
27 In dem Fax war zu lesen: „Das Hotel ‚Media‘ ist ausgebucht.“

28 „Wallenstein“ ist ein bekanntes Werk von Friedrich Schiller.
29 „Mit wie vielen h schreibt man ‚Rhythmus‘?“, fragte Susanne.
30 Als sie sagte: „So geht das nicht!“, wurde er sehr verlegen.

**Merke!**

Wird ein Zeichen (z. B. %, §, &) anstelle eines Wortes geschrieben, steht davor und dahinter ein Leerzeichen.

Das Zeichen für Paragraf darf nur in Verbindung mit darauf folgenden Zahlen verwendet werden.

Das Zeichen für „und (et)“ findet lediglich in Firmenbezeichnungen Anwendung.

Die Klammern werden ohne Leerzeichen vor und nach den Textteilen, die von ihnen eingeschlossen werden, geschrieben. Die Nachklammer folgt dem Kleinbuchstaben ohne Leerzeichen.

Währungsbezeichnungen können vor oder hinter dem Betrag stehen. In fortlaufendem Text sollten sie hinter dem Betrag stehen.

Der Apostroph ersetzt ausgelassene Buchstaben.

Anführungszeichen werden ohne Leerzeichen vor und nach den Textteilen, die von ihnen eingeschlossen werden, geschrieben.

**A** Schreibe die Zeilen fehlerfrei ab.

**B** Suche zu jedem Zeichen der Ziffernreihe dieser Seite zwei weitere Beispiele.

## 02 Weitere Zeichen

**Merke!**

Akzente: Es wird zuerst das Akzentzeichen und dann der entsprechende Buchstabe geschrieben.

Die Cedille (ç) ist ein Sonderzeichen, das als Symbol bzw. mit einer Tastenkombination eingefügt wird.

Für ausgelassene Textteile werden drei Punkte geschrieben; davor und danach steht je ein Leerzeichen.

Vor und nach dem Zeichen für „geboren" und „gestorben" steht je ein Leerzeichen.

Das Zeichen für Nummer bzw. Nummern wird nur in Verbindung mit darauf folgenden Ziffern oder Zahlen geschrieben.

Das allein stehende Gradzeichen folgt dem Zahlenwert ohne Leerzeichen. Vorzeichen von Zahlen sind ohne folgendes Leerzeichen zu schreiben.

Das Promillezeichen kann entweder zusammengesetzt oder als Sonderzeichen eingefügt werden.

Die römischen Ziffern werden mit Großbuchstaben dargestellt.

Mehrere Paragrafen (in Verbindung mit Zahlen) werden mit ‹§§› gekennzeichnet.

Einige Tasten weisen eine Mehrfachbelegung z. B. durch verschieden dargestellte Klammern auf. Diese dritte Tastenbelegung wird durch <Alt Gr> aktiviert.

### Schrägstrich

1 Gestern wurde die Bankfiliale in der Baumstraße 7/8 eröffnet.
2 Die Höchstgeschwindigkeit in einer Ortschaft beträgt 50 km/h.
3 Die Rechnung Nr. 145937/092 ist leider nicht mehr auffindbar.

### Akzente

4 Léon, René, Café, Adèle, Irène, Ampère, Saône, Nîmes, Jérôme.
5 Die Rhône fließt durch den Lac Léman und später durch Genève.
6 Stéphane und Hélène fahren in diesem Jahr an die Côte d'Azur.

7 In der Stadt Mâcon treffen wir François, André und Véronique.
8 Françoise, Béatrice und Luc bestellen sich ein Châteaubriand.
9 Er kauft das Buch „Dictionnaire d'apprentissage du français".

### Auslassungspunkte

10 Das Einprägen der Regeln ... muss von Anfang an geübt werden.
11 Formatiere folgenden Absatz: Das Bedienen der PC-Tastatur ...
12 Die Märchen beginnen in der Regel ja mit: „Es war einmal ..."

### Zeichen für „geboren" und „gestorben"

13 Konrad Zuse, * 1910-06-22, + 1995-12-18, baute den Z1 und Z3.
14 Christoph Kolumbus, * 1469, + 1524, segelt 1492 nach Amerika.
15 Franz Xaver Gabelsberger, * 1789, + 1849, Kurzschrifterfinder

### Zeichen für Nummer und Grad

16 Wir können den Artikel # 3275 erst im nächsten Monat liefern.
17 Die Prospekte # 27, 43, 48 und 69 werden nicht mehr gedruckt.
18 Von den Sportzeitschriften sind noch einige Nummern vorrätig.

19 Das bekannte Winkelmaß von 90° muss genau eingehalten werden.
20 In der Sahara liegen die Höchsttemperaturen meist über 50 °C.
21 Sauerstoff gefriert bei -257 °C, Silber schmilzt bei +961 °C.

### Zusammengesetzte Zeichen

22 Die Untersuchung der Blutproben ergab 1,8 o/oo Alkoholgehalt.
23 Wir können Ihnen heute eine Maklergebühr von 2 ‰ vorschlagen.
24 Als Versicherungssteuer werden einmalig nur 12,9 ‰ berechnet.

25 Die Modelle mit den römischen Zahlen III und IV sind bezahlt.
26 Im Jahre MDCCXIV baute Mill seine Schreibmaschine für Blinde.
27 Es wird empfohlen, die §§ 7, 12 und 18 der Satzung zu ändern.

### Mehrfach belegte Tasten

28 In der Altersklasse III [29 - 36 Jahre] starten 9 Teilnehmer.
29 Bereits 50 µg (millionstel Gramm) des Giftes führen zum Tode.
30 Meine neue E-Mail-Adresse lautet: Alexander.Becker@webmail.de

**A** Schreibe die Übungen auf dieser Seite einmal fehlerfrei ab.

**B** Suche weitere Beispiele zu den Zeichen auf dieser Seite.

## 03 Normgerechtes Schreiben von Zeichen

### Rechenzeichen, hoch- und tiefgestellte Zeichen

98 + 7 = 105, 28 – 3 = 25, 9 : 3 = 3, 3 x 7 = 21, 2 · 16 = 32
3,25 + 5,46 = 8,71, 135,7 – 40,6 = 95,1, 27,17 x 3,5 = 95,095
1 1/4 + 2 1/2 = 3 3/4, 10 1/2 : 3 1/2 = 3, 17 3/8 – 11/8 = 16

Einwohnerzahl < 200 000, Kundennummer > 7 000, a + 20 > 1 000
$a^2 + b^2 = c^2$, 1 928 $m^2$ Grundstücksfläche, 230 $m^3$ umbauter Raum.
In der Chemie wird Schwefelsäure einfach mit $H_2SO_4$ bezeichnet.

### Zeichen für „bis“ und „zu“

Unterrichtszeit: 08:00 – 12:30 Uhr; Pause: 09:30 – 10:00 Uhr.
Der Tisch ist nur von 19:00 bis 21:30 Uhr für uns reserviert.
Die Landkarten mussten im Maßstab 1 : 20 000 gedruckt werden.

### Zeichen für „gegen“

Das Fußballspiel FC Bayern München – 1. FC Köln endete 2 : 1.
Das Spiel TV Augsburg – SV Passau endete unentschieden 1 : 1.
Die Klage Fisch ./. Neumann wurde vom Amtsgericht abgewiesen.

### Streckenstrich

Die Autobahn Nürnberg – Frankfurt war den ganzen Tag vereist.
Wir benötigen für den Flug Hamburg – New York sieben Stunden.
Die Route München – Hamburg – Helsinki wird täglich geflogen.

### Ein Strichlein hat's in sich

Hans-Peter wohnt erst seit einigen Tagen in München-Pasing.
Die Ein- und Ausfuhr der Waren muss noch verhandelt werden.
Die Autobahn München – Augsburg war für einen Tag gesperrt.

Viele Firmen – so hörten wir – sind sehr stark verschuldet.
Das Länderspiel Deutschland – Italien endete unentschieden.
Der Flug London – München – Rom wurde doch nicht storniert.

Der Warenein- und -ausgang verläuft noch nicht reibungslos.
Susi und Sabine feierten ihre 10-jährige Brieffreundschaft.
Wir trennen genau: In- for- ma- ti- ons- tech- no- lo- gie.

Das Maklerbüro konnte die ruhige 3-Zimmer-Wohnung anbieten.
Eva-Maria musste einige Vokabeln zum x-ten Mal wiederholen.
Die §§ 3 – 9 der Schulordnung wurden nochmals überarbeitet.

Julia nahm sich vor, die Lektion 4- bis 5-mal zu schreiben.
Der Schüler konnte die Aufgabe (3 975 – 2 861) nicht lösen.
Neuregelung des Stundenplans: 09:30 – 10:15 Uhr Mathematik.

In den Flusstälern wurden vergangene Nacht –15 °C gemessen.
Der Vertreter bekam eine neue Telefonnummer: 08724 9653-32.
Tragen Sie bitte mein Geburtsdatum richtig ein: 1968-09-27.

**Merke!**

Vor und nach den Rechenzeichen ist ein Leerzeichen einzugeben. Hoch- bzw. tiefgestellte Ziffern folgen ohne Leerzeichen.

Als Zeichen für „bis“ wird der Mittestrich mit je einem Leerzeichen davor und danach verwendet (beachte aber „von – bis“).

Als Verhältniszeichen wird der Doppelpunkt mit je einem Leerzeichen davor und danach verwendet.

Wird der Mittestrich als Zeichen für „gegen“ verwendet, steht davor und dahinter ein Leerzeichen.

In Schriftsätzen bei Rechtsstreitigkeiten wird das Zeichen „gegen“ durch „Punkt – Schrägstrich – Punkt“ dargestellt.

Bei Streckenangaben wird der Mittestrich verwendet; davor und danach steht jeweils ein Leerzeichen.

**A** Versuche jeden Absatz dieser Seite möglichst fehlerarm abzuschreiben.

**B** Suche zu jedem Zeichen dieser Seite zwei weitere Beispiele.

## 04 Zeichenformatierungen

In der Textverarbeitung versteht man unter „Formatieren" die Ausrichtung und Gestaltung eines Textes. (Vergleiche hierzu das Formatieren von Datenträgern.) Damit können z. B. die Schriftart und -größe, die Darstellung der einzelnen Zeichen oder das Aussehen eines Textes verändert werden. Dabei ist es zweckmäßig, zuerst den Text zu erfassen und anschließend die Formatierungen vorzunehmen. Es muss darauf geachtet werden, dass die entsprechenden Objekte (Zeichen, Wörter, Zeilen, Sätze, Absätze usw.) in der Regel vorher markiert werden müssen.

Viele Formatierungen können entweder über ein Symbol, über das Menü oder über eine Tastenkombination vorgenommen werden.

**Zeichenformatierungen**

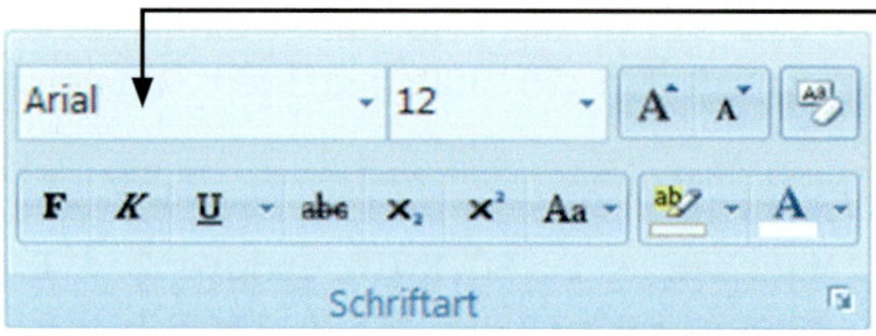


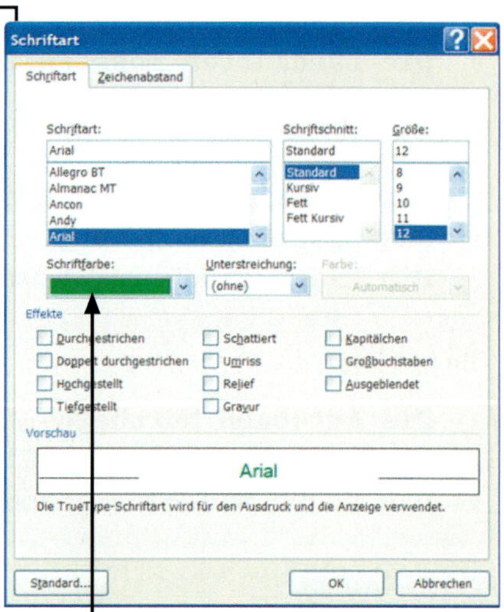


Neben schon bekannten Formatierungen können die Objekte mit weiteren Attributen belegt werden, z. B.

~~durchgestrichen~~

~~Doppelt durchgestrichen~~

GROSSBUCHSTABEN

KAPITÄLCHEN

hochgestellter tiefgestellter Text

Schriftfarbe

**Erfasse und formatiere die folgenden Zeilen.**

1 Die Veranstaltungen werden in München-Sendling stattfinden.
2 Du kannst unter mehreren passenden Schriftfarben auswählen.
3 DIE FORMATIERUNGEN FÜR ZEICHEN sollten sparsam verwendet werden.

4 ~~Der Schüler/~~Die Schülerin soll die Textpassage hervorheben.
5 Ein Objekt kann auch *mit mehreren Attributen* belegt werden.
6 In der Chemie wird Wasser ganz einfach mit $H_2O$ bezeichnet.

**A** Erfasse einen Text, der aus mindestens zehn Zeilen besteht, und formatiere einige Objekte sinnvoll.

## 05 Übungen zum Formatieren der Zeichen

Du weißt also, dass man einen Text auf zweierlei Art verändern kann:

| inhaltlich | vom Aussehen her |
|---|---|
| der rote Apfel – der grüne Apfel | der **rote Apfel** – der **grüne Apfel** |

Übe mit Coko!

**Erfasse den folgenden Text.**

Vor allem für die Textformatierung gilt: weniger ist mehr

Mit einem Textverarbeitungsprogramm kann ein Dokument, das auf dem Monitor zu sehen ist und das sich gleichzeitig im Arbeitsspeicher des Computers befindet, nachträglich bearbeitet werden. So werden beim Formatieren die Attribute der Objekte mit Methoden verändert, womit man eine bessere Lesbarkeit des Schriftstücks erreichen kann. Es ist wichtig zu wissen, dass man die Textformatierungen sparsam einsetzen soll. Man will dem Leser ja das Lesen erleichtern und ihn nicht verwirren. Zu den klassischen Hervorhebungsarten wie fett, kursiv und unterstrichen kommen noch Effekte wie z. B. Gravur, Relief oder sogar Animationen. Man muss aber bedenken, dass Animationen nur am Bildschirm sichtbar und lediglich für den Einsatz in Web-Seiten konzipiert sind. In der Regel müssen beim Formatieren die hervorzuhebenden Teile vorher markiert werden. Als Normregel merken wir uns, dass auch die Satzzeichen, die am Ende der Hervorhebung stehen, formatiert werden müssen.

Nach dem Formatieren soll das Schriftstück folgendes Aussehen haben:

*Vor allem für die Textformatierung gilt:*

*WENIGER IST MEHR*

Mit einem Textverarbeitungsprogramm kann ein Dokument, das auf dem Monitor zu sehen ist und das sich gleichzeitig im Arbeitsspeicher des Computers befindet, nachträglich bearbeitet werden.

So werden beim Formatieren die Attribute der Objekte verändert, womit man eine bessere Lesbarkeit des Schriftstücks erreichen kann. Es ist WICHTIG zu wissen, dass man die Textformatierungen sparsam einsetzen soll. Man will dem Leser ja das Lesen erleichtern und ihn nicht verwirren.

Zu den klassischen Hervorhebungsarten wie fett, kursiv und unterstrichen kommen noch Effekte wie z. B. Gravur, Relief oder sogar Animationen. Man muss aber bedenken, dass Animationen nur am Bildschirm sichtbar und lediglich für den Einsatz in Web-Seiten konzipiert sind.

IN DER REGEL MÜSSEN BEIM FORMATIEREN die hervorzuhebenden Teile vorher markiert werden. Als Normregel merken wir uns, dass auch die Satzzeichen, die am Ende der Hervorhebung stehen, formatiert werden müssen.

**A** Erfasse den Text Seite 149 und führe eine sinnvolle Zeichenformatierung durch.

Frankfurter Allgemeine
ZEITUNG FÜR DEUTSCHLAND

Einladung

Winklers

Zertifikat

Google

Flughafen München

## 05 Die Wirkung von Schriften

GROSS **fett** *kursiv* farbig

Das Verändern des Aussehens der Schrift nennt man formatieren. Das hast du schon gelernt. Du weißt also, dass man z. B. durch das Verändern des Attributwertes oder durch die Festlegung eines anderen Schriftschnittes das Aussehen eines Objektes verwandeln kann. Dabei soll man jedoch behutsam vorgehen, denn durch übermäßiges Formatieren kann der Gesamteindruck eines Schriftstückes negativ beeinflusst werden. Die Darstellung von Wörtern in Fettdruck ist eine klassische Formatierung. Kursive Schriften sind unauffällig und werden oft erst beim Lesen wahrgenommen. Bei der Schriftgröße – sowohl im Text als auch bei der Überschrift – ist auf ein ausgewogenes Verhältnis zu achten.

Von ganz entscheidender Bedeutung ist auch die Verwendung einer passenden Schriftart. Wie wichtig eine geeignete Schriftwahl ist, ergibt sich aus der Tatsache, dass ein Text zuerst gesehen und dann gelesen wird. Aus den vielen Schriftarten sollen drei stark verbreitete herausgehoben werden:

Sprache wird durch Schrift erst schön.

Times New Roman: A

- Serifenschrift
- verstärkte Zeilenwirkung
- geeignet für Bücher und Zeitungen

Sprache wird durch Schrift erst schön.

Arial: A

- serifenlose Schrift (Groteskschrift)
- klar, ohne Verzierungen
- gute Lesbarkeit; für Bildschirme geeignet

Sprache wird durch Schrift erst schön.

Courier New: Wi

- nicht proportionale Schrift
- die eigentliche „Schreibmaschinenschrift"
- wird selten verwendet

Sprache wird durch Schrift erst schön.

Schriftarten wirken auf vielfältige Weise. Farbige Objekte ziehen die Aufmerksamkeit auf sich. Farben haben auch Symbolcharakter und eine emotionale Wirkung.

**A** Versuche, die Überschrift (GROSS ...) lt. Vorlage zu gestalten und durch Methoden die Attributwerte von fünf Textobjekten sinnvoll zu ändern.

## 06 Absatzformatierung

Jedes Dokument besteht aus mindestens einem zusammenhängenden Textteil (Absatz), dessen Formatierungen unmittelbar vor der Absatzmarke gespeichert werden. Eine Absatzformatierung ist die Festlegung von bestimmten typografischen Eigenschaften eines Absatzes. Im Gegensatz zur Zeichenformatierung reicht es bei der Absatzformatierung aus, den Cursor lediglich in den zu formatierenden Absatz zu stellen, um die Formatierungen vornehmen zu können.

**Absatzformatierungen**

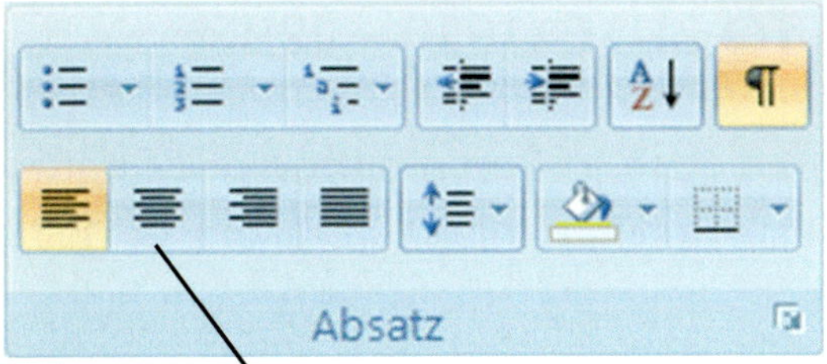


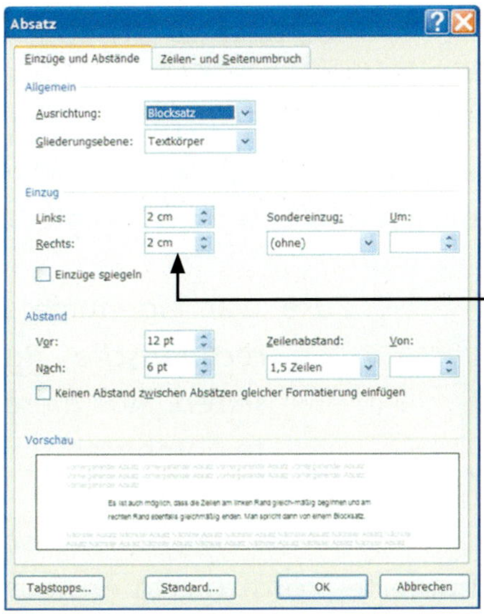


**Linksbündig – zentriert – rechtsbündig – Blocksatz**

Texte werden normalerweise linksbündig erfasst; dabei entsteht rechts ein sogenannter Flattersatz. Dieser Zustand kann durch die Silbentrennung etwas verbessert werden.

Es ist auch möglich, dass die Zeilen am linken Rand gleichmäßig beginnen und am rechten Rand ebenfalls gleichmäßig enden. Man spricht dann von einem Blocksatz.

Ein auf die Mitte ausgerichteter Text, z. B. eine Überschrift, erhält den Attributwert „zentriert". Eine rechtsbündige Absatzausrichtung wird sehr selten verwendet, weil hier der linke Rand „flattert". Ferner ist es auch möglich, z. B. die erste Zeile eines jeden Absatzes einzuziehen.

**Das Unterrichtsfach Informationstechnologie vermittelt Grundlagen der Informatik und verknüpft diese mit praktischen Anwendungen. Im Anfangsunterricht erhalten die Schülerinnen und**

**Schüler eine der Realschule entsprechende informationstechnische Grundbildung. Im Aufbauunterricht passt sich der Inhalt den für die Realschule typischen Wahlpflichtfächergruppen an.**

**A** Schreibe die Zeilen 1 – 6 ab, bilde Absätze und führe Absatzformatierungen durch. Suche eine passende Überschrift und zentriere sie.

## 07 Übungen zum Formatieren von Absätzen

**Wichtige Absatzformatierungen:**

| | |
|---|---|
| Ausrichtung: | linksbündig, rechtsbündig, zentriert, Blocksatz |
| Einzüge: | links, rechts, Sondereinzüge (Erstzeileneinzug, hängender Einzug) |
| Abstände: | Abstände vor und nach einem Absatz, Zeilenabstände |

**Gestalte den folgenden Text.**

### KONRAD ERNST OTTO ZUSE (1910 – 1995)

Am 22. Juni 1910 wurde Konrad Zuse in Berlin geboren. Er baute die erste programmgesteuerte Rechenanlage (Z1), die er 1936 der Weltöffentlichkeit vorstellte.

*Zuse war eigentlich Bauingenieur und wollte rechnerische Routinearbeiten automatisieren. Auf diese Weise entstand der erste Computer.*

Weil er aber wegen technischer Ungenauigkeiten nicht richtig funktionierte, konstruierte er nach dem **Z2** den revolutionären **Z3,** einen elektromechanischen Rechenautomaten mit über 2 000 Relais. Dieser Rechner konnte in der Sekunde bis zu 20 arithmetische Grundoperationen durchführen und verwendete DAS BINÄRE SYSTEM.

## Übe mit Coko!

**Erfasse folgende Zeilen als Fließtext und verwende dabei eine andere Schriftart. Stelle den Text rechtsbündig, zentriert bzw. als Blocksatz dar. Suche eine passende Überschrift und zentriere sie. Beurteile das Aussehen des Textes mit den verschiedenen Formatierungen.**

Programme sind eine logische Folge von Befehlen zur Lösung einer bestimmten Aufgabe. Zwischen Systemprogrammen – wie Betriebssystemen bzw. Dienstleistungsprogrammen – und den Anwendungsprogrammen - wie z. B. Textverarbeitungsprogrammen oder Tabellenkalkulationsprogrammen - ist genau zu unterscheiden.

Das Betriebssystem, das aus einer ganzen Reihe von Programmen besteht, macht den Computer erst funktionsfähig. Es steuert die Grundfunktionen eines PC. Ferner verwaltet es die Dateien und Verzeichnisse auf den Massenspeichern, also auf Festplatte oder Diskette. Ohne Betriebssystem ist der PC nicht lauffähig.

**A** Gestalte den Text Seite 150 mit sinnvollen Zeichen- und Absatzformatierungen und drucke ihn aus. Vergleiche die Ergebnisse in deiner Klasse.

## 08 Attribute und Attributwerte

Objekt: Textobjekte sind Elemente eines Textdokumentes

Attribut: Attribute sind Eigenschaften eines Objekts

Attributwert: Werte der Attribute in den Objekten

Beim Formatieren belegst du also die Objekte (z. B. Zeichen, Wörter, Absätze usw.) mit bestimmten Attributen oder änderst die Attributwerte. Wenn du nun die Wörter des neben stehenden Rätsels in ihrem Aussehen verändern möchtest, musst du die Attribute der Objekte mit bestimmten Werten versehen.

| Absatz | Text |
|---|---|
| A1 | Rätsel |
| A2 | Womit |
| A3 | fängt |
| A4 | der |
| A5 | Tag |
| A6 | an |
| A7 | und |
| A8 | hört |
| A9 | die |
| A10 | Nacht |
| A11 | auf? |

| Objekt/Attribut/Attributwert |
|---|
| Für alle Absätze: |
| setzeAusrichtung(rechts) |
| setzeSchriftart(Arial) |
| Für die Absätze A2 – A11: |
| setzeAbstandNach(6 pt) |
| Für alle Zeichen in A1: |
| setzeSchriftgrad(33) |
| setzeEffekte(Großbuchstaben) |
| setzeAbstandNach(18 pt) |
| Für alle Zeichen in A2: |
| setzeSchriftgrad(22) |
| Für alle Zeichen in A3;A6: |
| setzeSchriftgrad(22) |
| setzeSchriftschnitt(fett) |
| setzeSchriftfarbe(blau) |
| Für alle Zeichen in A4;A9: |
| setzeSchriftgrad(28) |
| Für alle Zeichen in A5;A10: |
| setzeSchriftgrad(33) |
| setzeSchriftschnitt(fett, kursiv) |
| Für alle Zeichen in A7: |
| setzeSchriftgrad(24) |
| Für alle Zeichen in A8;A11: |
| setzeSchriftgrad(32) |
| setzeSchriftschnitt(fett) |
| setzeSchriftfarbe(rot) |

| | |
|---|---|
| A1 | RÄTSEL |
| A2 | Womit |
| A3 | **fängt** |
| A4 | der |
| A5 | ***Tag*** |
| A6 | **an** |
| A7 | und |
| A8 | **hört** |
| A9 | die |
| A10 | ***Nacht*** |
| A11 | **auf?** |

Lösung: mit dem Buchstaben „t".

**A** Beschreibe, was dir bei der Gestaltung des Rätsels auffällt.

**B** Ordne Zusammengehöriges.

**C** Entwirf selbst ein ähnliches Schriftstück.

## 09 Objekte und Klassen

Objektkarten

**ZEICHEN**

...

...

Klassenkarte

**Z1: ZEICHEN**

...

...

Objektkarte

Beim Lesen und Schreiben eines Textes gliederst du diesen in Buchstaben, Wörter, Sätze und Absätze. Das kleinste Objekt in der Textverarbeitung ist ein Zeichen (Buchstabe, Ziffer, Leerzeichen, Sonderzeichen). Und dieses Zeichen enthält Attribute mit bestimmten Attributwerten. Um nicht den Wert eines jeden einzelnen Objektes (Zeichens) gesondert bestimmen zu müssen, behandeln wir daher die einzelnen Zeichen als Objekte der Klasse ZEICHEN. Ebenso gehören alle Absätze als Objekte zur Klasse ABSATZ.

> **Vernetzung von Computern**
>
> Man kann mit einem Computer nur die Daten bearbeiten, auf die der Rechner Zugriff hat, d. h. diese Daten müssen sich im Arbeitsspeicher oder auf einem Datenträger befinden.
>
> Um auf Daten anderer Computer zugreifen zu können, müssen die Computer vernetzt (verbunden) sein.

**ZEICHEN** ← Klasse

Inhalt
Schriftart
Schriftgrad
Fett
Kursiv
Unterstrichen
...

← Attribute (Eigenschaften)

setzeSchriftart(Name)
setzeSchriftgrad(Wert)
...
setzefett()
...
kopiere()
...

← Methoden

Klassenkarte Zeichen

**ABSATZ**

Ausrichtung
EinzugLinks
EinzugRechts
EinzugErste Zeile
AbstandVor
AbstandNach
Zeilenabstand
...

setzeAusrichtung()
setzeEinzugLinks()
setzeEinzugRechts()
setzeAbstandVor()
...
kopiere()
...

Klassenkarte Absatz

Du kannst dir sicher vorstellen, dass ein Dokument Objekte der Klasse ABSATZ und dieses wiederum Objekte der Klasse ZEICHEN enthält.

DOKUMENT — enthält > / < ist Teil von — ABSATZ — enthält > / < ist Teil von — ZEICHEN

Am Beispiel des 1. Zeichens und des 3. Absatzes des oben stehenden Textes beschreiben wir eindeutig die Attributwerte bestimmter Objekte.

**Z1: ZEICHEN**

Inhalt = V
Schriftart = Arial
Schriftgrad = 10
Schriftfarbe = schwarz
fett = ja
unterstrichen = ja

Objektkarte Zeichen

**Absatz3: ABSATZ**

Ausrichtung = Blocksatz
EinzugLinks = 1 cm
EinzugRechts = 1 cm
AbstandVor = 6 pt
AbstandNach = 6 pt
Zeilenabstand = genau 12 pt

Objektkarte Absatz

**A** Erstelle für das letzte Zeichen der Überschrift des Übungstextes ein Objektdiagramm.

**B** Fertige für den ersten Absatz des Übungstextes ein Objektdiagramm an.

**C** Gestalte den Übungstext wie in der Vorlage und verändere bei einigen Objekten des Übungstextes jeweils zwei Attributwerte. Gib in jeweils einem Objektdiagramm die veränderten Attributwerte an.

## 10 Die Punktnotation

Schreibe den folgenden Text als Fließtext im 10-Finger-Tastsystem in der Schriftart „Courier New", Schriftgröße 10, ab.

```
Alle Nachrichten, die auf dem elektronischen Weg über lokale oder        69
globale Netze verschickt werden, bezeichnet man als E-Mail. Diese       138
Nachrichten können Texte, Grafiken, Sounds usw. enthalten. Wichtig      210
ist, dass eine eindeutige Adresse des Empfängers angegeben wird. Um     281
den Empfänger kurz über den Inhalt der Nachricht zu informieren, ist    353
die Angabe des Betreffs von Vorteil. Der Versand von E-Mails ist wohl   430
die am häufigsten genutzte Möglichkeit des Internets. Innerhalb         498
weniger Sekunden bzw. Minuten erreicht die Nachricht weltweit den       567
Empfänger. Elektronische Nachrichten mit vertraulichem Inhalt werden    640
verschlüsselt versandt. Durch den Eintrag weiterer E-Mail-Adressen in   715
die vorgesehenen elektronischen Verteilerfelder können elektronische    785
Nachrichten in einem Arbeitsgang an mehrere Empfänger versandt werden.  858
```

Kopiere nun den Text, der aus einem Absatz besteht, zweimal untereinander auf dieselbe Seite. Formatiere die drei Absätze mithilfe folgender Objektbeschreibung in Punktnotation.

Dokument.Silbentrennung=ein
Absatz01.Ausrichtung=„linksbündig"
Absatz01_Z1.Schriftart=„Arial"
...
Absatz01_Z858.Schriftart=„Arial"
Absatz01_Z1.Schriftgrad=12
...
Absatz01_Z858.Schriftgrad=12

Alle Nachrichten, die auf dem elektror
Netze verschickt werden, bezeichnet r
nen Texte, Grafiken, Sounds usw. entl
Adresse des Empfängers angegeben
Inhalt der Nachricht zu informieren, ist
Versand von E-Mails ist wohl die am h

Absatz 1

Absatz02.Ausrichtung=„Blocksatz"
Absatz02_Z1.Schriftart=„Times New Roman"
...
Absatz02_Z858.Schriftart=„Times New Roman"
Absatz02_Z1.Schriftgrad=11
...
Absatz02_Z858.Schriftgrad=11
Absatz02_Z1.Schriftschnitt=„kursiv"
...
Absatz02_Z.858.Schriftschnitt=„kursiv"

*Alle Nachrichten, die auf dem elektronische*
*werden, bezeichnet man als E-Mail. Diese N*
*enthalten. Wichtig ist, dass eine eindeutige A*
*Empfänger kurz über den Inhalt der Nachric*
*Vorteil. Der Versand von E-Mails ist wohl d*
*nets. Innerhalb weniger Sekunden bzw. Minu*
*ger. Elektronische Nachrichten mit vertraulic*

Absatz 2

Absatz03.Ausrichtung=„rechtsbündig"
Absatz03.EinzugRechts=4cm
Absatz03_Z1.Schriftart=„Monotype Corsiva"
...
Absatz03_Z858.Schriftart=„Monotype Corsiva"
Absatz03_Z1.Schriftfarbe=„blau"
...
Absatz03_Z858.Schriftfarbe=„blau"

*Alle Nachrichten, die auf dem elektronisc*
*ze verschickt werden, bezeichnet man al*
*Texte, Grafiken, Sounds usw. enthalten. W*
*se des Empfängers angegeben wird. Um*
*der Nachricht zu informieren, ist die Ang*
*sand von E-Mails ist wohl die am häufi*

Absatz 3

**A** Vergleiche die drei Objekte der Klasse ABSATZ und beurteile das Aussehen.

**B** Erfasse einen anderen Text und formatiere ihn nach einer selbst erstellten Punktnotation.

## 11 Das Aktivitätsdiagramm

Erfasse zuerst den folgenden Text und formatiere ihn anschließend nach der hier angegebenen Punktnotation.

```
Unter Telefax versteht man die nachrichtentechnische Bezeichnung für     72
das so genannte Fernkopieren. Der Begriff Telefax wurde aus dem          140
lateinischen Wort Faksimile abgeleitet. Ein Fax ist also eine            206
elektronische Übertragung verschiedener Vorlagen, wie Texte, Bilder,     279
Zeichnungen usw. Mit einer entsprechenden Ausstattung ist es auch        348
möglich, Faxe über den Computer zu senden und zu empfangen.              410
```

Dokument.Silbentrennung=ein
Absatz01.Ausrichtung=„linksbündig"
Absatz01_Z1.Schriftart=„Arial"
...
Absatz01_Z858.Schriftart=„Arial"
Absatz01_Z1.Schriftgrad=12
...
Absatz01_Z858.Schriftgrad=12
Absatz01_Z7.Schriftschnitt="fett"
...
Absatz01_Z13.Schriftschnitt="fett"

Unter **Telefax** versteht man die nachrichtentechnische Bezeichnung für das sogenannte Fernkopieren. Der Begriff Telefax wurde aus dem lateinischen Wort Faksimile abgeleitet. Ein Fax ist also eine elektronische Übertragung verschiedener Vorlagen, wie Texte, Bilder, Zeichnungen usw. Mit einer entsprechenden Ausstattung ist es auch möglich, Faxe über den Computer zu senden und zu empfangen.

Kopiere nun den Text insgesamt viermal untereinander, wobei zwischen den Absätzen jeweils eine Leerzeile frei bleiben soll.

Diese Kopiertätigkeit (Aktivität) lässt sich in einem Aktivitätsdiagramm darstellen.

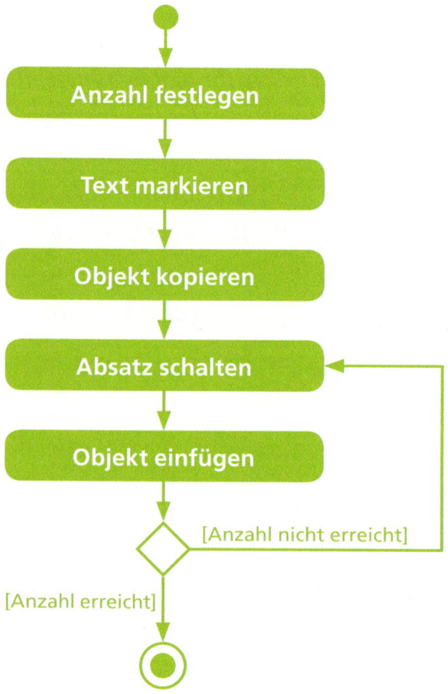


**A** Führe weitere sinnvolle Zeichen- und Absatzformatierungen aus.

**B** Beschreibe einige veränderte Objekte mithilfe der Punktnotation.

## 12 Textgestaltung

Dein Textverarbeitungsprogramm bietet dir viele Gestaltungsmöglichkeiten, von denen du einige bereits kennen gelernt hast.

**Beispiel: Visitenkarte**

**Susanne Richter**
Wendelsteinstraße 4
83435 Bad Reichenhall
Tel. 08651 58632
E-Mail: S.Richter@kms.de

**Beispiel: Einladung**

**Grafik1: GRAFIK**
Ausfüllfarbe = keine
Linienfarbe = keine
Höhe = 5,35 cm
Breite = 4,15 cm
Umbruchart = Hinter den Text
Bildposition horizontal = 7,6 cm
Bildposition vertikal = 0,4 cm

Objektdiagramm Grafik

**Erfasse das folgende Gedicht und gestalte es anschließend.**

Alle kleinen Menschenkinder, anders als die kleinen Rinder,
müssen plötzlich brav und schön, pünktlich in die Schule gehen.

Ruhig in den Bänken sitzen, auf den Gängen niemals flitzen,
immer auf die Tafel schaun, keine Papierflieger baun.

Rechnen lernen, schreiben, lesen, auch bei mir ist's so gewesen,
wird mit aller Kunst ab heut, in die Köpfchen eingebläut.

Sicher ist es schön zu träumen, von dem Leben auf den Bäumen.
In den Sonnenstrahlen schweben, zu den Wolken sich erheben.

Lustig spielen, wie die Blätter, ohne Rücksicht auf das Wetter;
und kein blödes ABC, tut dem kleinen Köpfchen weh.

*Hansjürgen Jendral*

Alle kleinen Menschenkinder,
anders als die kleinen Rinder,
müssen plötzlich brav und schön,
pünktlich in die Schule gehen.

Ruhig in den Bänken sitzen,
auf den Gängen niemals flitzen,
immer auf die Tafel schaun,
keine Papierflieger baun.

Rechnen lernen, schreiben, lesen,
auch bei mir ist's so gewesen,
wird mit aller Kunst ab heut,
in die Köpfchen eingebläut.

Sicher ist es schön zu träumen,
von dem Leben auf den Bäumen.
In den Sonnenstrahlen schweben,
zu den Wolken sich erheben.

Lustig spielen, wie die Blätter,
ohne Rücksicht auf das Wetter;
und kein blödes ABC,
tut dem kleinen Köpfchen weh.

*Hansjürgen Jendral*

**A** Erstelle für dich selbst eine einfache Visitenkarte nach vorliegendem Muster.

**B** Du willst an deinem Geburtstag eine Party veranstalten. Sicher kannst du schon ein entsprechendes Einladungsschreiben entwerfen. Das obige Beispiel soll nur eine Anregung sein.

## 13 Einführung in die Autorenkorrektur

Ein bereits erfasster und ausgedruckter Text wird dem Verfasser (Autor) zur Durchsicht und Korrektur vorgelegt. Dabei werden die einzelnen Korrekturzeichen vom Autor in den Text und an den Rand geschrieben, wobei die gleiche Reihenfolge zu beachten ist. Die richtigen Schreibweisen sind am Rand zu vermerken, wenn das Korrekturzeichen nicht für sich selbst spricht. Bei der Autorenkorrektur werden somit Objekte inhaltlich verändert bzw. Attributwerte umgewandelt.

### Korrekturzeichen nach DIN 16511

- falsche Buchstaben
- fehlende Buchstaben
- verstellte Buchstaben
- falsche Wörter
- fehlende Wörter
- verstellte Wörter
- fehlende Satzzeichen
- fehlender Wortzwischenraum
- zu weiter Wortzwischenraum
- fehlender Absatz
- Anhängen eines Absatzes
- Formatierungen
- fehlender Einzug

```
Der Antor einer Tetxtes
korigiert das Schriftstück
nud vermerkt
das richtige Schreibweise
am Rand.
Der achtet Autor
darauf dass
dieReihenfolge
der Korrekturen
erhalten bleibt. DIN 16511
muss beachtet werden.
Unterstrichene Objekte
werden formatiert.
```

## Übe mit Coko!

### Übung Autorenkorrektur

```
Digitale Fotos haben viele Vorteile: Mann kann sie
sofort betrachten, sie lassen sich nachberbeiten und
beliebig oft per E-Mail versenden. Man kann sei in
Online-Alben zusammenstellen und auf CD-ROMs oder DVDs
archivieren. Nur eines man kann nicht: sie anfassen.
Digitale Bilder lassen sich weder in ein Fotoalbum
kleben noch an eine Wand hängen. Dazu müssen sie
gedruckt oder in entsprechenden Labors zu dem Papier
gebracht werden.
Dabei spielt natürlich die Qualität eine entscheidende
Rolle. Druckt man die Bilder miteinem Fotoprinter aus,
sollte  ein spezielles Papier verwendet werden. Es
gibt aber auch die Möglichkeit, die Fotos per Internet
an Online-Fotolabors zu senden wo hochwertige Abzüge
angeferzigt werden. Diese brauchen einen Vergleich mit
den herkömmlichen Fotos in keiner Weise zu scheuen.
```

**A** Erfasse zuerst den nebenstehenden Text und führe anschließend die Autorenkorrektur durch.

## 14 Autorenkorrektur: Kennst du Karl May?

Die Korrekturzeichen für die Autorenkorrektur sind genormt. Du kannst sie auch in den meisten Rechtschreibwörterbüchern (z. B. im Duden) finden.

**Übe mit Coko!**

### Übung

1. **Erfasse zuerst den Text ohne die eingetragenen Autorenkorrekturen.**
2. **Speichere den Text ab und drucke ihn dann aus.**
3. **Führe die Autorenkorrekturen durch.**
4. **Speichere den veränderten Text und drucke ihn aus.**

**Kennst du Karl May?** — nicht fett, Großbuchstaben

Vor über 150 Jahren wurde am 25. Februar 1842 der deutsche Schriftsteller Karl May in Ernstthal geboren. Er war das fünfte von insgesamt 14 Kindern einer Weberfamilie im Erzgebirge. Schon kurze Zeit nach seiner Geburt erblindete er und erhielt erst im Alter von fünf Jahren durch einen ärztlichen Eingriff sein Augenlicht zurück.

(Korrekturen am Rand: — fett; armen; Bald)

Karl May ist zunächst Volksschullehrer. Nach Haftstrafen wegen Eigentumsdelikten schied er aus dem Schuldienst aus und arbeitete als Redakteur.

(Korrekturen am Rand: war; mehreren)

Mays großer Erfolg als Schriftsteller begann in den 90er-Jahren des vorletzten Jahrhunderts. Ohne in den von ihm kenntnisreich geschilderten Ländern gewesen zu sein, schrieb er abenteuerliche Reiseerzählungen. Sie spielen vorwiegend im Wilden Westen der USA und im Orient.

(Korrekturen am Rand: Karl; vorher; Vorderen)

Um die Landschaften und Menschen mit der ihm eigenen Detailgenauigkeit zu beschreiben, beschäftigte sich May intensiv mit Erd- und Völkerkunde. Erst 1899/1900 reiste Karl May in den Orient, 1908 nach USA.

(Korrekturen am Rand: können; er; in die)

Die Ich-Form in Mays Romanen erlaubt es den Lesern sich mit den Helden zu identifizieren.

Großen Publikumserfolg erzielten vor allem die Roman-Zyklen „Durch die Wüste" (1892) und „Winnetou" (1882 – 1910).

(Korrekturen am Rand: bekannten; kursiv 2x)

Im Mittelpunkt dieser spannungsreichen Abenteuerromane steht zumeist ein aus Deutschland stammender Held, Old Shatterhand, beziehungs weise Kara Ben Nemsi, der Tugenden wie Freundestreue, Ehrlichkeit, Tapferkeit und christliche Nächstenliebe besitzt.

(Korrekturen am Rand: der; verkörpert)

Karl May starb am 30. März 1912 in Radebeul. — fett

Ganzer Text:
- Schriftart Arial
- rechter Rand 2,5 cm
- Zeilenabstand einfach
- Absatzabstand 10 pt
- Randoptimierung durch Silbentrennung

**A** Verfasse einen Text (z. B. einen kurzen Aufsatz), speichere ihn ab und drucke ihn aus.

**B** Verändere auf dem Ausdruck den Text mithilfe der Korrekturzeichen. Öffne den abgespeicherten Text und führe die Autorenkorrektur durch.

# L6

# Tabellenkalkulation

## 01 Rechner können rechnen

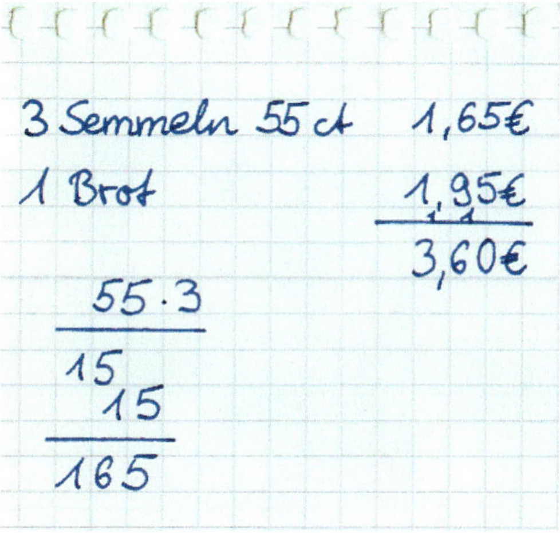


Maxi Klein, der schlaue Schüler, muss täglich nach der Schule beim Bäcker vorbeigehen und frische Brötchen einkaufen. Jeden Morgen schreibt er sich einen Zettel, auf dem genau steht, was er einkaufen soll und wie viel Geld er dafür mitnehmen muss.

Meist gibt ihm die Mutter das Geld bereits abgezählt mit.

Bisher hat er sich noch nie verrechnet, aber seit er einen eigenen Computer besitzt, überlegt er, ob nicht der Computer für ihn das Rechnen übernehmen soll.

Beim Erkunden des Computers ist ihm ein Programm aufgefallen, das - ähnlich den im Mathematikunterricht verwendeten karierten Blättern – auch kleine Kästchen anzeigt. Er findet ein Programm mit dem Namen „Tabellenkalkulation“. Mit dem Namen kann er nicht viel anfangen, jedoch erinnert ihn die Einteilung sehr an die Rechenblätter in der Schule.

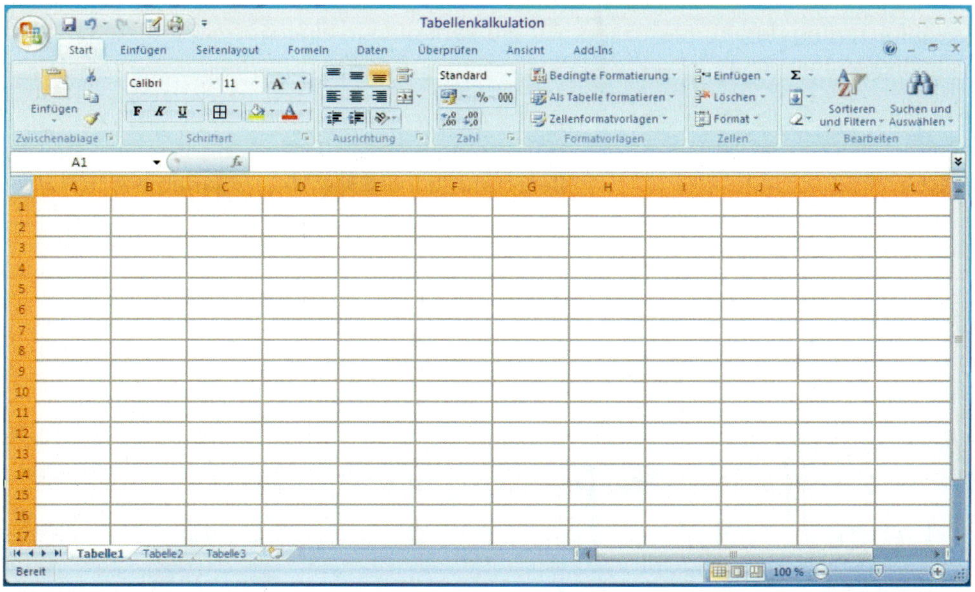


**Merke!**

**Eine Tabellenkalkulation ist ein Programm, mit dem Berechnungen durchgeführt werden können.**

Tabellenkalkulationsprogramme arbeiten mit folgenden Objekten:

| Objekte | Mögliche Attribute |
|---|---|
| **Dokument** | Name, Anzahl der Tabellen |
| **Tabelle** | Name, Druckbereich, Sichtbarkeit |
| **Zeile** | Höhe |
| **Spalte** | Breite |
| **Zelle** | **Schriftart, Schriftgröße, Ausrichtung, Textfarbe, ...** |
| **Geometrische Objekte** | **Füllfarbe, Linenstärke, -farbe, ...** |
| **Textobjekte** | **Schriftfarbe, Schriftart, Schriftgröße, ...** |

**A** Starte ein Tabellenkalkulationsprogramm und markiere hintereinander zuerst eine Spalte, dann eine Zeile und schließlich eine Zelle.

**B** Gib Attributwerte für die möglichen Attribute in der Tabelle links an. Starte dazu ein Tk-Programm und probiere die Werte aus.

## 02 Rechenblatt

Jede Tabelle ist in Zeilen und Spalten gegliedert, die mit Zahlen oder Buchstaben nummeriert sind. Damit hat jede Zelle eine eindeutige „Adresse".

Spalte **D** ↓ und Zeile **3** → adressieren eindeutig die Zelle **D3**.

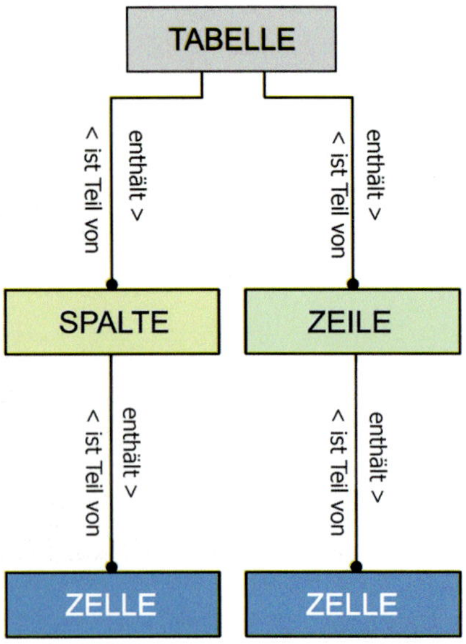


| | A | B | C | D | E |
|---|---|---|---|---|---|
| 1 | | | | Spalte D | |
| 2 | | | | ↓ | |
| 3 | Zeile 3 → | | | D3 | |
| 4 | | | | | |
| 5 | | | | | |

In die Zellen können Texte geschrieben (Länge, Breite, Fläche), Zahlen eingegeben (3,7 oder 5,5) oder Formeln und Funktionen zur Berechnung (= B1 * B2) des Zellinhalts eingetragen werden. Jede Eingabe wird mit der „Return"- oder mit der „Tabulator-Taste" abgeschlossen. Danach wird die Formel ausgeblendet und der errechnete Wert sofort angezeigt.

In Tabellenkalkulationen müssen Formeln so umgesetzt werden, dass das Programm die Berechnung durchführen kann. Für die Variablen in einer Formel stehen dann die Zelladressen:

| | | | | | | |
|---|---|---|---|---|---|---|
| Länge: | Variable L | → | Umsetzung in | B1 | | |
| Breite: | Variable B | → | Umsetzung in | B2 | | |
| Fläche: | | | Berechnung in | B3 | → | Variable A |

Formel zur Flächenberechnung: **A = L * B** Zellinhalt B3: → **= B1 * B2**

**Merke!**

**Formeln und Funktionen müssen immer mit einem „="-Zeichen beginnen.**

**Platzhalter in den Formeln sind die Adressen der Zellen.**

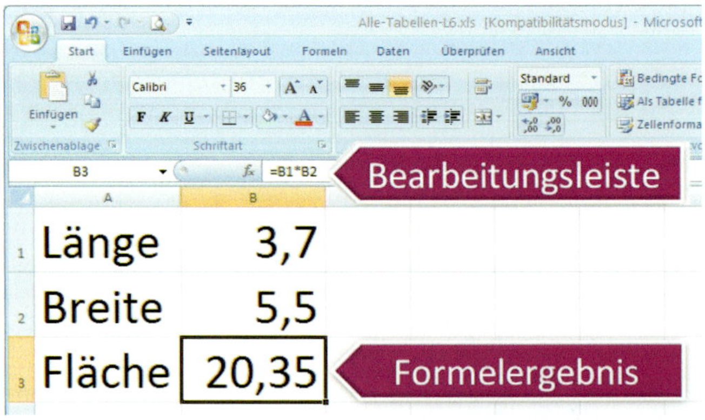

| | | Objekt: | Zellformatierung – Attributwerte: |
|---|---|---|---|
| Zellinhalt in A1 → | Länge | Text | Arial 10, linksbündig |
| Zellinhalt in B1 → | 3,7 | Zahl | Gleitkommazahl, Arial 10 |
| Zellinhalt in B3 → | = B1 · B2 | Formel | Gleitkommazahl, Arial 10 |
| | ↓ | ↓ | ↓ |
| Ergebnis von B3: → | 20,35 | Zahl | Gleitkommazahl, Arial 10 |

**A** Gib in einem Tk-Programm die Berechnung rechts ein und überprüfe, ob die Gesamtsumme richtig berechnet wurde.

## 03 Einfache Formeln

Umsetzung einfacher Formeln in der Tabellenkalkulation mit Zelladressen:

| | A | B | C | D |
|---|---|---|---|---|
| 1 | 3 | Brezeln | 65 | 1,95 |
| 2 | 4 | Semmeln | 45 | 1,80 |
| 3 | 1 | Brot | | 2,30 |
| 4 | 2 | Apfeltaschen | 85 | 1,70 |
| 5 | | | | 7,75 |

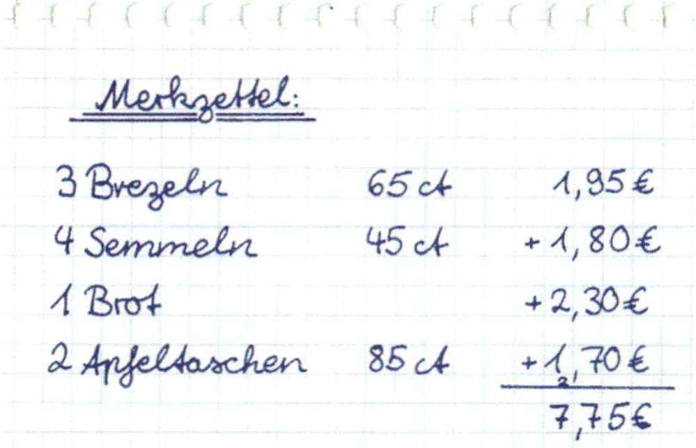

Statt in einer Nebenrechnung hat Maxi die Ergebnisse in den hellblauen Zellen berechnet. Er multipliziert die Anzahl mit dem Einzelpreis und teilt anschließend durch hundert.

| | Formeln | Funktionen |
|---|---|---|
| Zellinhalt D1: → | = A1 * C1 / 100 | = PRODUKT (A1; C1) / 100 |
| Zellinhalt D5: → | = D1 + D2 + D3 + D4 | = SUMME (D1 : D4) |

Die Zelladressen ersetzen die Variablen im Lösungsansatz:

| Aufgabenstellung | Lösungsansatz | mögl. Formeln in TK |
|---|---|---|
| Der Preis (P) errechnet sich aus der Anzahl (A) der Artikel multipliziert mit dem Einzelpreis (E) des Artikels. | $P = A \cdot E$ | = PRODUKT (A1; C1) |
| Das Einzelgewicht (E) gleicher Waren wird bestimmt, indem man das Gesamtgewicht (G) durch die Anzahl (A) der Waren teilt. | $E = G : A$ | = B5 / B6 |
| Multipliziert man die Anzahl der Arbeitsstunden (A) mit dem Stundenlohn (SL), erhält man den Gesamtlohn (GL). | $GL = SL \cdot A$ | = B9 * B10 |
| Die Bäckersfrau multipliziert die Anzahl (S) der Semmeln mit dem Semmelpreis (SP) und die Anzahl (B) der Brezeln mit dem Brezelpreis (BP) und addiert beide für den Gesamtpreis (GP). | $GP = S \cdot SP + B \cdot BP$ | = B2 * C2 + B3 * C3 |

Folgende mathematische Verknüpfungen können in Zellen bearbeitet werden:

| Verknüpfungen | Beispielaufgaben | mögliche Lösungen |
|---|---|---|
| Additionen | 1,95 + 1,80 + 2,30 + 1,70 | = SUMME (D1 : D4) |
| Subtraktionen | 10,00 – 7,75 | = C5 – D5 |
| Multiplikationen | $12 \cdot 9{,}50$ | = F3 * F4 |
| Divisionen | 366 : 12 | = G5 / E6 |
| Potenzierung | $12^2$ | = POTENZ (B11; 2) |
| Kombinationen mit und ohne Klammern | $12 \cdot 3 + 18 \cdot 7$ | = PRODUKT (B2; C2) + PRODUKT (B3; C3) |
| | $8 \cdot (110 - 79)$ | = B4 * (E5 – B8) |
| | $8^2 - 3 \cdot 5$ | = E2 ^ 2 – B6 * E4 |

**Merke!**

**Funktionen sind speziell vorgefertigte Formeln.**

**Die Argumente stehen in Klammern und können Zahlen, Texte, Zellbezüge oder Zellbereiche sein.**

**Funktionen gibt es für verschiedene Anwendungsbereiche (Kategorien).**

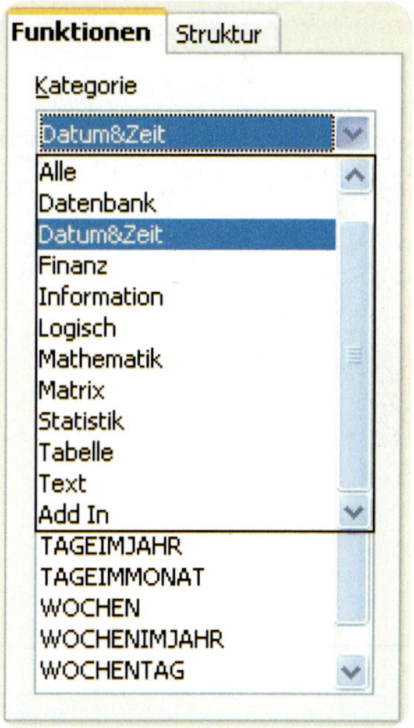


**A** Schreibe die Werte in den Beispielaufgaben links in die dafür vorgesehenen Zellen und gib die Formeln in den Zellen A1 bis A8 ein. Drucke diese Tabelle aus.

**B** Bilde die Summe aus den Zellen A1 bis A8. Du erhältst als Ergebnis 757,5.

## 04 Kalkulationen

Der Vater von Maxi hat Folgendes versprochen: „Wenn du im Zeugnis in den Hauptfächern einen Notenschnitt von 2,0 oder besser erreichst, bekommst Du mehr Taschengeld." Da Maxi einen besseren Schnitt erreichen will, verhandelt er mit seinem Vater: „Wenn du mir am Tag 2,50 € Taschengeld gibst, spare ich die Hälfte. Mit dem Gesparten kaufe ich mir dann zu Weihnachten eine Digitalkamera." Er hat auch schon eine Rechnung aufgestellt, wie viel die Kamera kosten darf.

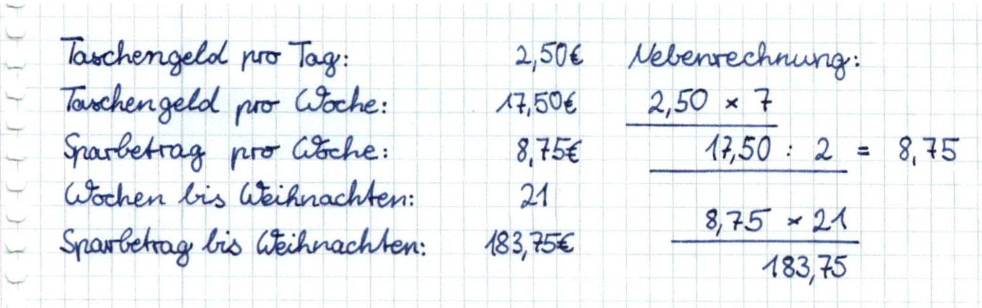


**Merke!**

**Unter Kalkulation versteht man eine Berechnung im kaufmännischen Bereich, also Kosten- und Preisberechnungen.**

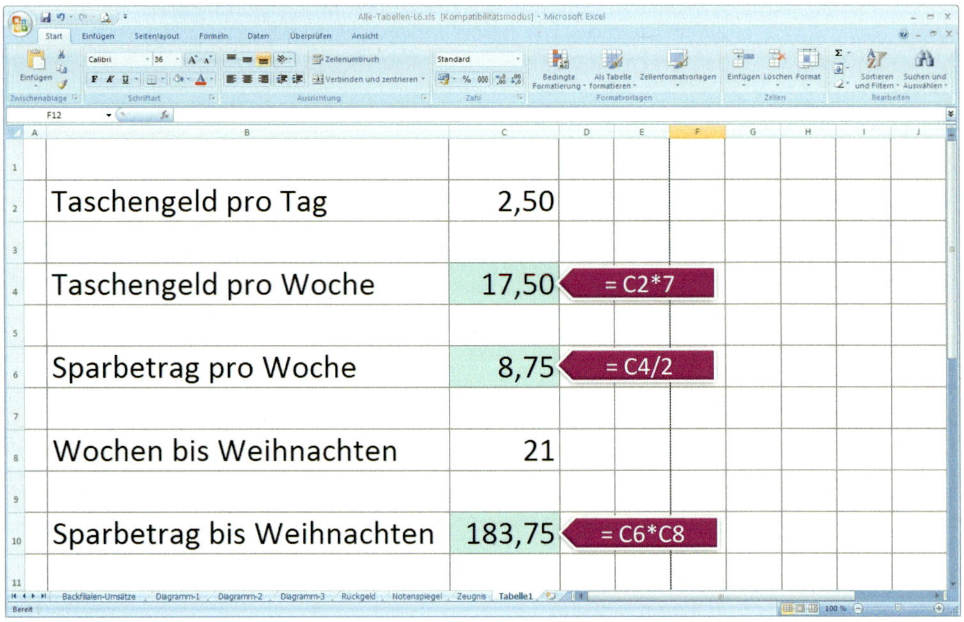


Maxi hat schnell erkannt, dass man ein Tabellenkalkulationsprogramm für viele Berechnungen verwenden kann.

### Mit dem Taschengeld kalkulieren

Mit diesem Tabellenblatt kann Maxi sehr gut kalkulieren. Wenn Papa ihm nur 2,20 € pro Tag geben will, sieht er nach der Eingabe sofort das Ergebnis mit allen Zwischenergebnissen. Er bekommt dann pro Woche 15,40 € und kann 171,70 € sparen.

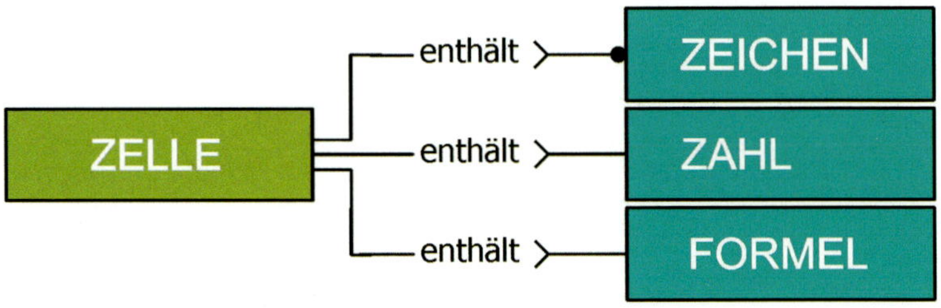


**A** Erstelle das nebenstehende Tabellenblatt und gib für das Taschengeld pro Tag 1,50 €, 2,00 € und 3,00 € ein.

Drucke das Tk-Blatt für 1,50 € aus und notiere dir darauf die Sparbeträge der anderen Eingaben.

## 05 Aktivitätsdiagramm

Sicher hast du schon bei einem Einkauf einen ähnlichen Kassenzettel (Kassenbon) mit nach Hause gebracht:

BOB Bürotechnik-Otto-Braun GmbH
Burgwall 13
95312 Eisenstadt
Steuernr. 151/112/20018

06.03.2009 13:48
Kasse 2: Su-St

| Anz. | Artikel | Preis | Summe |
|---|---|---|---|
| 3 | USB-Stick | 12,39 | 37,17 |
| 2 | Faserstift | 1,38 | 2,76 |
| 5 | Copy-Pap. | 3,49 | 17,45 |

| | |
|---|---|
| Bonsumme | 57,38 |
| 19% MWST | 10,90 |
| Warenwert | **68,28** |
| Gegeben in bar | 70,00 |
| Rückgeld | **1,72** |

Vielen Dank für Ihren Einkauf!

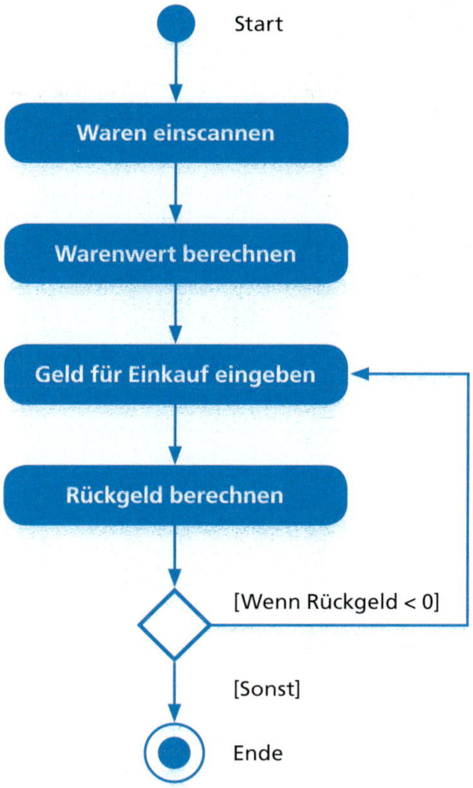


**Merke!**

**Das Aktivitätsdiagramm zeigt den genauen Ablauf eines Prozesses mit dem Ziel, die einzelnen Schritte überschaubar zu machen.**

Bei einem Einkauf könnte die Verkäuferin eine Falscheingabe (z. B. bei „Gegeben in bar“) erzeugen. Das System (Kasse) muss dann automatisch zurückspringen und eine neue Eingabe erzwingen.

Einige Symbole für Aktivitätsdiagramme sind:

| Startknoten | Verbindung | Aktionen | Verzweigung | Endknoten |
|---|---|---|---|---|

Aktivitätsdiagramme beschreiben das Zusammenspiel einzelner Aktivitäten bei verschiedenen Prozessen und helfen damit bei der Modellierung von Anwendungen.

Mit ihrer Hilfe können Abläufe sichtbar gemacht werden, die deshalb transparenter, verständlicher und durchschaubarer sind.

## 06 Einfache Berechnungen

| | A | B | C | D |
|---|---|---|---|---|
| 1 | | | Geld für Einkauf: | 10,00 |
| 2 | Anzahl | | | |
| 3 | 3 | Brezeln | 0,55 | 1,65 |
| 4 | 4 | Semmeln | 0,45 | 1,80 |
| 5 | | | Summe: | |
| 6 | | | | |
| 7 | | | Restgeld: | |

Maxi möchte sich jetzt eine Berechnung für das Restgeld erstellen, da seine Mutter nicht immer das passende Kleingeld hat.

Er findet, dass das Tabellenblatt nebenan für seine Zwecke völlig ausreicht.

Ähnlich dem Aktivitätsdiagramm bei Einkaufskassen funktioniert die Berechnung des Restgeldes bei Tk-Programmen.

### Vorüberlegungen zu den Formeln

| | | Formel: | Zellformatierung – Attributwerte: |
|---|---|---|---|
| Zellinhalt in D5 → | Summe | = D3 + D4 | Gleitkommazahl, Arial 10 |
| Zellinhalt in D7 → | Differenz | = D1 – D5 | Gleitkommazahl, Arial 10 |

### Formeleingabe mithilfe der Maus

Für die Formel in der Zelle D5 genügt es in der Bearbeitungsleiste ein „="-Zeichen zu schreiben, anschließend mit der Maus auf die Zelle D3 zu klicken, ein „+"-Zeichen für die Addition (evtl. im Nummernblock) einzugeben und mit der Maus auf die Zelle D4 zu klicken.

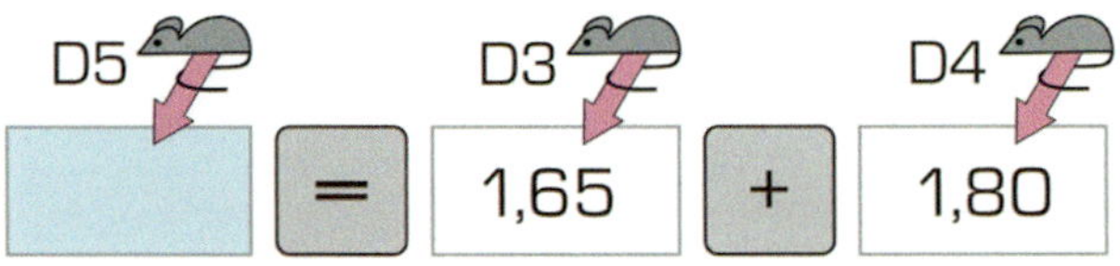


Maxi kann jetzt schon sehr gut mit dem Tk-Programm umgehen. Er schätzt seine Zeugnisnoten und will jetzt den Notendurchschnitt errechnen. Erreicht er mit den vermuteten Noten einen Schnitt von 2,0 in den Hauptfächern?

| | A | B | C | D | E | F | G | H | I |
|---|---|---|---|---|---|---|---|---|---|
| 1 | Fächer | Rel. | D | E | M | G | Bio | Ek | Schnitt |
| 2 | Note | 2 | 3 | 4 | 2 | 1 | 2 | 1 | |

= SUMME (B2 : H2)/7

Die Formel zur Berechnung des Notendurchschnittes ist ja sehr einfach. Man addiert alle Noten und teilt die ganze Summe durch die Anzahl der Noten. Für die Berechnungsformel benötigt Maxi eine Klammer.

Maxi muss jetzt kalkulieren. Da er in mehreren Fächern noch Schulaufgaben oder Stegreifaufgaben schreibt, kann er sich noch verbessern oder verschlechtern. Mit entsprechenden Noten erreicht er sein Ziel:

| | A | B | C | D | E | F | G | H | I |
|---|---|---|---|---|---|---|---|---|---|
| 1 | Fächer | Rel. | D | E | M | G | Bio | Ek | Schnitt |
| 2 | Note | 2 | 2 | 3 | 2 | 2 | 1 | 1 | 1,86 |

**A** Erstelle das oben stehende Tabellenblatt und gib für die Anzahl andere Werte ein.

Drucke das Tk-Blatt mit 6 Brezeln und 8 Semmeln aus.

**B** Erstelle das nebenstehende Tabellenblatt, gib weitere Vorrückungsfächer ein und errechne damit deinen aktuellen Notenschnitt.

## 07 Nebenrechnungen in der Tabellenkalkulation

Etwas schwieriger ist die Berechnung eines Notenspiegels für eine Schulaufgabe. Dabei müssen alle Notenstufen mit der erreichten Anzahl multipliziert werden. Diese Notenpunkte werden zum Summenwert addiert, der dann durch die Summe der Schülerzahl dividiert wird, um den Schnitt der Schulaufgabe zu erhalten. Diese Berechnung ist mit nur einer Formel sehr kompliziert.

**= (B1 * B2 + C1 * C2 + D1 * D2 + E1 * E2 + F1 * F2 + G1 * G2)/SUMME (B2 : G2)**

Deshalb werden häufig Zwischenergebnisse in einer Zeile oder Spalte errechnet und später ausgeblendet.

| | A | B | C | D | E | F | G | H | I |
|---|---|---|---|---|---|---|---|---|---|
| 1 | Note | 1 | 2 | 3 | 4 | 5 | 6 | Summe | Schnitt |
| 2 | Schülerzahl | 2 | 3 | 9 | 5 | 3 | 1 | 23 | 3,30 |
| 3 | Notenpunkte | 2 | 6 | 27 | 20 | 15 | 6 | 76 | |

= C1 * C2    = SUMME (B3 : G3)    = H3/H2

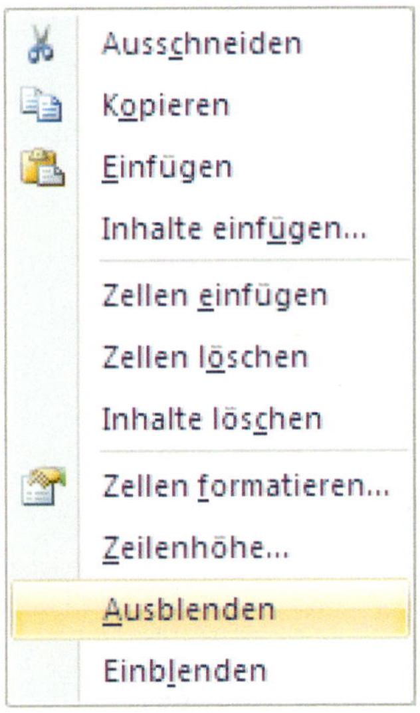


Kontextmenü

Für den Vergleich mit anderen Klassen (andere Schülerzahl) ist es interessant, wie viel Prozent der Schüler einzelne Notenstufen erreicht haben.

Eine wichtige Formatierung der Daten ist das Attribut „Prozent“. Die Berechnung erfolgt durch die Erweiterung auf Hundert (Prozent: je Hundert).

| | A | B | C | D | E | F | G | H | I |
|---|---|---|---|---|---|---|---|---|---|
| 1 | Note | 1 | 2 | 3 | 4 | 5 | 6 | Summe | Schnitt |
| 2 | Schülerzahl | 2 | 3 | 9 | 5 | 3 | 1 | 23 | 3,30 |
| 4 | Prozent | 0,087 | 0,130 | 0,391 | 0,217 | 0,130 | 0,043 | | |

= C2/H2    Format %

| | | | | | | | | | |
|---|---|---|---|---|---|---|---|---|---|
| 4 | Prozent | 9 % | 13 % | 39 % | 22 % | 13 % | 4 % | | |

Bei der Berechnung C2/H2 erhält man 0,13043478. Durch das Attribut „Prozent“ wird diese Zahl automatisch mit Hundert multipliziert und das %-Zeichen zugeordnet.

Man unterscheidet Attribute für Zahlen und Zellattribute:

- Datentyp oder Format der Objekte (Gleitkommazahl, Währung, Prozent, ...)
- Darstellungsmöglichkeiten der Objekte (Schrifttyp, Farbe, Größe, ...)

| Zellattribute | Zahlenattribute | Anzeige |
|---|---|---|
| Schriftgröße | Normalanzeige | 40312,46731 |
| Schriftart | drei feste Dezimalstellen | 40312,467 |
| Schriftfarbe | Währung | 40.312,47 € |
| Füllfarbe | Wissenschaft | 4,03E+04 |
| Linienart | Datum | 14.05.2010 |
| Linienfarbe | Prozent | 41,75% |

**A** **Erstelle das Tabellenblatt für den Notenspiegel einer Schulaufgabe in deiner Klasse. Formatiere die Zelle mit deiner Note in einer anderen Farbe.**

**Drucke das Tk-Blatt aus.**

## 08 Übersichtliche Anordnung von Daten – Tabelle

Diese Tabelle zeigt einige Vereinsmitglieder des Tennisclubs Eggenkirchen mit den entsprechenden Daten.

| Name | Vorname | Titel | Straße | HsNr | PLZ | Wohnort | GebTag | Beitrag |
|---|---|---|---|---|---|---|---|---|
| Lindner | Erich | Dr. | Am Anger | 9 | D-91161 | Hilpoltstein | 12.05.1964 | 60,00 € |
| Schmid | Julia | | Finkenstr. | 1 | D-91154 | Roth | 24.01.1987 | 60,00 € |
| Pfeiffer | Anna | | Martinstr. | 17 c | D-91413 | Neustadt | 02.06.1992 | 30,00 € |
| Weber | Johannes | Dipl.-Ing. | Hauptstr. | 4 | D-97340 | Marktbreit | 07.11.1961 | 60,00 € |
| Lehmann | Dieter | | Jahnstr. | 12 | D-91325 | Adelsdorf | 04.03.1974 | 100,00 € |
| Lehmann | Barbara | | Jahnstr. | 12 | D-91325 | Adelsdorf | 21.10.1976 | |
| Huber | Anton | Dr. | Steinstr. | 29 | D-91871 | Weißenburg | 15.05.1956 | 60,00 € |
| Leitner | Josef | | Eichenweg | 34 | D-97753 | Karlstadt | 14.09.1982 | 60,00 € |
| Suzpart | Heike | | Lerchenstr. | 144 | D-91325 | Adelsdorf | 17.05.1991 | 30,00 € |
| Langer | Gerd | Dr. | Ziegelweg | 8 | D-91154 | Roth | 03.12.1974 | 60,00 € |
| Exinger | Peter | | Mozartstr. | 63 | D-91349 | Eggenkirchen | 16.07.1979 | 100,00 € |
| Exinger | Daniela | | Mozartstr. | 63 | D-91349 | Eggenkirchen | 04.03.1982 | |
| Groß | Petra | | Wiesenweg | 36 | D-93906 | Erlenbach | 19.08.1997 | 30,00 € |
| Riedel | Pia | | Perlenallee | 9 | D-91413 | Neustadt | 03.11.1969 | 100,00 € |
| Riedel | Olaf | Dr. | Perlenallee | 9 | D-91413 | Neustadt | 27.09.1974 | |
| Gobmaier | Corinna | | Blumenstr. | 6 | D-91349 | Eggenkirchen | 02.07.1991 | 30,00 € |
| Wölfle | Erika | | Seepark | 14 | D-91325 | Adelsdorf | 29.04.1992 | 30,00 € |

Datensatz → (Zeile „Langer“)

Datenfeld → (Spalte „PLZ“)

**Merke!**

**Daten sind Träger von Informationen.**

**Daten vom selben Typ bezeichnet man häufig als Objekte, die eindeutig identifizierbar sind.**

Eine Tabelle ist eine geordnete Zusammenstellung von Daten zu einem bestimmten Thema. Daten in Tabellen beschreiben Gegenstände, Vorgänge, Bezeichnungen usw. Viele Daten haben Beziehungen zu anderen Daten, die bei der Verarbeitung wichtig sind.

Die unterschiedlichen Vereinsdaten sind nach einem strengen Schema geordnet.

- Zusammengehörige Daten stehen in der gleichen Zeile → Datensatz
- Gleichartige Daten in der gleichen Spalte → Datenfeld

**Weitere Tabellen:**

| Vereinsmitglieder Wasserwacht | | | |
|---|---|---|---|
| | **männlich** | **weiblich** | **gesamt** |
| **Kinder** | 26 | 28 | 54 |
| **Jugendliche** | 16 | 17 | 33 |
| **Erwachsene** | 79 | 85 | 164 |
| **gesamt** | 121 | 130 | 251 |

| Geburtstagsliste vom 20.10.2010 | | |
|---|---|---|
| | **Geburtstag** | **Alter** |
| **Oma** | 1943-01-21 | 67 |
| **Mutti** | 1971-08-23 | 39 |
| **Opa** | 1940-10-19 | 70 |
| **Vati** | 1969-02-11 | 41 |
| **Maxi** | 1997-06-04 | 13 |

In Tabellen können Daten übersichtlich dargestellt werden. Datenfelder können sein:

- Name, Vorname, Titel, Straße, Hausnummer, …
- männlich, weiblich oder gesamt …
- Namen, Geburtstage, Alter.

**A** Erstelle das oben stehende Tabellenblatt, speichere es ab und drucke es aus.

**B** Erstelle eine Geburtstagsliste für deine Familie, trage die Daten ein und formatiere die Zellen entsprechend der Vorlage.

## 09 Datentypen und Methoden

In der EDV unterscheidet man folgende Datentypen:

- Zahlen sind **numerische Daten,** mit denen man rechnen kann.
  - Ganzzahlen (integer) sind Zahlen aus der Menge Z.
  - Dezimalzahlen (real) sind Zahlen aus der Menge Q.
- Zeichen bilden **alphanumerische Daten** für Textbearbeitung und Informationsaustausch.
  - Ein Zeichen (character) kann ein Buchstabe, eine Ziffer oder ein Sonderzeichen sein.
  - Zeichenketten (string) sind aus mehreren Zeichen zusammengesetzt, bestehend aus Buchstaben, Ziffern und/oder Sonderzeichen.

Die Vereinstabelle enthält sowohl numerische als auch alphanumerische Daten. Mit Telefonnummern oder Postleitzahlen können keine sinnvollen Rechenoperationen durchgeführt werden. Die Telefonnummern und Postleitzahlen werden deshalb als alphanumerische Zeichen formatiert. Ihnen wird das Attribut „Text" zugewiesen; eventuell können die Postleitzahlen das Sonderformat „Postleitzahlen" erhalten.

Das Datenfeld „Geburtstag" ist als numerisches Objekt einzuordnen. Es enthält zwar alphanumerische Zeichen, jedoch ist das Datum intern als reine Zahl abgespeichert. Damit kann mit einem Datum auch gerechnet werden.

| Objekt | Zellformatierung | Attributwerte |
|---|---|---|
| Text | alphanumerisch | Arial 10, linksbündig, schwarz |
| Zahl | integer oder real | Arial 10, rechtsbündig |
| | Währung | 0,00 €, Arial 10, rechtsbündig |
| | Prozent | 0,00 %, Arial 10, rechtsbündig |
| | Datum | JJJJ-MM-TT, Arial 10, linksbündig |

### Einfache Methoden in der Tabellenkalkulation

Das Ändern eines Zellattributs oder der Zahlenattribute ist eine Methode.

Zur besseren Übersichtlichkeit können Zellen (oder auch ganze Spalten oder Zeilen) farblich verschieden gestaltet werden. In unserer Vereinstabelle (Seite 106) wurden die Zellen der 1. Zeile grau hinterlegt, die Hausnummern wurden zentriert gedruckt und die Mitgliedsbeiträge rechtsbündig mit dem EURO-Zeichen (Attribut: „Währung", Attributwert „€") formatiert.

Andere Methoden beziehen sich auf Datenfelder. Die nebenstehende Geburtstagsliste wurde mit der Methode „Sortieren" nachbearbeitet. Ebenso könnte die Mitgliederliste des Tennisclubs Eggenkirchen nach Namen sortiert und damit übersichtlicher gestaltet werden.

**Geburtstagsliste vom 20.10.2010**

| | Geburtstag | Alter |
|---|---|---|
| **Opa** | 1940-10-19 | 70 |
| **Oma** | 1943-01-21 | 67 |
| **Vati** | 1969-02-11 | 41 |
| **Mutti** | 1971-08-23 | 39 |
| **Maxi** | 1997-06-04 | 13 |

**A** Ordne deine Geburtstagsliste dem Alter nach. Diesmal soll der Jüngste oben und der Älteste unten stehen.

**B** Ordne deine Vereinsliste dem Alter nach und drucke sie erneut aus.

**C** Ordne deine Vereinsliste nach Namen, ändere das Attribut des Datenfeldes GebTag auf TT-MM-JJJJ und drucke die Liste erneut aus.

## 10 Wertetabellen und Diagramme

### Wertetabellen als Diagramme

Mithilfe von Tabellen kann man verschiedene Daten gegenüberstellen, um einen Überblick über die Inhalte zu erlangen.

Bestimmte Zusammenhänge und Sachverhalte werden auch in einem Diagramm anschaulich und verständlich dargestellt.

| | Einnahmen der Filialen | | |
|---|---|---|---|
| | Ostback | Südback | Westback |
| Januar | 12.876,00 € | 23.189,00 € | 18.012,00 € |
| Februar | 15.777,00 € | 24.177,00 € | 19.342,00 € |
| März | 14.356,00 € | 26.377,00 € | 18.165,00 € |
| April | 15.765,00 € | 23.566,00 € | 19.952,00 € |
| Mai | 11.077,00 € | 25.066,00 € | 18.355,00 € |
| Juni | 14.717,00 € | 26.978,00 € | 18.262,00 € |
| Juli | 13.989,00 € | 23.165,00 € | 18.105,00 € |
| August | 10.020,00 € | 23.655,00 € | 18.329,00 € |
| September | 12.855,00 € | 24.119,00 € | 18.538,00 € |
| Oktober | 13.014,00 € | 25.342,00 € | 18.672,00 € |
| November | 14.388,00 € | 24.177,00 € | 18.639,00 € |
| Dezember | 16.833,00 € | 27.689,00 € | 20.152,00 € |

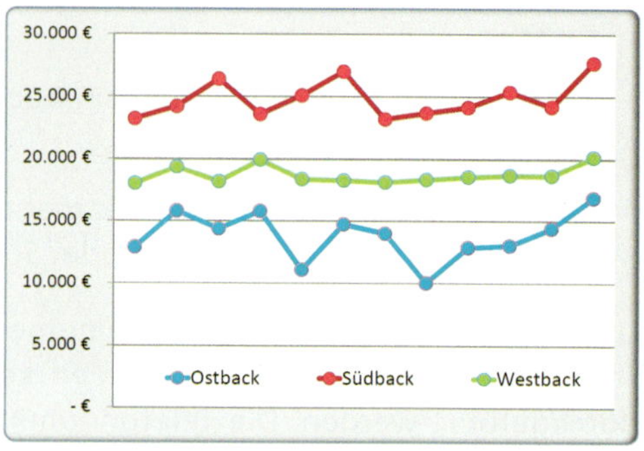


Mit Diagrammen kann man Zahlenwerte sichtbar machen (visualisieren), wodurch sie natürlich verständlicher werden. Sie sind wichtig für Präsentationen, bei der Analyse bzw. Auswertung von Daten und bieten Möglichkeiten, Tendenzen aufzuzeigen.

**Merke!**

**Ein Diagramm ist die zeichnerische Darstellung von Größenverhältnissen und Sachzusammenhängen.**

Zur einfachen Erstellung der Diagramme werden häufig Assistenten von den Programmen zur Verfügung gestellt, mit denen die Tabellen dialoggesteuert in die Diagramme umgesetzt werden.

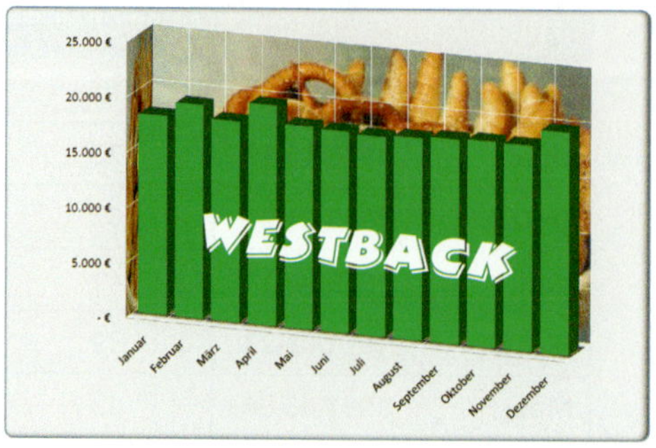


In den Diagrammen werden Unterteilung und Beschriftung meist automatisch durchgeführt. Wie man sieht, gibt es verschiedene Möglichkeiten, die Rechts- und die Hochwertachsen (Rubrikenachsen) zu wählen. Dies führt zu unterschiedlichem Aussehen, das je nach Bedarf den Betrachter auf verschiedene Sachverhalte aufmerksam machen soll.

**A** Erstelle die oben stehende Tabelle in einem Tk-Programm.

**B** Füge zur Tabelle von oben für jede Filiale ein Umsatzdiagramm (siehe rechts) ein und drucke die Arbeit aus.

## 11 Diagrammarten

| Diagrammarten | Einsatzbereiche | Beispiele |
|---|---|---|
| Säulendiagramme | Zeitreihenvergleiche | Temperaturen |
| Balkendiagramme | Wertevergleiche | Firmenumsätze |
| Kreisdiagramme | Strukturvergleiche und Verhältnisse | Wahlanalyse |
| Flächendiagramme | Mengenvergleiche über Zeitraum | Niederschläge |
| Liniendiagramme | Zeitliche Abläufe und Entwicklungen | Aktienkurse |
| Punktdiagramme | Datenpunktbeziehungen | Phys. Abhängigkeiten |

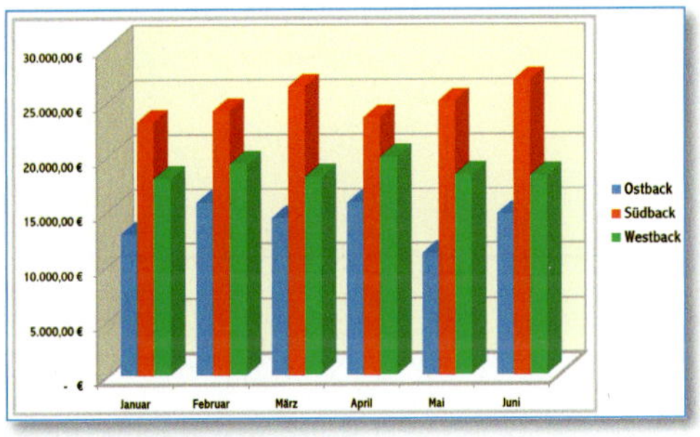


**Säulendiagramm**

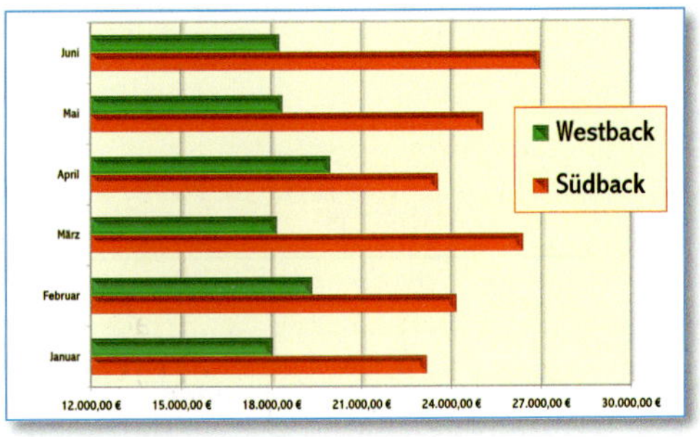


**Balkendiagramm**

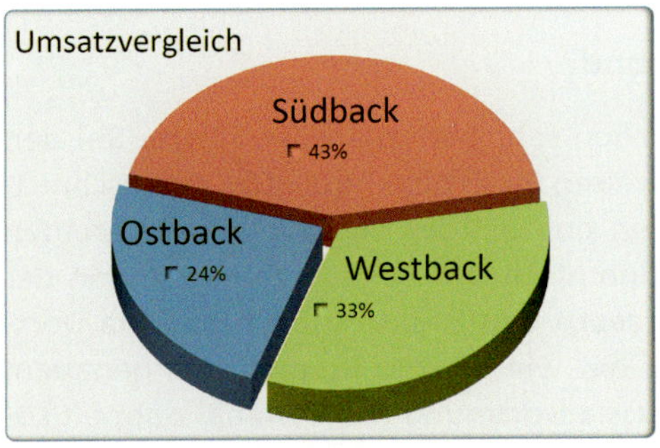


**Kreisdiagramm**

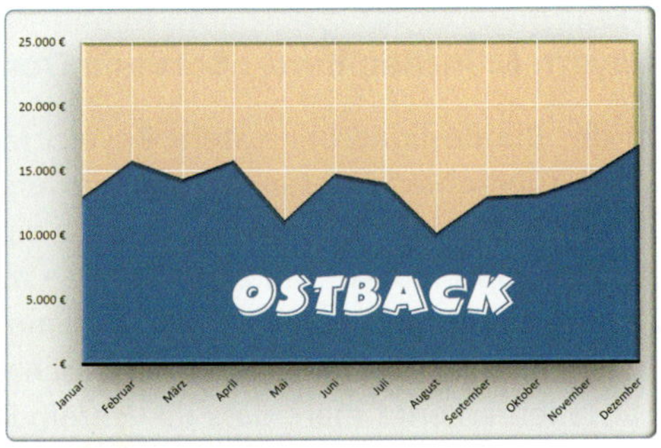


**Flächendiagramm**

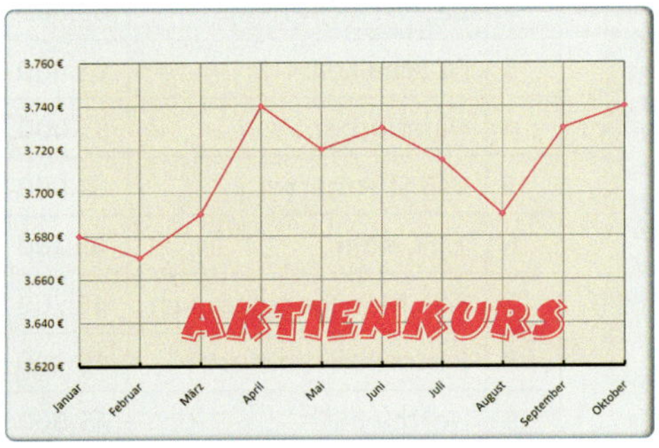


**Liniendiagramm**

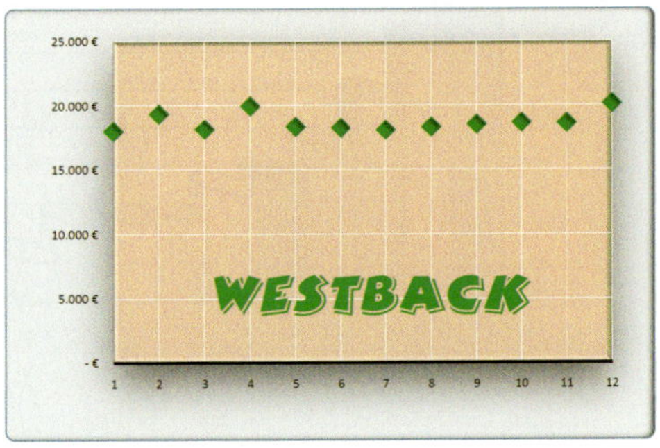


**Punktdiagramm**

**A** Erstelle aus der Tabelle Filialumsätze auf Seite 108 die ersten vier Diagramme.

**B** Fertige aus dem nebenstehenden Liniendiagramm eine Tabelle mit den abgebildeten Aktienkursen und anschließend das Diagramm.

## 12 Diagramme im Vergleich

Aktien sind Papiere, die bestätigen, dass dem Eigentümer ein Anteil einer Firma oder eines Unternehmens gehört. Auf der Aktie steht genau, mit wie viel Euro man Teilhaber des Unternehmens ist. Eine Aktie ist deshalb ein Wertpapier. Arbeitet die Firma gut und macht Gewinne, so werden die Aktien auch mehr wert. Man sagt, der Kurs der Aktie steigt. Ebenso kann der Aktienkurs auch fallen.

Der Kurs einer Aktie ist im letzten Jahr leicht gefallen und gestiegen, der Kurswert hat sich aber kaum verändert:

| Jan. | Febr. | März | April | Mai | Juni | Juli | Aug. | Sept. | Okt. |
|---|---|---|---|---|---|---|---|---|---|
| 36,80 € | 36,70 € | 36,90 € | 37,40 € | 37,20 € | 37,30 € | 37,15 € | 36,90 € | 37,30 € | 37,40 € |

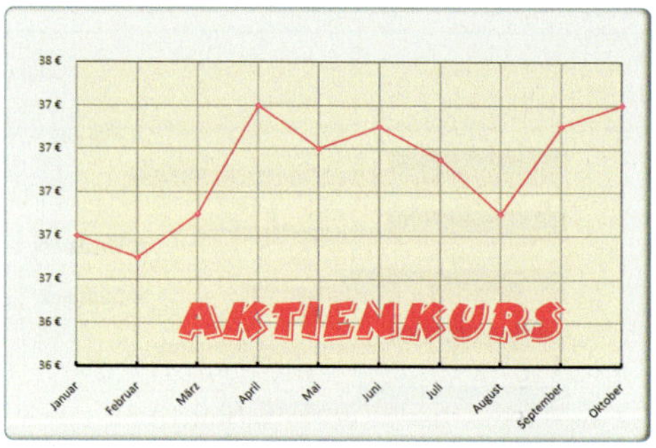


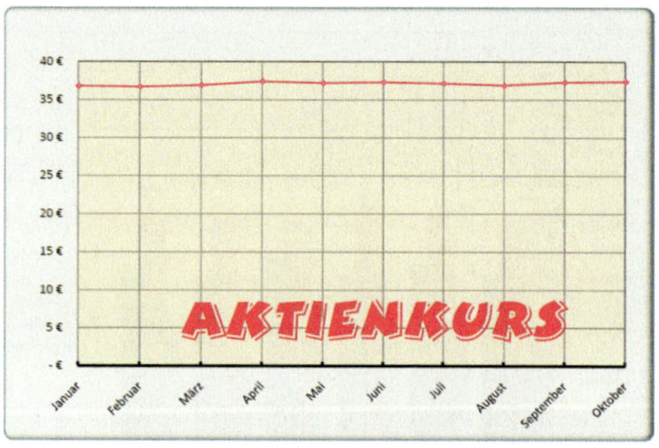


**Merke!**

**Eine nicht entsprechende Darstellung von Daten kann zur Täuschung über die wirklichen Sachverhalte beitragen.**

Die Diagramme zeigen die beiden gleichen Kurswerte jedoch ganz unterschiedlich. Im ersten Diagramm werden die Kurswerte nur im Ausschnitt von 36 Euro bis 38 Euro dargestellt. Dies führt zu einer Täuschung oder Irreführung, da man bei oberflächlicher Betrachtung glaubt, dass die Kurswerte stark gestiegen und gefallen sind.

### Bayern München hinter Borussia Dortmund?

In der Bundesligatabelle steht Bayern München sehr häufig an der Spitze. Bei den Zuschauerzahlen müssen sie sich mit dem zweiten Platz begnügen. Die durchschnittlichen Zuschauerzahlen bei Bundesligaspielen sind bei den verschiedenen Vereinen sehr unterschiedlich. Die zehn Vereine mit den meisten Zuschauerzahlen sind in der Tabelle unten dargestellt. Das Diagramm erzeugt den Eindruck, dass Borussia Dortmund mindestens fünfmal soviel Zuschauer hat wie Werder Bremen. Bei genauem Hinsehen erkennt man, dass der Verein Borussia Dortmund nicht einmal doppelt soviele Zuschauer hat als Werder Bremen.

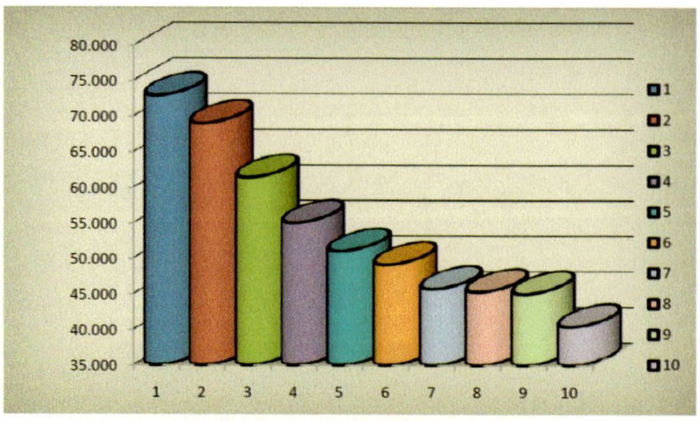


| | | |
|---|---|---|
| 1 | Borussia Dortmund | 72.900 |
| 2 | Bayern München | 69.000 |
| 3 | FC Schalke 04 | 61.400 |
| 4 | Hamburger SV | 55.000 |
| 5 | VfB Stuttgart | 51.000 |
| 6 | 1. FC Köln | 49.100 |
| 7 | Bor. Mönchengladbach | 45.700 |
| 8 | Eintracht Frankfurt | 45.300 |
| 9 | Hertha BSC | 45.000 |
| 10 | Werder Bremen | 40.400 |

**A** Erstelle die Tabelle oben mit den Aktienkursen und den beiden Diagrammen.

**B** Erstelle die nebenstehende Tabelle und ein aussagekräftiges Diagramm dazu.

## 13 Tabellenkalkulation – Textverarbeitung

**Willkommen in Deutschland**

Wenn es darum geht, einen Urlaub zu planen, dann zeigen die Bundesbürger durchaus ihr Fernweh. Jedoch kann festgestellt werden, dass nicht immer die weite Welt das Ziel des bundesdeutschen Urlaubers ist.

Die vorliegende Statistik zeigt, wohin die Reise wirklich geht.

Von 100 Urlaubern fahren nach:

| | A | B |
|---|---|---|
| 1 | Griechenland | 5 |
| 2 | Türkei | 6 |
| 3 | Spanien | 8 |
| 4 | Italien | 11 |
| 5 | Österreich | 16 |
| 6 | Detutschland | 20 |

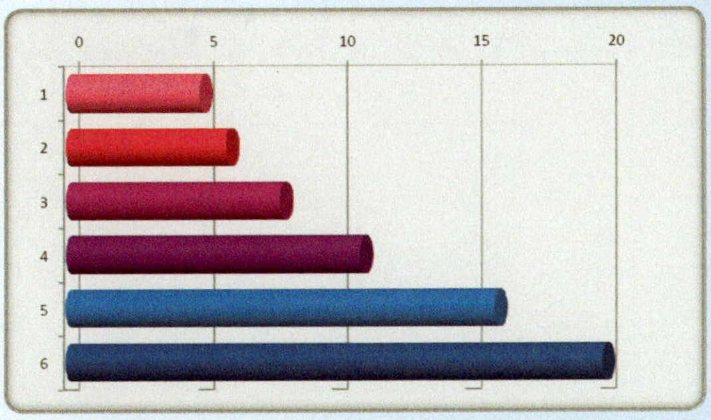


So schätzen 20 von 100 Bundesbürgern die gepflegte Gastlichkeit im eigenen Land und die Verschiedenheit der einzelnen Regionen. Sie besuchen die zahlreichen Sehenswürdigkeiten, welche die abwechslungsreiche Geschichte des eigenen Landes dokumentieren.

Tabellen und Diagramme lassen sich sehr einfach in Textdateien einbinden, um die Dokumente aussagekräftiger zu machen. Wenn das Textdokument erstellt ist, öffnet man das Tabellenkalkulationsprogramm und erstellt die Tabelle und das Diagramm.

### Methoden mit dem Hilfsmittel „Zwischenablage"

Das zu Kopierende wird markiert und in die Zwischenablage kopiert (Strg + c).

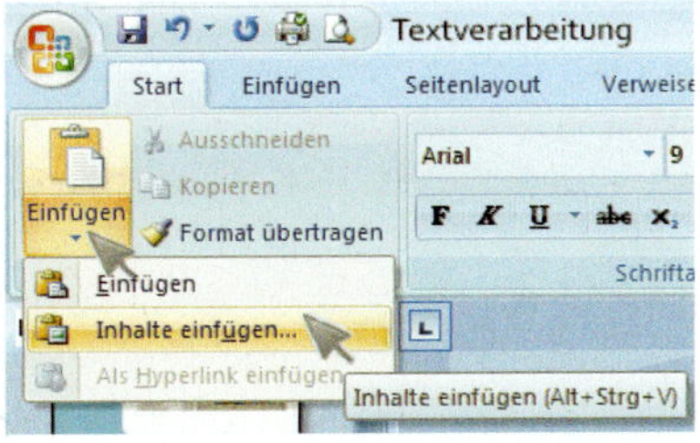


Über → **Einfügen** wird die Tk-Tabelle umgewandelt in eine Tv-Tabelle, in der keine Berechnungen durchgeführt werden. Es werden nur die Inhalte, aber keine Formeln oder Berechnungen kopiert.

Über → **Einfügen** → **Inhalte Einfügen** wird die komplette Tk-Tabelle eingefügt, wenn anschließend der Inhaltstyp mit Tk-Arbeitsblatt-Objekt markiert wird. Mit einem Doppelklick kann die Tabelle als Tk-Tabelle geöffnet werden. Alle Zellen werden nach der Veränderung neu berechnet und in die Textverarbeitung übernommen.

Über → **Einfügen** → **Inhalte Einfügen** kann das Tk-Arbeitsblatt-Objekt mit dem Tv-Dokument verknüpft werden. Damit wird sichergestellt, dass alle Veränderungen an der Tabelle (auch wenn das Dokument nicht geöffnet ist) in der Tabelle des Tv-Hauptdokuments übernommen werden (beim Öffnen des Dokuments wird die Tabelle automatisch aktualisiert).

**A** Erstelle den Text oben in einem Tv-Programm, die Tabelle und das Diagramm in einem Tk-Programm und füge in den Text die Tabelle und das Diagramm ein.

# L7

# Informationsbearbeitung und -präsentation

## 01 Grafikbearbeitung

Kennst du die Beatles? Sie zählen zu den erfolgreichsten Bands des 20. Jahrhunderts und sind die Gruppe mit den meisten verkauften Schallplatten weltweit (1,3 Milliarden). Als erste Boyband der moderneren Musikgeschichte sorgten sie bei den Fans für nie da gewesene Begeisterungsstürme. 1962 veröffentlichten die „vier Pilzköpfe", wie sie wegen ihres Aussehens auch genannt wurden, mit „Love Me Do" ihre erste Single. John Lennon, Paul McCartney, George Harrison und Ringo Starr wurden in Liverpool geboren und stammen eigentlich aus ärmeren Verhältnissen.

Diese Weltstars der Musik möchtest du deiner Klasse präsentieren. Natürlich nimmst du dafür deinen PC zu Hilfe und erstellst eine Präsentation. Dafür sind jedoch zuerst Kenntnisse über den Umgang mit Grafiken, Bildern, Textfeldern usw. notwendig.

### Bearbeiten von Grafiken und Bildern

Unter www.coko-online.de kannst du das folgende Bild herunterladen.

**Ziehpunkte zum Verändern der Größe von Objekten**

Änderung in der Breite

Proportionale Größenveränderung (Länge und Breite werden gleichzeitig geändert)

Mit deinem Präsentationsprogramm kannst du auch grafische Objekte erstellen und formatieren.

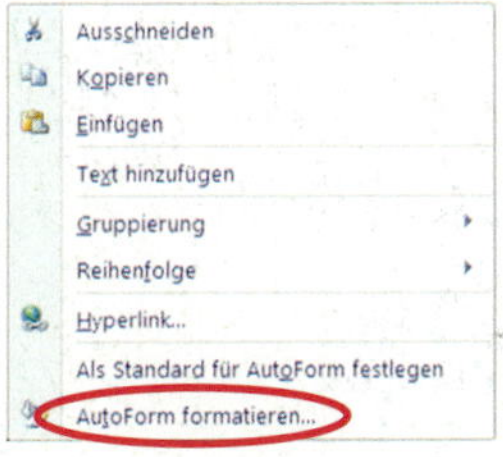


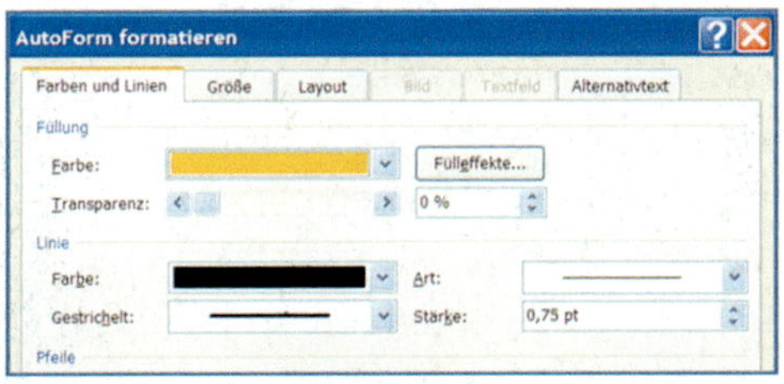


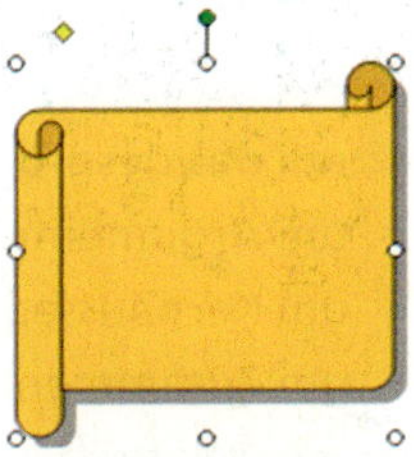

Mehrfaches Kopieren

Wichtig ist auch das Arbeiten mit Textfeldern.

**A** Lade unter www.coko-online.de einige Bilder herunter und vergrößere, verkleinere und drehe sie.

**B** Versuche, durch Kopieren ein neues Gesamtbild zu erhalten.

## 02 Die Präsentation – eine Garantie für einen gelungenen Vortrag?

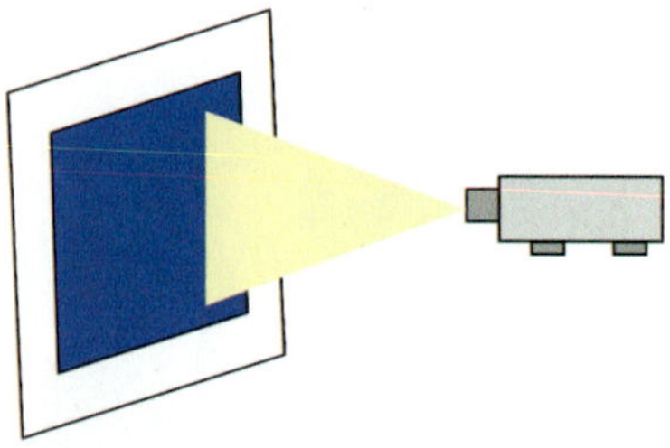

### Was versteht man unter einer gelungenen Präsentation?

Eine Präsentation ist eine Darstellung von Informationen gegenüber einem Publikum.

Für eine Bildschirmpräsentation werden „elektronische Folien" erstellt, die nacheinander den Zuhörern gezeigt werden. Oftmals werden die einzelnen Inhalte der Folie nicht auf einmal, sondern nacheinander, präsentiert. Man kann damit das gesprochene Wort mit Gelesenem oder Gehörtem besser verbinden und sich das Wichtigste des Referates leichter einprägen.

Folie 1

Folie 2

Folie 3

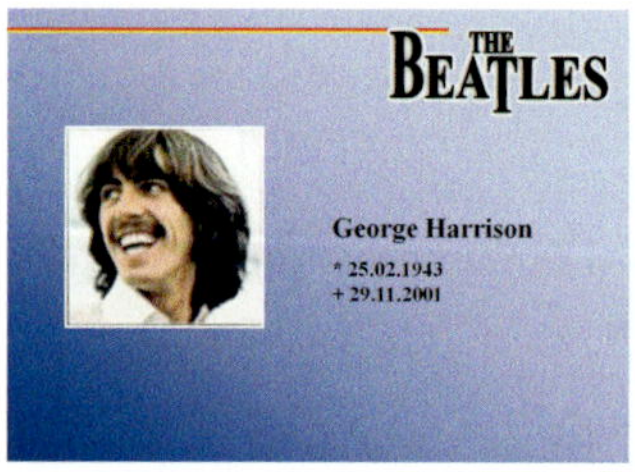

Folie 4

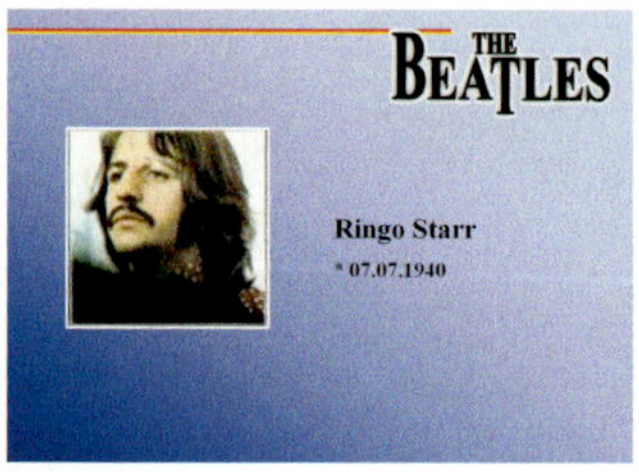

Folie 5

Folie 6

### Wozu eine Präsentation?

- um Sachverhalte anschaulich darzustellen
- um das gesprochene Wort optisch zu unterstützen
- um Argumente verständlicher zu machen
- um Kernaussagen hervorzuheben
- um Zusammenhänge leichter zu erkennen
- um Inhalte besser im Gedächtnis zu verankern
- um ein Referat bunter und aufgelockerter zu gestalten

### Eine erfolgreiche Präsentation ist

- informativ
- überzeugend
- spannend
- unterhaltsam
- verständlich
- sachlich und emotional

### Wie präsentierst du richtig?

- niemals vorlesen
- eine gut lesbare Schrift verwenden
- nur die wichtigsten Aussagen visualisieren
- mit Effekten sparsam umgehen

**Regeln für deine Rede:**

- Fasse dich kurz.
- Langweile nie dein Publikum.
- Was nicht in 20 Minuten gesagt werden kann, ist nicht genug durchdacht. („Man kann über alles reden, nur nicht über 20 Minuten.")

**A** Sicher kennst du auch eine beliebte Musikgruppe oder bist Fan eines Sportvereins.

**B** Notiere auf Papier die wichtigsten Stationen der Band/des Vereins.

## 03 Die Präsentation: Vorüberlegungen

### Vorüberlegungen

Möchtest du eine Präsentation erstellen, solltest du vorher genau planen, was dargestellt werden soll. Deshalb sind folgende Überlegungen notwendig:

- Welche Informationen sollen vermittelt werden?
- Welche Adressaten möchte man ansprechen?
- Wie sollen die Informationen dargestellt und präsentiert werden?

### Objekte einer Präsentation

- Text
- Diagramm
- Grafik
- AutoForm
- Foto
- Sound
- Linie, Pfeil
- Videoclip

Vorgegebene Foliendesigns

### Wie Farben wirken

Farben haben ihre eigene Sprache, wirken kühl oder warm. Sie haben Signalwirkung, sprechen Gefühle an. Farben können positive und negative Stimmungen erzeugen.

- Rot steht für Aktivität, Emotionen, Stopp und Signale,
- Blau symbolisiert Ruhe, Tiefe, Sachlichkeit,
- Grün ist die Farbe der Hoffnung, des Wachstums,
- Gelb steht für Fröhlichkeit, Lebhaftigkeit, Vorsicht,
- Weiß für Klarheit und Reinheit.

Unterschiedliche Darstellungsformen (allerdings sparsam eingesetzt) lockern die Präsentation auf und sprechen verschiedene Teile des Gehirns der Zuhörer an.

### Animationen

Mit Animationen, wie z. B. langsam einblenden, erscheinen, hereindrehen, verblassen, ausdehnen, gleiten, rotieren, können Grafiken, Bilder oder Texte optisch oder akustisch hervorgehoben werden; sie beleben eine Präsentation.

### Folienübergänge

Mit verschiedenen Folienübergängen erreichst du eine Abwechslung zwischen den Folien. Auch hier gilt: Sei sparsam mit den Variationsmöglichkeiten.

### Foliendesign

Verschiedene Design-Vorschläge helfen dir, eine Folie ansprechend zu gestalten.

**Text und Hintergrund sollen einen Kontrast bilden.**

**A** Informiere dich mithilfe deines Präsentationsprogramms über die verschiedenen Möglichkeiten der Gestaltung von Folien.

## 04 Vorlagen und Handouts

### Entwurfsvorlagen

Dein Präsentationsprogramm hält sicher zahlreiche Entwurfsvorlagen, das sind Folien mit verschiedenen Hintergrundmotiven u. ä., bereit. Hier kannst du ein passendes Design und andere Elemente für deine Präsentation auswählen.

AutoFormen

### AutoFormen

Du kannst der Präsentationsfolie auch verschiedene AutoFormen (z. B. Linien, grundlegende geometrische Formen, Pfeile, Flussdiagramme, Sterne, Banner) hinzufügen oder sogar mehrere Formen kombinieren.

### „Was man schwarz auf weiß besitzt …"

Die Inhalte deines Referates sollen nach ein paar Tagen nicht vergessen sein. Deshalb erstellst du eine schriftliche Zusammenfassung, auch „Handout" genannt. Hier führst du in knappen Sätzen oder stichwortartig auf, was bei deinem Vortrag besonders wichtig war. Verteile das Handout aber nie vor der Präsentation, sondern immer erst danach. Niemand hört dir nämlich noch zu, wenn er deine Rede bereits nachschlagen kann.

HANDOUT

**Julia Muster**
Klasse 6 b
Staatl. Realschule Astadt
**Referat am 18. März 2010**

THE BEATLES

- eine der erfolgreichsten Bands des 20. Jahrhunderts
- erste Boyband der moderneren Musikgeschichte
- weltweit 1,3 Mrd. Schallplatten verkauft
- wurden auch „Die vier Pilzköpfe" genannt
- 1962 erste Single veröffentlicht: „Love Me Do"
- alle vier in Liverpool geboren
- aus ärmlichen Verhältnissen stammend

**John Lennon:**
* 09.10.1940, † 03.12.1980

**Paul McCartney:**
* 18.06.1942

**George Harrison:**
* 25.02.1943, † 29.11.2001

**Ringo Starr:**
* 07.07.1940

**Musiktitel, die um die Welt gingen:**

Please, Please Me
I Wanna Be Your Man
I Want To Hold Your Hand
A Hard Day's Night
Help!
Yesterday
Yellow Submarine
She Loves You
Nowhere Man
Michelle
Ob-La-Di, Ob-La-Da
Let It Be

**A** Du hast von einer beliebten Musikgruppe oder von einem Sportverein die wichtigsten Anmerkungen zu Papier gebracht. Entwirf nun ein übersichtliches Handout.

## 05 Dokumentdesign

### Sitemap

Bevor du am PC deine Präsentation erstellst, solltest du mithilfe einer grafischen Darstellung (engl. sitemap) die Inhalte der einzelnen Folien festlegen.

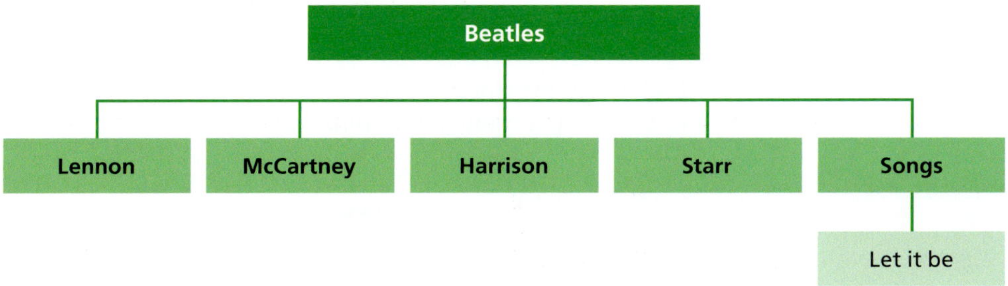


### Einheitliches Dokumentdesign

Es ist empfehlenswert, zuerst ein einheitliches Dokumentdesign, das für alle Folien einer Präsentation verwendet wird, festzulegen. Dies hat den Vorteil, dass später dieses einheitliche Design verändert und darin enthaltene Objekte (z. B. ein Datum) mit geringem Aufwand aktualisiert werden können. Natürlich sollst du bei diesem einheitlichen Design die Farbwirkung beachten und bedenken, dass alle Folien dieses Aussehen haben.

Wir verwenden für unsere „Grundfolie" einen zweifarbigen, diagonal nach unten verlaufenden Hintergrund, den Schriftzug „The Beatles" und eine farbige Linie.

**Grundfolie: FOLIE**

Hintergrund = zweifarbig
Farbe 1 = dunkelblau
Farbe 2 = hellblau
Schattierungsart = Diagonal unten

**Namenszug: GRAFIK**

Grafikhöhe = 4,42 cm
Grafikbreite = 9,63 cm
Grafikposition horizontal = 15,31 cm
Grafikposition vertikal = 0,27 cm

**Linie 1: LINIE**

Linienfarbe = rot
Liniestärke = 4 pt
Linienbreite = 18,11 cm
Linienposition horizontal = 0 cm
Linienposition vertikal = 0,93 cm
Linienschatten = Schattenart 14
Linienschattenfarbe = gelb

**A** Fertige eine grafische Darstellung deiner Präsentation an.

**B** Entwirf ein einheitliches Design für deine „Grundfolie".

## 06 Folie 1: The Beatles

Nachdem wir nun für alle Folien dieser Präsentation ein einheitliches Design erstellt haben, können wir die einzelnen Folien anfertigen.

**Folie 1: Beatles**

Auf der ersten Folie soll ein Foto der Beatles erscheinen und ihre Namen genannt werden. Weil wir später die einzelnen Folien miteinander „verlinken" wollen, wäre es vorteilhaft, als Hintergrundobjekt für die Namen eine interaktive Schaltfläche zu verwenden, in die anschließend der entsprechende Text hinzugefügt wird.

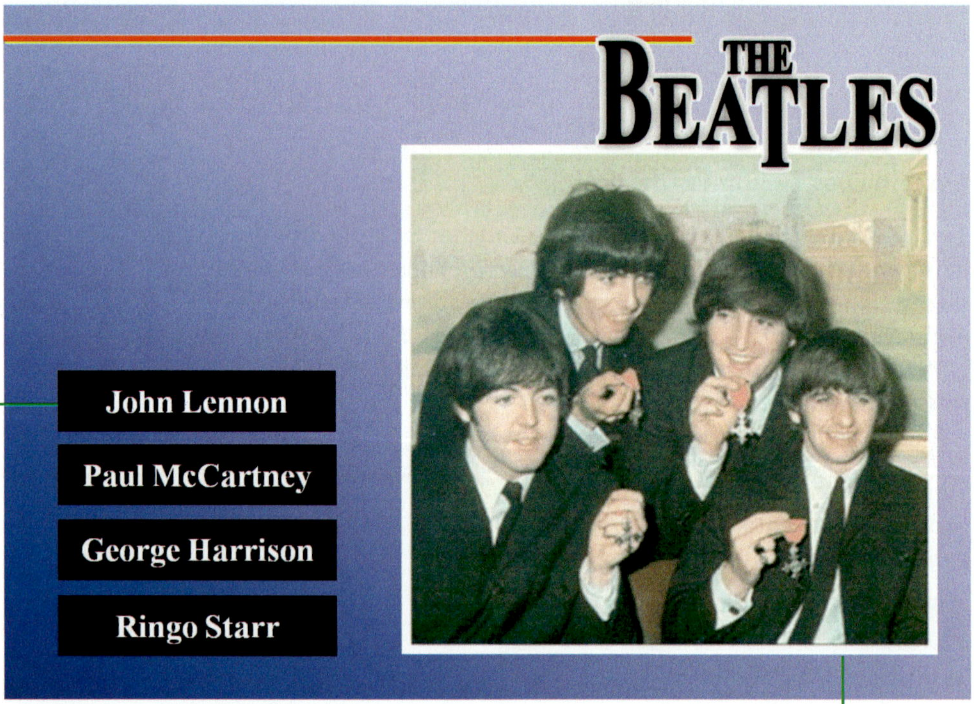


Folie 1

**S1: SCHALTFLÄCHE**

Ausfüllfarbe = schwarz
Linienfarbe = keine
Höhe = 1,6 cm
Breite = 7,3 cm
Horizontale Position = 1,5 cm
Vertikale Position = 9,7 cm
Textausrichtung = zentriert

Objektkarten Schaltfläche

**G1: GRAFIK**

Höhe = 13,4 cm
Breite = 14,0 cm
Horizontale Position = 10,5 cm
Vertikale Position = 3,7 cm
Reihenfolge = in den Hintergrund

Objektkarten Grafik

Die anderen drei Schaltflächen sind ebenso zu gestalten.

| | |
|---|---|
| Paul McCartney | vertikale Position = 11,7 cm |
| George Harrison | vertikale Position = 13,6 cm |
| Ringo Starr | vertikale Position = 15,7 cm |

**A** Fertige Objektkarten für die erste Folie deiner Präsentation.

**B** Gestalte die erste Folie.

## 07 Folie 2 – 6: The Beatles

Für jeden der vier „Pilzköpfe" fertigen wir nun eine eigene Folie an.

Folie 2

**Bild2: GRAFIK**

Höhe = 8,0 cm
Breite = 8,0 cm
Horizontale Position = 2,5 cm
Vertikale Position = 5,0 cm
Linienfarbe = weiß
Linienstärke = 3 pt

**Text2a: TEXTFELD**

Horizontale Position = 13 cm
Vertikale Position = 8 cm
Ausfüllfarbe = keine
Linienfarbe = keine
Schriftart = Times New Roman
Schriftschnitt = fett
Schriftfarbe = schwarz
Schriftgrad = 32 pt
Ausrichtung = linksbündig

**Text2b: TEXTFELD**

Horizontale Position = 13 cm
Vertikale Position = 10 cm
Ausfüllfarbe = keine
Linienfarbe = keine
Schriftart = Times New Roman
Schriftschnitt = fett
Schriftfarbe = schwarz
Schriftgrad = 24 pt
Ausrichtung = linksbündig

Folie 6 beinhaltet eine Liste der bekanntesten Musiktitel der Beatles.

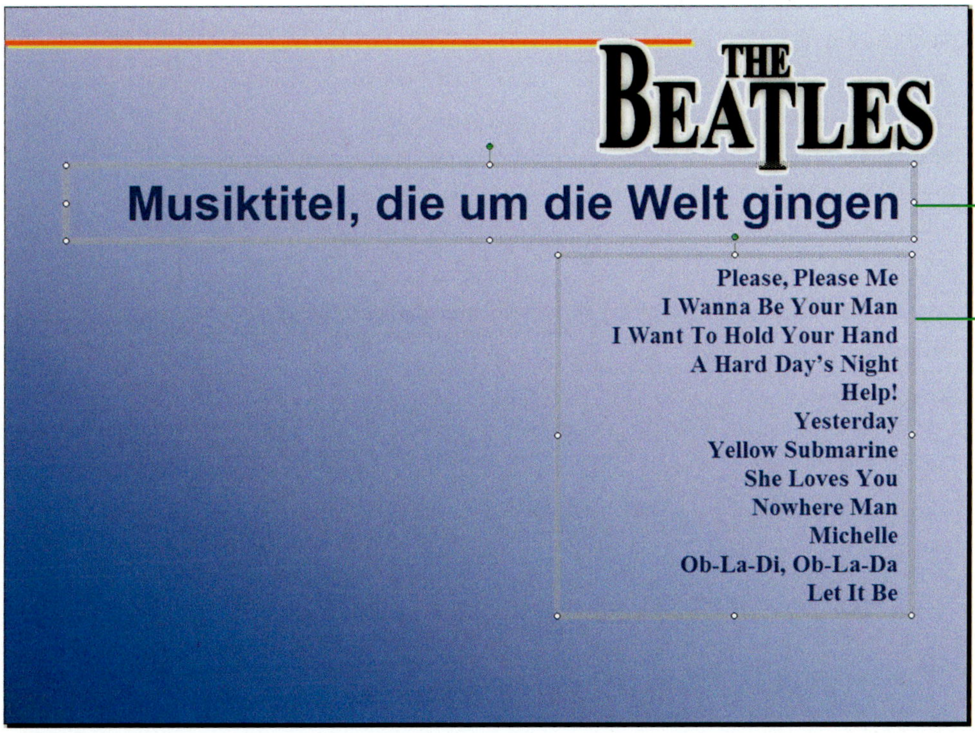


Folie 6

**Text6a: TEXTFELD**

Horizontale Position = 1,7 cm
Vertikale Position = 4,3 cm
Ausfüllfarbe = keine
Linienfarbe = keine
Schriftart = Arial
Schriftschnitt = fett
Schriftfarbe = schwarz
Schriftgrad = 36 pt
Ausrichtung = linksbündig

**Text6b: TEXTFELD**

Horizontale Position = 14,7 cm
Vertikale Position = 6,7 cm
Ausfüllfarbe = keine
Linienfarbe = keine
Schriftart = Times New Roman
Schriftschnitt = fett
Schriftfarbe = schwarz
Schriftgrad = 20 pt
Ausrichtung = linksbündig

**A** **Erstelle die Folien 2 – 6 dieser Präsentation.**

## 08 Folie 7: Let It Be

In der letzten Folie deiner Präsentation möchtest du den Text von einem der bekanntesten Beatles-Songs – „Let It Be" – veröffentlichen.

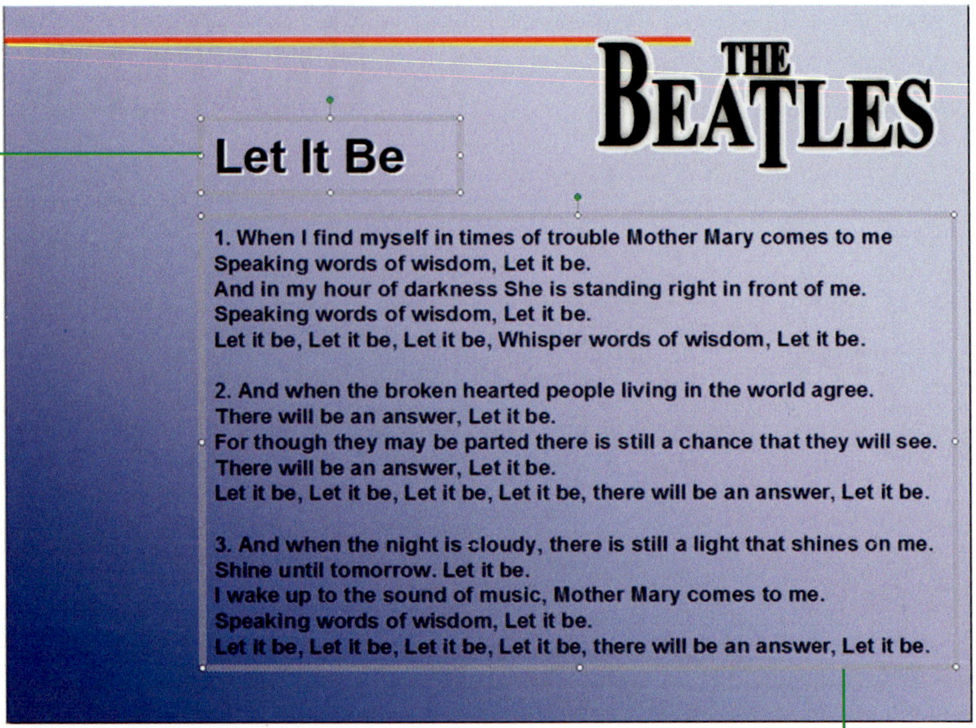


Folie 7

**Textfeld8: TEXTFELD**

Horizontale Position = 5,3 cm
Vertikale Position = 3,1 cm
Ausfüllfarbe = keine
Linienfarbe = keine
Schriftart = Arial
Schriftschnitt = fett
Schriftschnitt = Schatten
Schriftfarbe = schwarz
Schriftgrad = 36 pt
Ausrichtung = linksbündig

Objektkarte für Textfeld Text 8

**Textfeld9: TEXTFELD**

Horizontale Position = 5,3 cm
Vertikale Position = 5,7 cm
Ausfüllfarbe = keine
Linienfarbe = keine
Schriftart = Times New Roman
Schriftschnitt = fett
Schriftfarbe = schwarz
Schriftgrad = 16 pt
Ausrichtung = linksbündig

Objektkarte für Textfeld Text 9

**A** Gestalte die Folie nach deinen eigenen Vorstellungen.

## 09 Interaktive Schaltflächen

Das folgende Klassendiagramm zeigt, dass die Folien, die du für die Präsentation erstellst, ein Textfeld und ein Bild enthalten. Um aber professionell präsentieren zu können, benötigen wir interaktive Schaltflächen, mit deren Hilfe wir während der Präsentation die einzelnen Folien anwählen können. Dafür müssen diese jedoch verlinkt und eine Leiste mit interaktiven Schaltflächen in die Folien eingefügt werden.

Unter „Verlinkung" (**Hyperlink,** auch kurz **Link** = engl. für „Verbindung, Verknüpfung, Verweis", genannt) versteht man also eine elektronische Verbindung zu einem anderen Dokument innerhalb und außerhalb der aktuellen Datei. Hyperlinks werden vor allem im World Wide Web verwendet. Typisches äußeres Zeichen eines Hyperlinks ist der zu einer Hand veränderte Mauszeiger.

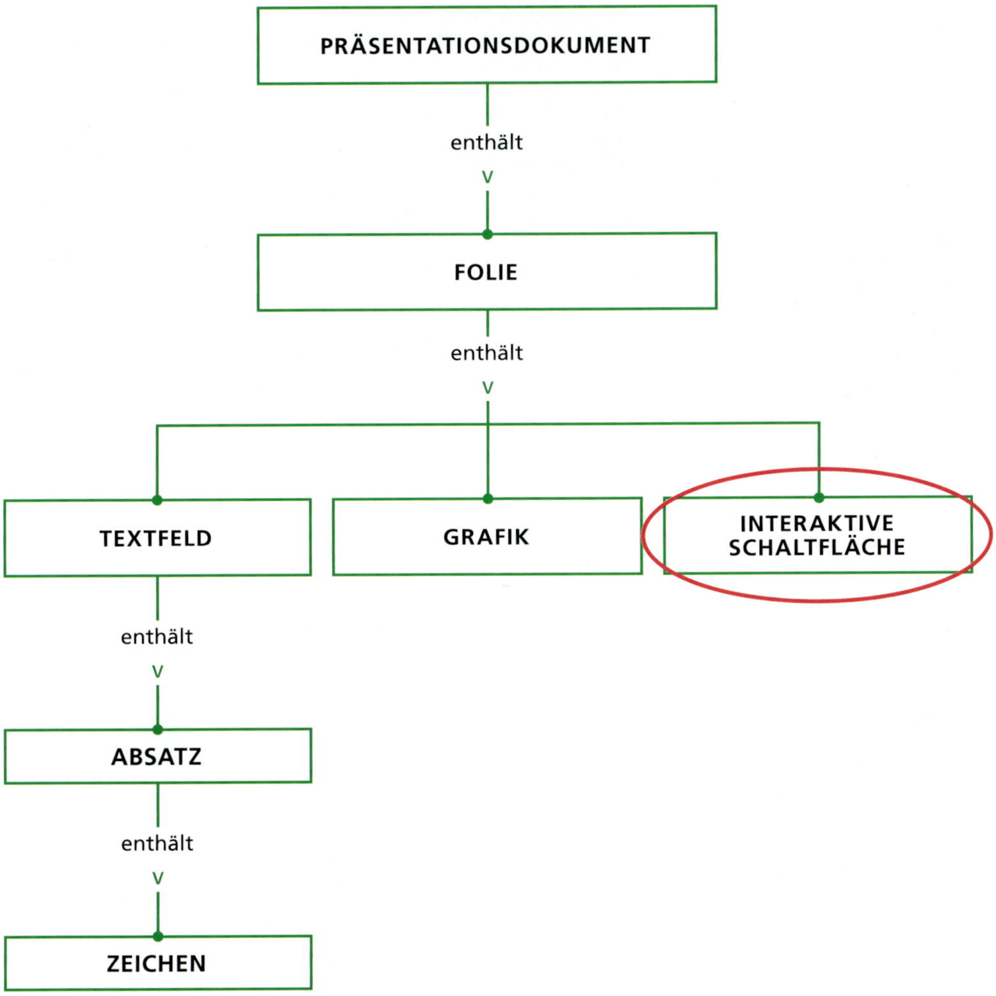


Klassendiagramm

**A** **Erstelle ein Klassendiagramm, das anstelle einer interaktiven Schaltfläche multimediale Elemente enthält.**

## 10 Die Verlinkung

### Wir verlinken die einzelnen Folien

Zuerst verlinken wir die erste Folie mit den Folien 2, 3, 4 und 5 der Präsentation.

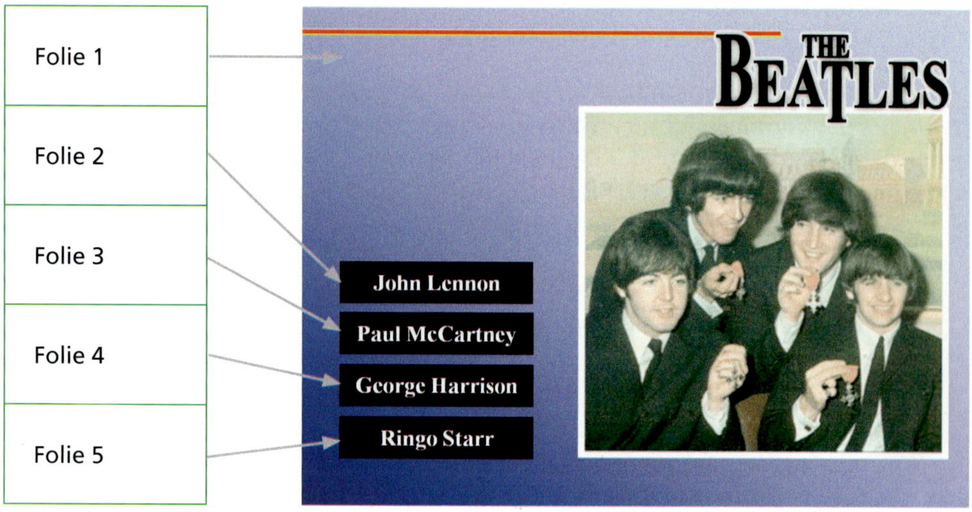


Nun erstellen wir eine Leiste mit interaktiven Schaltflächen, die in den folgenden Folien verwendet werden. Dabei beachten wir, dass die entsprechende AutoForm auf der jeweiligen Folie entweder farblich intensiver (siehe in unserem Beispiel „John“) oder in „verblasster Form“ (die interaktive Schaltfläche enthält nur sehr wenig Farbe) dargestellt wird.

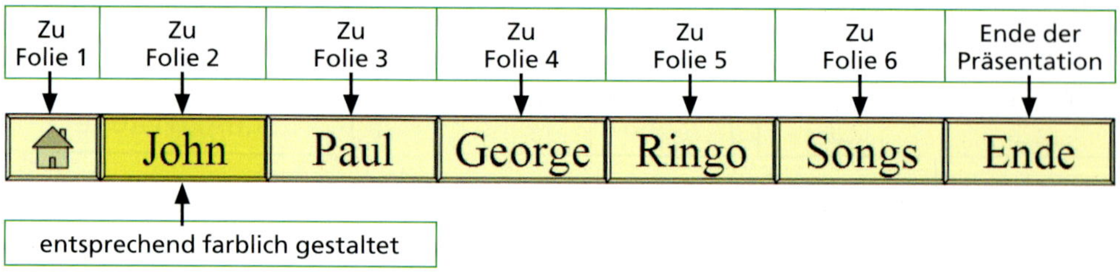


Mithilfe unseres Präsentationsprogramms stellen wir nun die Verbindungen zu den einzelnen Folien her. Anschließend können wir die Linkleiste auf die anderen Folien übertragen ohne zu vergessen, dass die Schaltflächen mit der jeweiligen besonderen Farbgestaltung keine Hyperlinkverbindung erhalten.

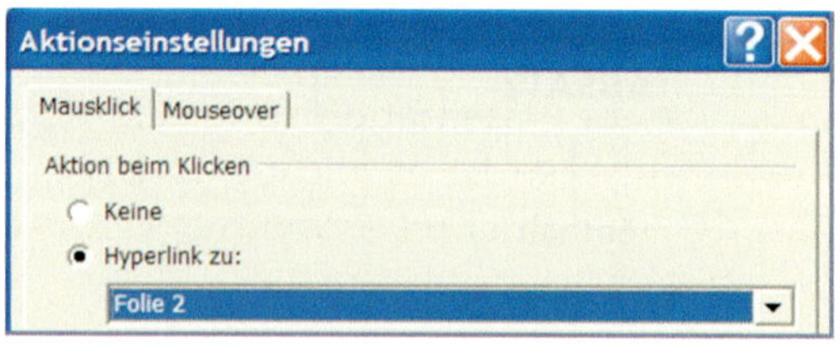


Eine Besonderheit sollten wir bei Folie 6 beachten. Hier fügen wir einen zusätzlichen Link zum Song „Let It Be“ ein.

Auf der letzten Folie (Folie 7) benötigen wir lediglich eine Verbindung zum Beginn der Präsentation, was gerade bei Präsentationen, die viele Folien enthalten, sehr sinnvoll ist.

**A** Du hast die Präsentation über die Beatles bereits angefertigt. Erstelle nun die Verlinkung der einzelnen Folien.

## 11 Animationen und Folienübergänge

### Animationen

Deine Präsentation ist ein elektronisches Dokument, in dem du z. B. mit Animationen den Objekten spezielle optische oder akustische Effekte zuweisen kannst. Dein Präsentationsprogramm bietet zahlreiche benutzerdefinierte Animationen an. Bedenke aber, dass der Inhalt der Präsentation wesentlich wichtiger ist als viele elektronische Effekte.

### Folienübergänge

Es gibt viele interessante Möglichkeiten, von einer Folie auf die andere zu wechseln. Diese Folienübergänge können für jede Folie einzeln oder für alle Folien übernommen werden.

Es ist jedoch abzuwägen, ob durch unterschiedliche Folienübergänge die Aufmerksamkeit der Zuhörer gesteigert wird oder die unterschiedlichen Effekte zu sehr ablenken.

Für automatische Vorführungen, z. B. an einem Kiosk oder in einem Supermarkt, kann die Folie mit Musik oder Sprache hinterlegt werden. Dabei muss die nächste Folie automatisch nach einer bestimmten Zeit erscheinen, die ebenso wie die Übergangsgeschwindigkeit individuell eingestellt werden kann.

Hilfreich ist es, die unterschiedlichen Animationen vor der Präsentation zu testen. Gerade bei Zeitangaben ist es wichtig zu beachten, dass der Betrachter die Präsentation zum ersten Mal sieht.

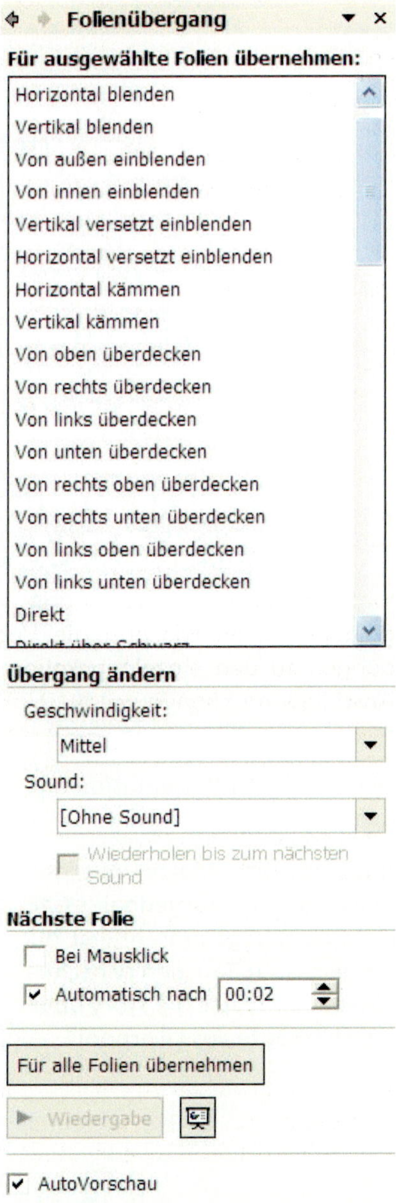


**A** **Probiere verschiedene Animationen und Folienübergänge aus. Was würde deiner Meinung nach besonders gut zur Präsentation über die Beatles passen?**

## 12 Ein neuer Hintergrund

### Ändern des Layouts aller Folien

Jetzt ist deine Präsentation fertig! In einem „Probelauf" hast du zu Hause dein Referat, unterstützt durch die erstellten elektronischen Folien, einstudiert. Um sicher zu sein, dass alles stimmt, führst du die Präsentation noch deinem Freund Martin vor. Er ist ganz begeistert, was man mit dem Computer alles machen kann. Eines gefällt ihm aber nicht besonders: Er meint, dass der Hintergrund der einzelnen Folien zum Thema „Beatles" eigentlich gar nicht passt. Er stellt sich etwas „Peppigeres" vor. Gleich setzt du dich an deinen PC und entwirfst ein neues Layout für die Folien. Wie das geht, hast du bereits in Lektion 4 dieses Buches gelernt.

Dieser neue „Hintergrund" soll natürlich auf jeder Folie deiner Präsentation erscheinen. Wie geht das eigentlich? Du erinnerst dich an die Erstellung eines einheitlichen Dokumentdesigns und erkennst, dass man dieses ganz einfach anfertigen kann. Du veränderst also die „Grundfolie" und erhältst somit ein neues Design für die gesamte Präsentation.

Die 1. Folie der Präsentation hat nun folgendes Aussehen:

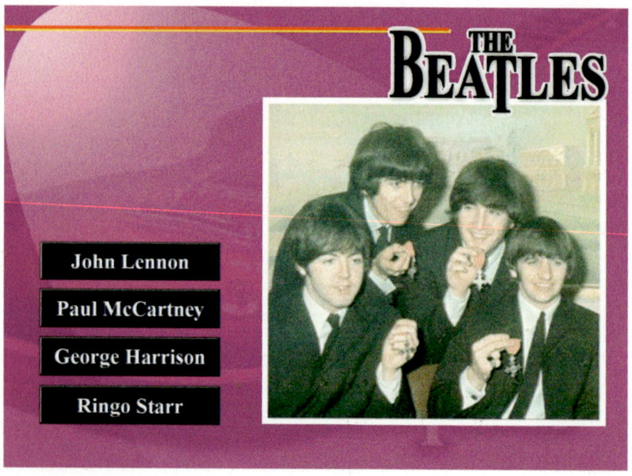


Jetzt ist auch Martin mit der Präsentation zufrieden. Gar nicht aufgeregt präsentierst du am nächsten Tag den Mitschülern deiner Klasse die Story über „die Pilzköpfe aus Liverpool".

**A** Erstelle eine weitere „Grundfolie" zum Thema „The Beatles".

## 13 Vorführung und Präsentation

### Endlich! Du kannst dein Referat halten

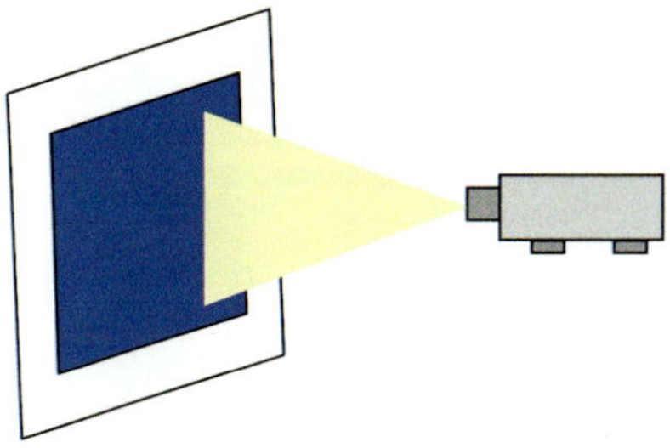

Stelle dich ohne Hemmungen vor die Klasse und spreche mit natürlicher klarer Stimme. Schaue dein Publikum an, aber fixiere niemanden. Bleib ruhig stehen und gehe nicht ständig auf und ab; das wirkt unsicher und hektisch. Spreche zu deinen Mitschülerinnen und Mitschülern und drehe dich nicht ständig zur Projektionswand um. Günstig wäre es, wenn du dein Notebook so platzieren könntest, dass du auf den Monitor schauen kannst. Erzeuge eine positive Stimmung und wecke die Aufmerksamkeit des Publikums. Sprich frei und lese nicht von der Folie ab. Bedenke: Die Präsentation unterstützt lediglich dein Referat.

### Multimediale Unterstützung

Bei der abschließenden Besprechung deines Referats erzählt deine Mitschülerin Susanne, dass man die Präsentation auch noch durch kurze Musik- oder Filmsequenzen bereichern könnte. Du versprichst, dass du dich mit dieser Thematik beschäftigst.

### Das Urheberrecht

Gerade bei der Verwendung von Bildern, Musikstücken aber auch von Texten musst du das Urheberrecht beachten. Beim Urheberrecht geht es um etwas ganz Selbstverständliches: Es „schützt den Urheber in seinen geistigen und persönlichen Beziehungen zum Werk und in der Nutzung des Werkes. Es dient zugleich der Sicherung einer angemessenen Vergütung für die Nutzung des Werkes." (§ 11 UrhG). Der Urheber bestimmt ganz alleine, wer sein Werk unter welchen Bedingungen und unter welchen Umständen verwenden darf oder nicht.

Bei einer sogenannten wissenschaftlichen Arbeit, wozu auch deine Präsentation gehört, darfst du zitieren. Du musst aber dabei die jeweiligen Quellen angeben. Unter „zitieren" versteht man jedoch nicht, dass du ganze Referate aus dem Internet herunterlädst. Deine eigene Arbeit muss deutlich erkennbar sein und den Großteil deiner Tätigkeit darstellen. Es ist deshalb empfehlenswert, sehr sparsam mit „geistigen Schöpfungen anderer" umzugehen und z. B. Fotos selbst anzufertigen. Übrigens: Erst 70 Jahre nach dem Tod des Autors erlischt das Urheberrecht.

Besondere Vorsicht ist geboten, wenn du eine Publikation in das Internet stellst. Hier kann die Veröffentlichung auf der ganzen Welt gesehen werden. Das sprengt bei weitem den Rahmen der „Nutzung für private Zwecke". Auf der anderen Seite ist das World Wide Web auch kein rund um die Uhr verfügbarer Selbstbedienungsladen.

Vielleicht ist dir auch der Begriff „Copyright" („the right to copy") bekannt. Er bezeichnet die Kopier- und Vervielfältigungsrechte, die natürlich dem Urheber gehören. Meist räumt der Urheber eines Werkes diese Nutzungsrechte einem Verlag oder einer Plattenfirma ein, die dann ihrerseits dieses Recht für ihn wahrnimmt und damit allein bestimmt, wie ein Werk, ein Buch oder eine CD vervielfältigt und verbreitet wird.

Zum Glück gibt es aber Ausnahmen. Tageszeitungen, Rundfunk und Fernsehen dürfen veröffentlichte Werke und Reden zum Zwecke der aktuellen Information der Bürger in Auszügen wiedergeben. Du selber darfst zu deinem privaten Gebrauch auch Werke kopieren. Du darfst sie aber nicht verbreiten oder gar verkaufen oder öffentlich wiedergeben. Und auch dein Lehrer darf zu Unterrichtszwecken Teile von Werken kopieren und solche Kopien an die Klasse verteilen.

**A** **Erstelle zum Thema „Urheberrecht" eine geeignete Präsentation.**

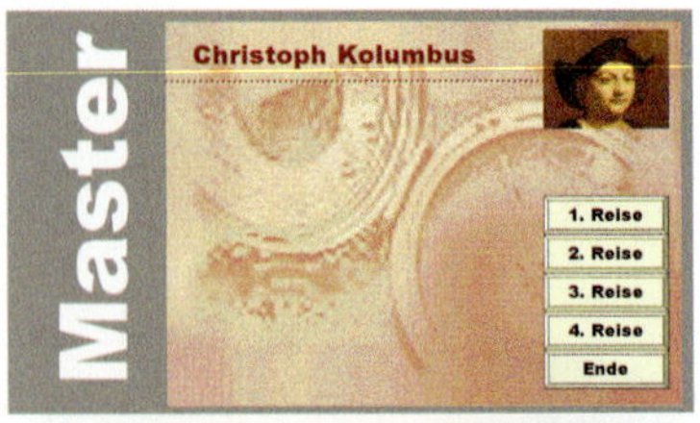

## 14 Eine neue Präsentation – Christoph Kolumbus

### Das Recherchieren

Es gibt viele Themen, die man nach multimedialer Aufbereitung anschaulich präsentieren kann. Denke z. B. einmal an deinen Lieblingsverein, an Hobbys, an viele Unterrichtsinhalte oder an Themen aus deinem privaten Umfeld (Familie, Freunde, Urlaub usw.).

Du solltest auf jeden Fall gewissenhaft recherchieren und zu den bereits vorhandenen Informationen weitere Daten sammeln, um einen möglichst guten Überblick über das Thema zu erhalten.

Hierfür stehen dir unter anderem

- Schulbücher, Zeitschriften, Lexika (in Buchform oder als CDs), …,
- Internetrecherche,
- Befragung von Personen, Auskünfte von offiziellen Stellen usw.

zur Verfügung.

Für das Thema „Christoph Kolumbus“ könnte Folgendes eine mögliche Gliederung sein:

▸ Seine Fahrten in die „Neue Welt“ auf der „Santa Maria“
  - 12. Oktober 1492: Entdeckung Amerikas
    - San Salvador
    - Kuba
    - Haiti
  - November 1493: Gründung einer Kolonie
    - Kap Isabella
  - 1498: Erforschung von
    - Trinidad
    - Venezuela
  - 1502: Erforschung von
    - Honduras
    - Mittelamerika

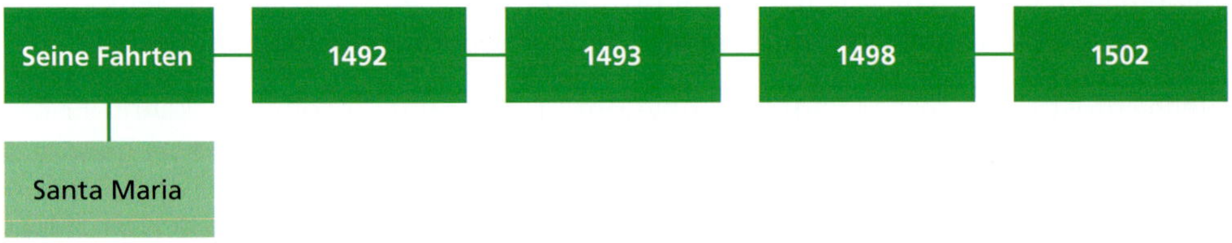


Nach der Stoffsammlung ist es zweckmäßig, vor der Erstellung der Präsentation die Inhalte der einzelnen Folien festzulegen. Dabei denken wir natürlich daran, dass wir nur das Wesentliche gut erfassen und übersichtlich darstellen. Wir beachten auch, dass eine gut lesbare Schrift verwendet und mit Animationen sparsam umgegangen wird.

**A** Suche zum Inhalt einer Fahrt von Christoph Kolumbus weitere Informationen, gestalte sie auf einer Folie und verlinke diese mit der schon bestehenden Seite.

## 15 Partnerarbeit/Projektarbeit

### Teamarbeit

Der Definition nach ist ein Projekt ein „großes Vorhaben". Es muss sorgfältig geplant und nach einem vorher festgelegten Zeitplan durchgeführt werden. Bei einem Projekt werden die bisher erworbenen Kenntnisse sowie Fertigkeiten erprobt bzw. vertieft und sicherlich wird auch Neues hinzugelernt.

Diese besondere Unterrichtsform lässt viel individuellen Gestaltungsspielraum. So wird über einen längeren Zeitraum handlungsorientiert und produktbezogen in kleineren Gruppen gearbeitet, wobei man seine eigenen Vorstellungen artikulieren kann, aber auch brauchbare Vorschläge der Mitschüler akzeptieren muss. In manchen Punkten wird von allen Beteiligten auch eine gewisse Kompromissbereitschaft verlangt. Für die Vorstellung eines Projekts eignet sich in besonderer Weise ein Präsentationsprogramm.

### Die drei Phasen des Projekts

**Vorbereitung und Planung:**

- Themen formulieren
- Arbeitsgruppen bilden
- Zeitplan („Meilensteine") festlegen
- Bewertungskriterien besprechen und festlegen

**Durchführung:**

- Informationen beschaffen, ordnen und verarbeiten
- Projekt-Tagebuch erstellen
- Zwischenergebnisse dokumentieren
- Ergebnisse veröffentlichen und präsentieren

**Nachbereitung und Bewertung:**

- Positives hervorheben, Negatives analysieren
- Bewertung durch die Lehrkraft

Ein vorher festgelegter Zeitplan könnte beispielsweise folgendes Aussehen haben:

**Zeitplan – Projektablauf**

| Projektstunde | Inhalt |
|---|---|
| 1 | Einführung, Themen, Arbeitsgruppen |
| 2 | Arbeitsregeln, Zeitplan, Bewertungskriterien |
| 3 | Hinweise, Arbeitsaufträge, Methodenwahl |
| 4, 5 | Informationen beschaffen und ordnen, Quellenbewertung |
| 6 | Arbeit am Projekt; Zwischenergebnisse dokumentieren |
| 7 | Zwischenberichte |
| 8 | inhaltliche Ergänzungen, Überarbeitung |
| 9, 10 | multimediale Aufbereitung |
| 11 | Ergebnissicherung, Abschlusspräsentation |
| 12 | Bewertung, Expertenrunde |

**A** Sicher wirst du einmal auch in einem anderen Fach an einem Projekt beteiligt sein. Versuche dann, das hier Gelernte auf dieses Vorhaben zu übertragen.

# L8

# Prinzipien der Datenverarbeitung

## 01 Datenverarbeitung

### Von der manuellen zur elektronischen Datenverarbeitung

Die Verarbeitung von Texten oder Zahlen ist immer eine Art der Datenverarbeitung.

Wir erleben täglich, wie Daten verarbeitet werden, z. B. beim täglichen Einkauf im „Tante-Emma-Laden" oder im Supermarkt. Dabei kann der Rechnungsbetrag auf verschiedene Art und Weise bestimmt werden:

- Tante Emma kann noch Kopfrechnen oder sie nimmt den Rechenblock zu Hilfe (manuelle Datenverarbeitung).
- Viele kleinere Geschäfte begnügen sich mit einer elektrischen Rechenmaschine als Hilfsmittel an der Kasse (mechanisierte Datenverarbeitung).
- Im Supermarkt stehen moderne Computerkassen mit Strichcodeleser, Scheckkartenleser, Kleinmonitor und Tastatur zur Verfügung (elektronische Datenverarbeitung).

### Elektronische Datenverarbeitung (EDV)

Ein Strichcode ist eine elektronisch lesbare Schrift, die aus verschieden breiten, parallelen Strichen und Lücken besteht. Die Daten in einem Strichcode werden mit optischen Datenerfassungsgeräten, wie z. B. Barcodelesegeräten (Scanner) oder Kameras, maschinell eingelesen und elektronisch weiterverarbeitet. Mit diesem Code erfolgt die Verschlüsselung und Umwandlung der Zahlen und Daten in binäre Symbole. Der Strichcode ist so aufgebaut, dass je zwei dunkle Linien mit den verschiedenen Zwischenräumen eine Ziffer definieren.

Dabei wird das bisher übliche Erfassen von Daten über Tastaturen zunehmend durch Datenerfassungsgeräte abgelöst. Ist ein Strichcode nicht mehr lesbar, müssen die darunter stehenden Zahlen über die Tastatur eingegeben werden.

4 008452 025745

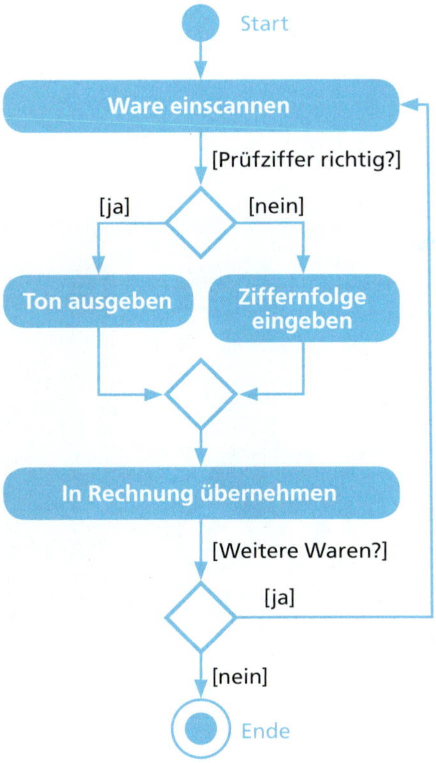


EAN-13 (EAN steht für European Article Number) ist ein bei uns üblicher Handelsstrichcode, der Artikelnummern in 13-stelligen Zahlen darstellt, wovon die letzte Ziffer rechts die Prüfziffer ist. Damit lässt sich nicht nur der jeweilige Artikel ermitteln, sondern auch der Hersteller und das Land der Herstellung feststellen. Der Preis des Artikels ist im Zentralcomputer hinterlegt und wird automatisch dem Artikel zugeordnet.

Die ersten zwei Zeichen stehen für das Herstellerland (40 bis 43 für Deutschland). Die nächsten fünf Stellen bezeichnen den Hersteller des Produktes und weitere fünf Stellen den Artikelcode des Herstellers.

Die Prüfziffer wird mit einer bestimmten Methode aus den übrigen Ziffern berechnet. Durch die Berechnung der Prüfziffer können Eingabe- oder Lesefehler erkannt werden.

**A** In welchem Land wurde die Praline hergestellt, die den EAN-13 Code 7622300262457 hat? Recherchiere im Internet!

**B** Suche verpackte Lebensmittel, notiere Herstellerfirma, Herstellungsland und den EAN-13 Code.

**C** Recherchiere im Internet, welche anderen Strichcodes noch verwendet werden.

## 02 Ablauf der Datenverarbeitung

### Das EVA-Prinzip

Die Elektronische Datenverarbeitung am Beispiel der Supermarktkasse:

| Computerkasse | EDV | |
|---|---|---|
| Mit einem Strichcodeleser werden die gekauften Artikel erfasst oder über eine Tastatur eingegeben. | Eingabe | ① |
| Die Einzelpreise der Artikel werden aus dem Speicher abgerufen. | Eingabe | ② |
| Die Einzelpreise werden summiert. | Verarbeitung | ③ |
| Die Rechnungssumme wird in den Hauptrechner übertragen, für die verschiedenen Kassen gesondert gespeichert und dort zur Gesamtsumme (Tageseinnahmen) aufaddiert. Die Artikelnummern werden im Hauptrechner in der Warenliste (für Nachbestellungen) als verkauft eingetragen. | Verarbeitung<br>Speicherung<br>Verarbeitung | ③<br>④<br>③ |
| Die Artikel, die Einzelpreise und die Rechnungssumme werden am Drucker und am Bildschirm ausgegeben. | Ausgabe | ⑤ |

Alle Rechenanlagen funktionieren nach dem gleichen Prinzip:

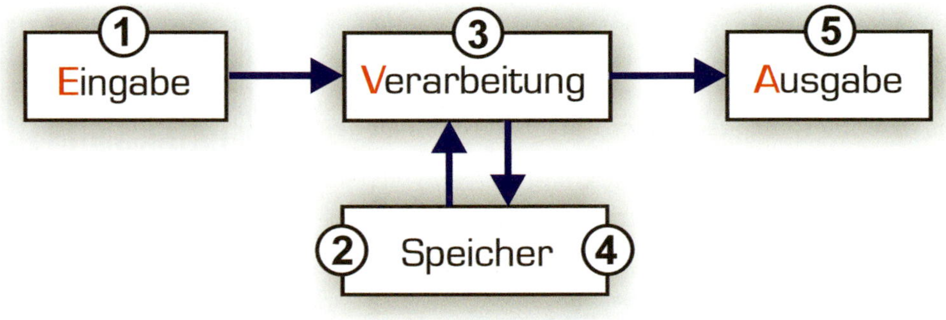


Beschreibung der Arbeitsvorgänge (Datenfluss):

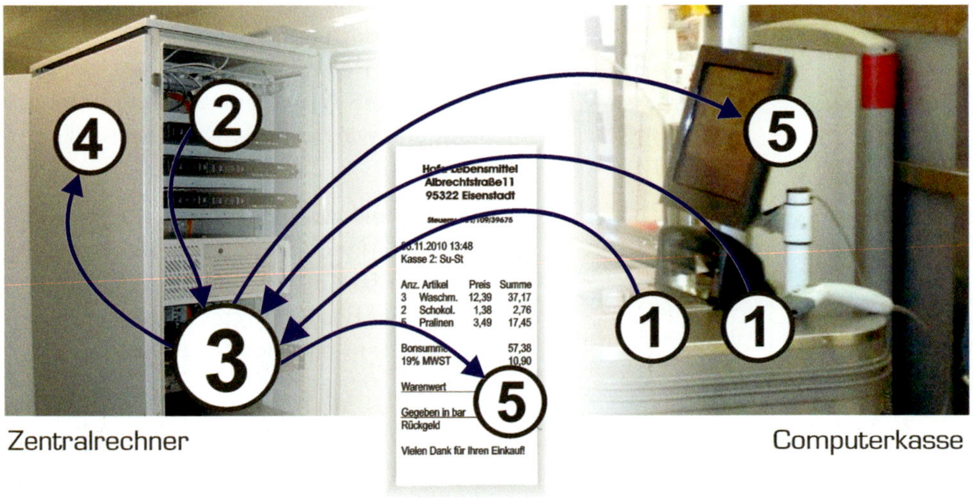


Zentralrechner Computerkasse

**A** Erstelle eine Tabelle aller Hardwareteile deines Computers (siehe Lektion 1) und notiere dazu die Nummern aus der Grafik nebenan.

## 03 Computerarbeitsweise

Durch diese Arbeitsweise der Computer müssen mindestens folgende Teilgeräte vorhanden sein:

- Eingabegeräte
- Verarbeitungs- und Speicherelemente
- Ausgabegeräte

Ein- und Ausgabegeräte sind uns jetzt schon bekannt. Wir benutzen Maus und Tastatur, lesen am Monitor ab oder drucken die Ergebnisse aus. Wir wissen auch schon, dass der Computer Programme und Daten für die Verarbeitung benötigt. Beim Programmstart lädt der Computer das Programm aus einem externen Speicher in den Arbeitsspeicher. Dort befinden sich auch die Daten, die nach der Eingabe zwischengespeichert werden.

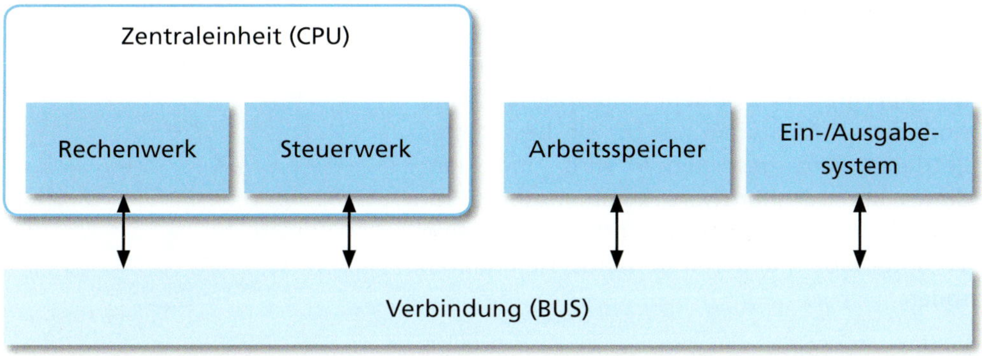


- Das **Rechenwerk** führt Rechenoperationen und Methoden aus.
- Das **Steuerwerk** steuert die Befehlsabfolge und den Datenfluss.
- Der **Arbeitsspeicher** (RAM) speichert sowohl Programme als auch Daten.
- Das **Eingabe-/Ausgabewerk** (Input-Output-Unit, I/O Unit) steuert die Ein- und Ausgaben vom und zum Anwender (Tastatur, Bildschirm) oder zu anderen Systemen (Festplatte, Lautsprecher).
- Das **Verbindungssystem** (BUS – Binary Unit System) verbindet die Komponenten des Rechners untereinander.

**Vergleich Mensch – Computer (Parallelen in der Arbeitsweise EVA):**

| | | | | |
|---|---|---|---|---|
| **Sinnesorgane**<br>sehen,<br>hören,<br>riechen |  | **E** | 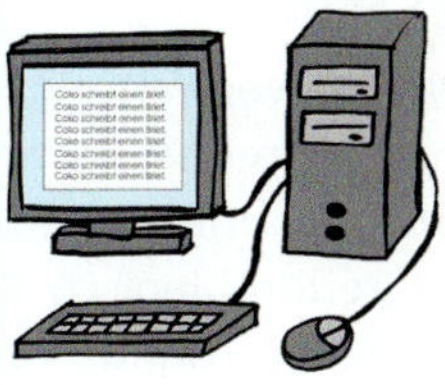 | **Eingabegeräte:**<br>Tastatur, Maus, Mikrofon, Scanner, Laufwerke (Disk.) |
| **Gehirn**<br>ordnet, rechnet, vergleicht, prüft, steuert, speichert | | **V** | | **Zentraleinheit:**<br>Arbeitsspeicher, Steuerwerk, Rechenwerk |
| **Ausgabe über**<br>Hände (schreiben)<br>Mund (sprechen) | | **A** | | **Ausgabegeräte:**<br>Monitor, Drucker, Plotter, Laufwerke, Lautsprecher |

**Merke!**

**Die zentrale Recheneinheit im Computer wird als CPU (Central Processing Unit) bezeichnet. Sie besteht aus dem Rechenwerk und dem Steuerwerk.**

CPU – Zentraleinheit

**A** Halte die WINDOWS-Taste gedrückt und betätige zusätzlich die Pause-Taste. Es öffnet sich ein Fenster, aus dem du den CPU-Namen und die Größe des Arbeitsspeichers entnehmen kannst. Notiere dir diese Angaben und schließe das Fenster wieder.

## 04 Das Betriebssystem

**Merke!**

**Das Betriebssystem (Operating System, kurz OS) besteht aus einer Vielzahl von Programmen, die den Betrieb der Anlage steuern und die Zusammenarbeit mit den einzelnen Geräten organisieren.**

Für die Zusammenarbeit aller Elemente einer Datenverarbeitungsanlage sind Programme nötig, die das Zusammenspiel der einzelnen Geräte steuern und überwachen. Außerdem benötigt der Benutzer spezielle Dienste zur Verwaltung der Programme und Daten. Die Systemsoftware für all diese Aufgaben wird als Betriebssystem bezeichnet, ohne die ein moderner PC nicht funktionieren würde.

Zu den Aufgaben des Betriebssystems gehören:

- Steuern des Ablaufs von Anwendungsprogrammen
- Kommunikation mit den Benutzern organisieren
- Verwalten des Hauptspeichers
- Regulierung der Ein- und Ausgabe von Daten

Anmeldung Privatcomputer

### Anwenderprogramme

Vom Betriebssystem hängt ab, welche Anwendungsprogramme auf dem Computer lauffähig sind, da ein Programm nur für ein bestimmtes Betriebssystem geschrieben wird und über dieses mit der Hardware kommuniziert. Programme müssen stark verändert werden, wenn sie unter einem anderen Betriebssystem laufen sollen.

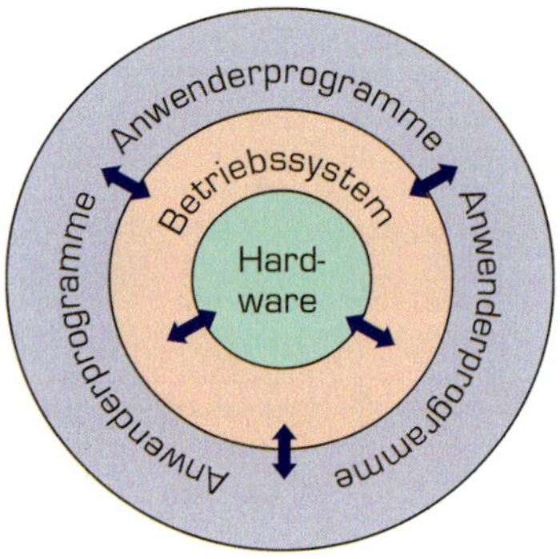


### Benutzeroberfläche bereitstellen

Bestandteil von Betriebssystemen sind Programme, die eine einfache, logische Benutzeroberfläche zur Verfügung stellen. Standard sind heute grafische Benutzeroberflächen, die die Orientierung und Handhabung durch Symbole, Fenster, Schaltflächen und Menüs erleichtern. Die Bedienung muss verständlich, einfach und effektiv sein. Da sich diese Benutzeroberfläche zwischen Mensch und Software befindet, wird sie auch als Benutzerschnittstelle bezeichnet.

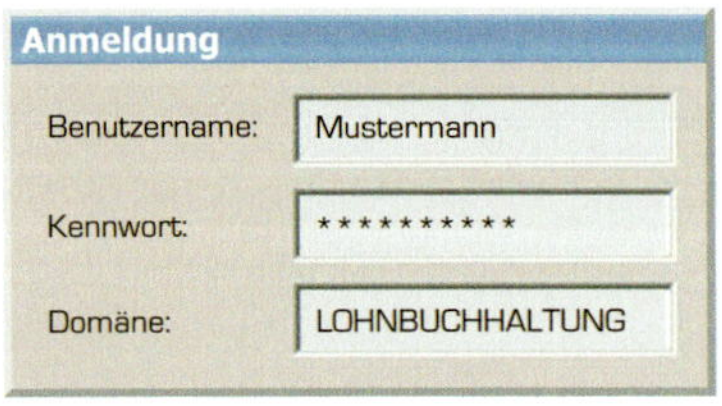


Anmeldung Firmennetzwerk

### Benutzerkonten

Bei Netzwerkcomputern aber auch bei Einzel-PCs kann eine Zugangskontrolle beim Start durch das Betriebssystem erfolgen. Den Computer starten kann dann nur eine Person, die sich durch Benutzername und Passwort ausweist. Auch der Zugang zu einem Netzwerk erfolgt über die Benutzerkonten, die folgende Eingaben erfordern:

- Benutzername
- Zugangskennwort
- Arbeitsgruppe oder Domäne

Man kann für die Benutzerverwaltung Richtlinien festlegen, durch die der Zugriff auf Daten und Programme geregelt wird. Beispielsweise können nur Mitglieder einer Gruppe oder Domäne „Lohnbuchhaltung" auf die entsprechenden Daten in der Lohnbuchhaltung zugreifen. Jedoch können alle Anwender die Firmenbriefköpfe und andere Vorlagen laden. Damit kann der unberechtigte Zugriff auf geschützte Daten verhindert werden.

## 05 Speicherverwaltung

Unveränderbare Programmteile, die für das Starten des Computers und das Laden des weiteren Betriebssystems verantwortlich sind, werden auf einem Nur-Lese-Speicher ROM (engl. Read-Only-Memory) festgeschrieben. Er behält seine Daten auch in stromlosem Zustand.

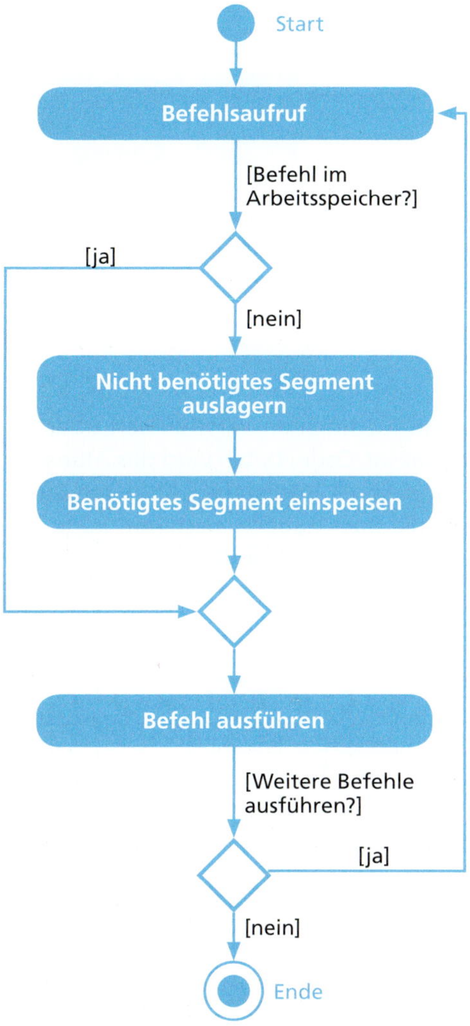


Der Arbeitsspeicher RAM (engl. Random-Access-Memory) ist für Daten und Programme vorgesehen, die einen wahlfreien Zugriff benötigen.

Ein Speichermodul ist eine kleine Leiterplatte, auf der mehrere Speicherbausteine (Dynamisches RAM in Form von integrierten Schaltkreisen) aufgelötet sind. Speichermodule bilden oder erweitern den Arbeitsspeicher elektronischer Geräte.

Das Betriebssystem ist zuständig für die Zuweisung und Überwachung des Arbeitsspeichers. Es bedient die laufenden Anwenderprogramme mit Daten, gibt Speicher frei oder reserviert ihn für andere wichtige Anwendungen.

Da sich im Speicher viele Daten und mehrere Programme gleichzeitig befinden können, ist es bei kleinen Arbeitsspeichern häufig nötig, Teile des Arbeitsspeichers auf eine Festplatte auszulagern und bei Bedarf wieder in den Arbeitsspeicher einzuspeisen (siehe Aktivitätsdiagramm).

RAM-Speicherkarte

### Ein- und Ausgabe von Daten regulieren

Die Peripheriegeräte gehören zusammen mit der CPU und dem Hauptspeicher zu den Hardwareteilen einer Rechenanlage und müssen vom Betriebssystem gesteuert werden. Entsprechend ihrer Funktion können sie in zwei Gruppen unterteilt werden:

1. Geräte zur Speicherung großer Datenmengen wie Festplatten-, CD-ROM-, DVD-, Blu-Ray-, Disketten-, Kassetten- und Magnetbandeinheiten
2. Ein-/Ausgabe-Geräte wie Drucker, Tastatur, Bildschirmgeräte, Maus, Plotter

Diese Geräte bilden die Schnittstelle eines Rechners zum Benutzer.

Die Datenübertragung von bzw. auf Datenträger wird hardwaremäßig wie die eigentliche Ein-/Ausgabe abgewickelt.

Für die Inbetriebnahme und Steuerung dieser Geräte gibt es Standard-Treiber des Betriebssystems, beziehungsweise Treibersoftware der Gerätehersteller.

**A** Welche Aufgaben hat das Betriebssystem?

## 06 Codierung

Bei jeder Informationsübermittlung und Kommunikation müssen Sender und Empfänger den gleichen Code benutzen. In Lektion 1 haben wir gesehen, dass Sprache zur Übermittlung in elektrische Signale umgewandelt werden kann. Sender und Empfänger müssen dabei jedoch die „gleiche Sprache" benutzen. Bei jeder Informationsübermittlung und Kommunikation müssen Sender und Empfänger den gleichen Code beherrschen.

**Merke!**

**Der Code ist eine Zuordnungsvorschrift von einem Zeichenvorrat in einen anderen.**

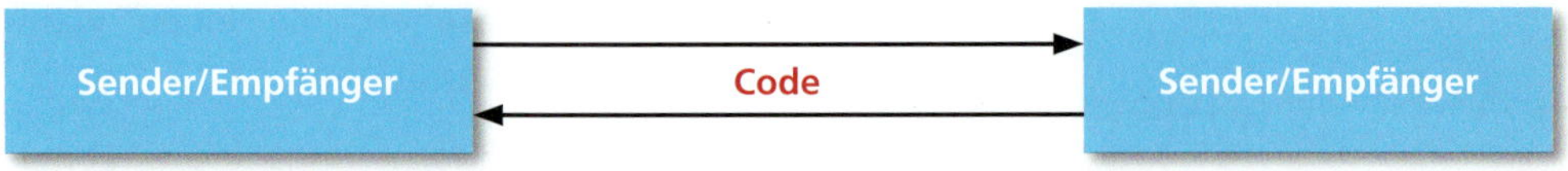


Die Unterhaltung zweier Menschen funktioniert nur, wenn der Zuhörer die Sprache des Sprechenden versteht oder beide die gleiche Sprache verwenden. Das Verständnis beruht letztlich darauf, dass bestimmten Lauten oder Buchstabenfolgen bestimmte Inhalte zugeordnet sind.

### Verschlüsselung

Zum Schutz vertraulicher Informationen werden Nachrichten verschlüsselt übertragen. Eine sehr einfache Verschlüsselung ist der Caesar-Code. Dabei wird das Alphabet um zum Beispiel drei Buchstaben verschoben, sodass der Buchstabe „A" in den Buchstaben „D" umgewandelt wird. Wie weit man die Buchstaben verschiebt, kann der Verschlüsseler entscheiden. Wichtig ist nur, dass der Entschlüsseler diese Zahl weiß, sonst kann er die Nachricht nicht entschlüsseln.

| Codierung: | | | | | | | | | | | | | | | | | | | | |
|---|---|---|---|---|---|---|---|---|---|---|---|---|---|---|---|---|---|---|---|---|
| A | B | C | | C | A | E | S | A | R | S | | G | E | H | E | I | M | N | I | S |
| ↓ | ↓ | ↓ | | ↓ | ↓ | ↓ | ↓ | ↓ | ↓ | ↓ | | ↓ | ↓ | ↓ | ↓ | ↓ | ↓ | ↓ | ↓ | ↓ |
| D | E | F | | F | D | H | V | D | U | V | | J | H | K | H | L | P | Q | L | V |

| Decodierung: | | | | | | | | | | | | | | | | | | | | |
|---|---|---|---|---|---|---|---|---|---|---|---|---|---|---|---|---|---|---|---|---|
| Z | L | U | | W | U | H | I | I | H | Q | | X | Q | V | | K | H | X | W | H |
| ↓ | ↓ | ↓ | | ↓ | ↓ | ↓ | ↓ | ↓ | ↓ | ↓ | | ↓ | ↓ | ↓ | | ↓ | ↓ | ↓ | ↓ | ↓ |
| W | I | R | | T | R | E | F | F | E | N | | U | N | S | | H | E | U | T | E |

### Sicherheit im Internet

Das Internet erfordert mit der Vielzahl der Dienste umfangreiche Schutzmaßnahmen. Dazu gehören viele Sicherheitsmechanismen, auch der Einsatz von **Verschlüsselungstechniken** bei sicherheitsrelevanten Internetverbindungen, z. B. bei E-Mails, die persönliche oder streng vertrauliche Daten enthalten.

Bei der Public-Key-Kryptographie werden jeweils getrennte Schlüsselcodes zum Ver- und Entschlüsseln verwendet. Der Code zum Verschlüsseln ist öffentlich und kann über beliebige, auch unsichere Kanäle übermittelt werden. Zum Entschlüsseln einer Nachricht muss der Leser den privaten Schlüsselcode besitzen. Der Besitzer des privaten Schlüsselcodes sorgt für dessen Sicherheit.

**A** **Was bedeutet Kryptographie? Suche dazu eine passende Definition im Internet. Übersetze mithilfe dieser Definition den Begriff:**

**Public-Key-Kryptographie.**

## 07 Codierung nach festen Regeln

Für das Verstehen der Arbeitsweise einer Computerkasse haben wir den Vergleich der menschlichen und maschinellen Datenverarbeitung aufgezeigt. Bei allen anderen Aufgaben müssen wir ähnlich vorgehen.

- Formulierung des Problems
- Gliederung in einzelne Lösungsschritte
- Ablaufplan erstellen
- Umsetzung in ein Computerprogramm (Codierung)
- Computerlösung überprüfen

Die einzelnen vom Menschen erdachten Lösungsschritte müssen in einer für den Rechner verständlichen Form vorliegen. Dazu muss ein Programm für die einzelnen Schritte vorhanden sein, das sowohl Menschen wie auch Computer verstehen. In Lektion 1 haben wir mit einem kleinen Programm einen Lastwagen fahren, abkippen und weiter fahren lassen. Die einzelnen Anweisungen mussten wir in einer bestimmten Sprache und Form in den Computer eingeben, z. B. `lkw.verschieben(-1,0)`.

Für die Programmierung eines Computers gibt es verschiedene, vom Problem abhängige Programmiersprachen. Jeder Teilschritt wird in einen Programmbefehl umgewandelt, den Menschen wie Computer gleichermaßen verstehen müssen.

### Maschinencode

Die für Menschen verständlichen Programme in den verschiedensten Programmiersprachen müssen dann noch in eine Maschinensprache übersetzt werden, mit der der Computer die Anweisungen ausführen kann.

**Merke!**

**Die Informationsdarstellung mit als Bitfolgen formulierten Befehlen und Daten wird als Maschinencode bezeichnet.**

Wie wir schon wissen, arbeiten Computer nur mit den Zuständen

**Strom oder kein Strom, 1 oder 0.**

Die Befehle werden von der Maschinensprache über diese beiden Zustände mit den Ziffern 1 oder 0 im Binärsystem an die CPU gegeben. Auch die Daten müssen als Bitfolgen bestimmter Länge und Gliederung vorliegen.

Verschiedene Bitfolgen werden vom Prozessor als Befehle (Befehlsworte) oder Daten erkannt. Ein Befehl kann folgende Formen haben:

| | |
|---|---|
| Anwendersprache: | Addiere die Zahlen 2 und 4 |
| Übersetzung in | |
| Systemnahe Sprache: | **ADD R5, R6** |
| Übersetzung in | |
| Maschinensprache: | **0001101 0010 0100** |

Der genaue Aufbau der Befehle und die genaue Codierung von Daten in Maschinensprache sind für die Anwender unwesentlich, da das Ergebnis aus der Maschinensprache wieder in einer für den Anwender lesbaren Sprache ausgegeben wird.

**A** Erstelle dir eine Verschlüsselungstabelle für alle Buchstaben des Alphabets nach dem Caesar-Code von Seite 134.

## 08 Zahlensysteme

Das Zahlensystem mit den Ziffern 0 bis 9 und das Alphabet mit den Buchstaben A bis Z können vom Computer nicht verarbeitet werden. Da unser Informationssystem mit den Ziffern und Buchstaben arbeitet, müssen diese in ein Binärsystem übersetzt werden.

### Dualsystem

Der Gelehrte Gottfried Wilhelm Leibniz erkannte schon um ca. 1700, dass man mit nur zwei Elementen alle anderen Zahlen darstellen und damit rechnen kann.

| | | | | | | | | | | | | | |
|---|---|---|---|---|---|---|---|---|---|---|---|---|---|
| Zehn-Zeichen-System (Dezimalsystem) | 0 | 1 | 2 | 3 | 4 | 5 | 6 | 7 | 8 | 9 | ... | 254 | 255 | ... |
| Zwei-Zeichen-System (Dualsystem) | 0 | 1 | 10 | 11 | 100 | 101 | 110 | 111 | 1000 | 1001 | ... | 11111110 | 11111111 | ... |

Das Dualsystem ist ähnlich aufgebaut wie unser Dezimalsystem und deshalb auch ein Stellenwertsystem, jedoch mit der Grundzahl 2.

| | T | H | Z | E |
|---|---|---|---|---|
| Stellenwert | $10^3=1000$ | $10^2=100$ | $10^1=10$ | $10^0=1$ |
| Ziffern | 3 | 4 | 7 | 2 |
| | $3 \cdot 1000$ | $4 \cdot 100$ | $7 \cdot 10$ | $1 \cdot 2$ |
| Ziffernwert | 3000 | 400 | 70 | 2 |
| Summe | 3472 | | | |

| | Dualsystem | | | | |
|---|---|---|---|---|---|
| Stellenwert | $2^4=16$ | $2^3=8$ | $2^2=4$ | $2^1=2$ | $2^0=1$ |
| Ziffern | 1 | 0 | 1 | 1 | 0 |
| | $1 \cdot 16$ | $0 \cdot 8$ | $1 \cdot 4$ | $1 \cdot 2$ | $0 \cdot 1$ |
| Ziffernwert | 16 | 0 | 4 | 2 | 0 |
| Summe | 22 | | | | |

Die Stellenwerte der beiden Systeme unterscheiden sich in ihrer Grundzahl:

- Dezimalsystem: ... $10^4$, $10^3$, $10^2$, $10^1$, $10^0$ ... 10 000, 1 000, 100, 10, 1
- Dualsystem: ... $2^6$, $2^5$, $2^4$, $2^3$, $2^2$, $2^1$, $2^0$ ... 64, 32, 16, 8, 4, 2, 1

### Umrechnungen

Wie bei allen Stellenwertsystemen berechnet man den Wert der Zahl, indem man jede Ziffer mit dem entsprechenden Stellenwert multipliziert und die entstehenden Produkte aufaddiert:

| | Stellenwertsystem | | | | | | | | |
|---|---|---|---|---|---|---|---|---|---|
| | 128 | 64 | 32 | 16 | 8 | 4 | 2 | 1 | |
| | * | * | * | * | * | * | * | * | |
| Dualzahl | 1 | 0 | 1 | 0 | 0 | 1 | 1 | 1 | |
| | = | = | = | = | = | = | = | = | Dezimalzahl: |
| Summe: | 128 | 0 | 32 | 0 | 0 | 4 | 2 | 1 | 167 |

Bei der Umwandlung einer Dezimalzahl in eine Dualzahl dividiert man die Dezimalzahl durch den nächstkleineren Stellenwert und ermittelt den Restbetrag dieser Division. Dieser Rest wird durch den nächstkleineren Stellenwert dividiert. Die Ergebnisse geben die Ziffern der Dualzahl wieder.

| | Stellenwertsystem | | | | | | | |
|---|---|---|---|---|---|---|---|---|
| | 128 | 64 | 32 | 16 | 8 | 4 | 2 | 1 |
| Dezimalzahl: 167 | 167:128= | 39:64= | 39:32= | 7:16= | 7:8= | 7:4= | 3:2= | 1:1= |
| Dualzahl | 1 | 0 | 1 | 0 | 0 | 1 | 1 | 1 |
| Rest: | 39 | 39 | 7 | 7 | 7 | 3 | 1 | 0 |

**A** Rechne folgende Dualzahlen in Dezimalzahlen um:

01100100, 00110010

**B** Rechne folgende Dezimalzahlen in Dualzahlen um:

200, 300

## 09 Binärsystem

Wie wir aus Lektion 1 schon wissen, werden die Informationen im Computer durch die elektrischen Signale Strom (1) und kein Strom (0) verarbeitet. Da es nur zwei (engl. binary, zweistellig) verschiedene Signale (engl. digit, Finger, Zahl, Ziffer) gibt, wurde dafür der Begriff Bit (Abkürzen für **bi**nary digi**t**) neu eingeführt.

Bei der Verarbeitung durch den Computer müssen alle Informationen in Dualzahlen umgewandelt und als Bits verarbeitet werden. Diese Informationen und Programmbefehle könnten dann als riesige, unübersichtliche Dualziffernfolge so aussehen:

11011010110001011001110110111110110101000111110100010100010100100 …

Zur übersichtlicheren Darstellung werden die Ziffern in Vierergruppen geschrieben, da es mit vier Dualziffern 16 verschiedene Kombinationsmöglichkeiten gibt und damit wenigstens die Dezimalziffern von 0 bis 9 dargestellt werden können:

1101 1010 1100 0101 1001 1101 1011 1110 1101 0100 0111 1101 0001 0100 …

Mit zwei Vierersequenzen gibt es $256 = 16 \cdot 16$ verschiedene Kombinationen. Die Kombination aus acht Bits bildet eine Speicher- oder Verarbeitungseinheit und damit die Grundeinheit für die Datenverarbeitung. Mit einem Byte kann man alle Ziffern, Groß- und Kleinbuchstaben sowie viele Sonderzeichen und sogar eine beträchtliche Anzahl von Befehlen darstellen.

**Merke!**

**Ein Bit ist die kleinste digitale Informationseinheit. Damit können Rechenoperationen durchgeführt sowie Informationen dargestellt und übertragen werden.**

**Ein Byte ist die Grundeinheit der elektronischen Datenverarbeitung.**

### ASCII – American Standard Code for Information Interchange

Dieser Standardcode für den Informationsaustausch besteht aus acht Bits, also einem Byte. Wenn man einen Buchstaben oder eine Ziffer auf der Tastatur eingibt, wird dieses Zeichen in ein ASCII-Zeichen umgewandelt und als ein Byte in den Computer übertragen.

| Zeichen | Code als Dualzahl | Zeichennr. Dezimalzahl |
|---|---|---|
| , | 0010 1100 | 44 |
| – | 0010 1101 | 45 |
| . | 0010 1110 | 46 |
| / | 0010 1111 | 47 |
| 0 | 0011 0000 | 48 |
| 1 | 0011 0001 | 49 |
| 2 | 0011 0010 | 50 |
| 3 | 0011 0011 | 51 |
| 4 | 0011 0100 | 52 |
| 5 | 0011 0101 | 53 |
| 6 | 0011 0110 | 54 |
| 7 | 0011 0111 | 55 |
| 8 | 0011 1000 | 56 |
| 9 | 0011 1001 | 57 |
| : | 0011 1010 | 58 |

| Zeichen | Code als Dualzahl | Zeichennr. Dezimalzahl |
|---|---|---|
| A | 0100 0001 | 65 |
| B | 0100 0010 | 66 |
| C | 0100 0011 | 67 |
| … | … | … |
| Y | 0101 1001 | 89 |
| Z | 0101 1010 | 90 |
| … | … | … |
| a | 0110 0001 | 97 |
| b | 0110 0010 | 98 |
| c | 0110 0011 | 99 |
| d | 0110 0100 | 100 |
| … | … | … |
| z | 0111 1010 | 122 |
| { | 0111 1011 | 123 |
| \| | 0111 1100 | 124 |

**A** Notiere dir die Zahlen von 0 bis 15 und daneben die Codierung als Dualzahl.

**B** Erstelle eine ASCII-Tabelle für alle Großbuchstaben des Alphabets.

## 10 Bytecodierung

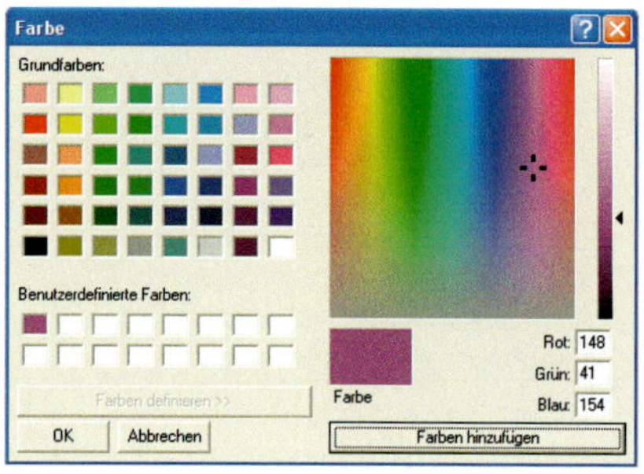


Der Farbeindruck bei Monitoren entsteht durch das RGB-Mischverfahren. Dabei kann jeder der drei Farbkanäle Werte von 0 bis 255 annehmen (siehe Lektion 4).

| | R (Rotanteil) | G (Grünanteil) | B (Blauanteil) |
|---|---|---|---|
| | 148 | 41 | 154 |
| | 1001 0100 | 0010 1001 | 1001 1010 |

Bei der Codierung wird deshalb jeder Farbkanal für einen Bildpunkt durch ein Byte (8 Bits) repräsentiert.

| Nr. | Halbbyte |
|---|---|
| 0 | 0000 |
| 1 | 0001 |
| 2 | 0010 |
| 3 | 0011 |
| 4 | 0100 |
| 5 | 0101 |
| 6 | 0110 |
| 7 | 0111 |
| 8 | 1000 |
| 9 | 1001 |
| A | 1010 |
| B | 1011 |
| C | 1100 |
| D | 1101 |
| E | 1110 |
| F | 1111 |

In vielen Programmen kann die Text- oder Hintergrundfarbe direkt über die RGB-Werte eingegeben werden. Da die Zahlenkombinationen im Binärsystem sehr unübersichtlich sind, hat man für jede Kombination mit vier Bits (Halbbyte) eine neue Nummerierung eingeführt.

Die Ziffern des Dezimalsystems reichen für die einstelligen Nummern nicht aus. Deshalb wurden die Buchstaben A bis F zum Dezimalsystem hinzugegeben. Dieses System mit 16 Ziffern heißt Hexadezimalsystem (griech. hex für sechs).

Die achtstelligen Binärzahlen können damit mit nur zwei Ziffern des Hexadezimalsystems dargestellt werden, z. B. **$94_{16}$**, **$29_{16}$** oder **$9A_{16}$**. Um Verwechslungen vorzubeugen, kann man die Hexadezimalzahl mit dem Index 16 schreiben.

| | R (Rotanteil) | G (Grünanteil) | B (Blauanteil) | |
|---|---|---|---|---|
| | 153 | 238 | 89 | Dezimalzahl |
| | 1001 1001 | 1110 1110 | 0101 1001 | Binärzahl |
| | $99_{16}$ | $EE_{16}$ | $59_{16}$ | Hexadezimalzahl |

Farbbeispiele im Hexadezimalcode:

| | R | G | B | |
|---|---|---|---|---|
| | 00 | 00 | 00 | Black |
| | FF | FF | FF | White |
| | FF | 00 | 00 | Red |
| | 00 | FF | 00 | Lime |
| | FF | FF | 00 | Yellow |
| | 00 | 00 | FF | Blue |
| | 80 | 00 | 00 | Maroon |
| | 80 | 80 | 00 | Olive |
| | 00 | 80 | 80 | Teal |
| | FF | 00 | FF | Fuchsia |
| | 80 | 00 | 80 | Purple |
| | C0 | C0 | C0 | Silver |
| | F4 | D7 | B5 | |

Für die Grundfarben und einige abgeleitete Farben gibt es z. B. bei der Programmierung von Internetseiten Farbnamen. Die Attributzuweisungen für die Hintergrundfarbe (Backgroundcolor) Hellocker und blaue Schrift lauten in HTML-Seiten:

```
<BODY BGCOLOR="#F4D7B5">
<FONT COLOR="Blue">
```

**A** Magenta ist eine Mischung aus Blue und Red. Welchen Hexadezimalcode hat Magenta? Welchen Namen hat diese Farbe in der Tabelle rechts?

**B** Cyan ist eine Mischung aus Blue und Lime. Welchen Hexadezimalcode hat Cyan?

## HTML-Code

HTML-Dokumente sind die Grundlage des Internets. Für die Informationsübermittlung werden Internetseiten, aber auch E-Mails im HTML-Code übermittelt.

Eine Zeile des Quelltextes einer in HTML-codierten Seite könnte so aussehen:

```
<P ALIGN="center"><FONT COLOR="#99EE59" SIZE="5">&#220;berschrift</FONT></P>
```

Überschrift

Dieses Beispiel soll zeigen, dass im HTML-Code sowohl Hexadezimalzahlen für Farben wie auch der ASCII-Code für Buchstaben vorkommen können. Der Befehl „FONT COLOR" bestimmt die Buchstabenfarbe, in unserem Fall die hellgrüne Farbe mit der Nummer (#) 99 EE 59 (siehe Seite 138). Der Text „`Überschrift`" wird in Deutschland umgesetzt in das Wort „Überschrift", da der Großbuchstabe „Ü" in der deutschen Version des ASCII-Codes die Dezimalnummer 220 hat. So kann über den Umweg „&#" jedes Sonderzeichen mit einer Nummer umgesetzt werden.

In Amerika wird der ASCII-Code bei den Sonderzeichen anders umgesetzt, da man in der englischen Sprache keine Umlaute kennt und diese deshalb im ASCII-Code nicht enthalten sind. In Amerika würde deshalb die HTML-Zeile mit dem Wort „Überschrift" so aussehen:

]berschrift

## Andere Länder – andere Zeichen

In anderen, auch europäischen Ländern wird der ASCII-Code in anderen Varianten benutzt, die Grundbuchstaben sind jedoch bei allen gleich. Die nationalen Einstellungen werden schon bei der Installation des Betriebssystems gesetzt.

| Zeichen für verschiedene Nationen | | | | Code im Binärsystem | Zeichennummer | |
|---|---|---|---|---|---|---|
| D | USA/UK | NL | F | | Dezimal | Hexadezimal |
| Ä | [ | ÿ | ° | 0101 1011 | 91 | 5B |
| Ö | \ | ½ | ç | 0101 1100 | 92 | 5C |
| Ü | ] | \| | § | 0101 1101 | 93 | 5D |
| ä | { | " | é | 0111 1011 | 123 | 7B |
| ö | \| | f | ù | 0111 1100 | 124 | 7C |
| ü | } | ¼ | è | 0111 1101 | 125 | 7D |
| ß | ~ | ' | " | 0111 1110 | 126 | 7E |

Alle Zeichen können auch über die Alt-Taste (Abk.: alternate für alternativ) und den Nummernblock eingegeben werden. Halte dazu die Alt-Taste gedrückt und gib auf dem Nummernblock die Zahl 64 ein. Wie du sofort feststellen kannst, hast du jetzt dieses Zeichen geschrieben: @

Achte besonders darauf, wenn du eine E-Mail in ein anderes Land verschickst. Es könnte sein, dass Sonderzeichen dort evtl. nicht gelesen werden können. Umschreibe diese Zeichen mit den Zeichenkombinationen ae, oe oder ue für die Umlaute sowie sz für ß.

**A** Erzeuge die Zeichen Alt-155 und Alt-184 sowie Alt-254 und beschreibe die Zeichen.

## 11 Steuerung

In vielen technischen Geräten sorgen Kleincomputer für die Steuerung des Geräts und für Kontrollausgaben. In Autos sind dafür die Bordcomputer zuständig. Viele, für den Fahrer wichtige Informationen werden am Armaturenbrett dargestellt.

| Analoganzeigen: | | Digitalanzeigen: | |
|---|---|---|---|
| Uhrzeit | = 16:35 Uhr | Außentemperatur | = 19,5 °C |
| Motordrehzahl | = 1,7 x 1000 | Durchschnittsverbrauch | = 5,1 l/100km |
| Wassertemperatur | = 60 °C | Kilometerstand | = 55443 km |
| Tankfüllung | > 0,5 | Tageskilometer | = 470,2 km |
| Geschwindigkeit | = 68 km/h | | |

Aus Lektion 1 kennst du bereits den Unterschied zwischen digital und analog. Die meisten dieser Angaben können sowohl analog als auch digital dargestellt werden, z. B. die Temperaturangaben.

Aber auch andere Aufgaben übernehmen die Bordcomputer. Bei modernen Fahrzeugen warnen sie z. B. den Fahrer akustisch und durch eine Warnlampe am Armaturenbrett, wenn bei laufendem Motor der Sicherheitsgurt des Fahrers nicht angelegt ist.

Einige dieser Aufgaben könnten auch ohne Computer mit elektrischen Schaltungen verwirklicht werden, z. B. die Schaltung der Kofferraumbeleuchtung.

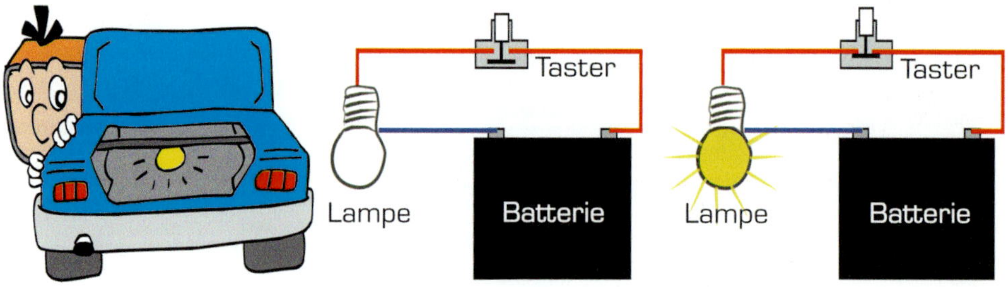


Beim Öffnen des Kofferraums wird über einen Taster der Stromkreis automatisch geschlossen und die Kofferraumbeleuchtung eingeschaltet, bei geschlossenem Kofferraum muss über den Taster die Beleuchtung wieder abgeschaltet sein.

- Taster gedrückt (ja) Lampe brennt (nein)
- Taster gedrückt (nein) Lampe brennt (ja)

Die Funktionsweise dieser zwei elektrischen Zustände wird in Schaltplänen mit genormten Schaltsymbolen oder in Wertetafeln dargestellt:

| Taster gedrückt | | Lampe an | |
|---|---|---|---|
| Nein | 0 | Ja | 1 |
| Ja | 1 | Nein | 0 |

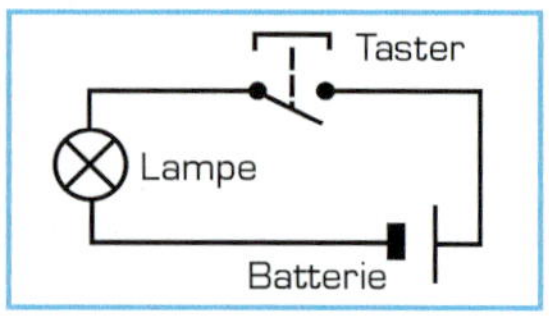


**A** **Suche ein Beispiel aus der Technik, bei dem bei geöffneter Tür Licht brennt oder ein anderes Gerät eingeschaltet wird und beschreibe dieses Beispiel.**

## 12 Logische Funktionen

### Aussagenlogik

Aussagen sind beschreibende Sätze, die entweder wahr (w) oder falsch (f) sein können, z. B. „Heute ist Freitag, der 13. Juni." Diese Aussage kann an jedem Tag des Jahres mit ja (w) oder nein (f) beantwortet werden. „Freitag der 13. ist ein Unglückstag." ist nicht eindeutig mit (w) oder (f) zu beantworten. Deshalb ist dieser Satz keine Aussage im Sinne der Aussagenlogik.

Aussagen können miteinander verknüpft und dann die Wahrheitswerte überprüft werden. „Ich habe Durst" (S1) und „Jetzt ist Pause" (S2) sind Aussagen, die (w) oder (f) sein können. Das Resultat (R) „Ich trinke jetzt" kann demnach auch wahr oder falsch sein.

Da Schüler nur trinken, wenn sie Durst haben und die Lehrer das Trinken während des Unterrichts nicht erlauben, ergibt sich diese Wertetabelle.

| S1 | S2 | R |
|---|---|---|
| w | w | w |
| w | f | f |
| f | w | f |
| f | f | f |

### Umsetzung im Computer

Aufgrund der binären Codierung können Wahrheitswerte dargestellt werden:

| | | | |
|---|---|---|---|
| 1 | wahr (w) | Spannung liegt an | Strom fließt |
| 0 | falsch (f) | keine Spannung | kein Stromfluss |

Die Aufgabe der Kofferraumbeleuchtung kann auch mithilfe des Bordcomputers erledigt werden. Dafür benötigt man eine Schaltung im Computer, die bei der Eingangsinformation (E) den Ausgangswert (A) liefert:

| E | A |
|---|---|
| 0 | 1 |
| 1 | 0 |

### Die NICHT-Schaltung (NOT-Schaltung, Negation)

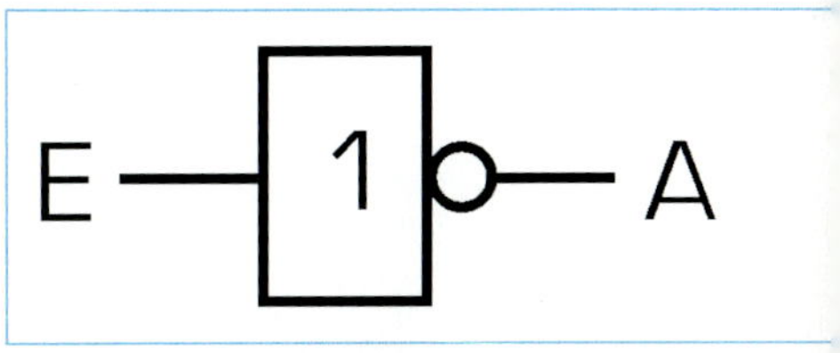


Schaltsymbol für die NICHT-Schaltung

Diese Schaltung hat eine Eingangsleitung (E) und eine Ausgangsleitung (A):

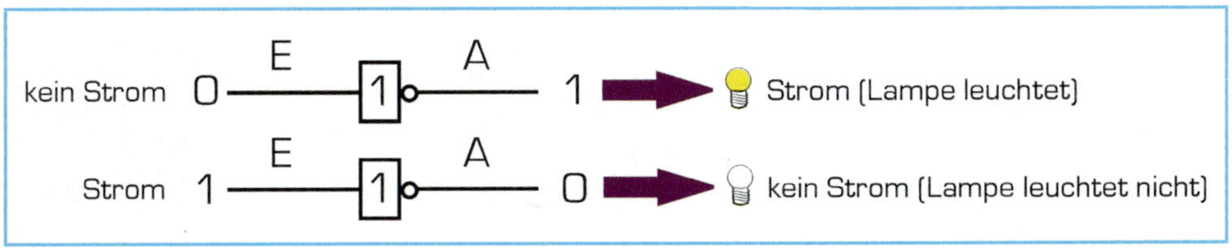


**Merke!**
**Eine Negation (Verneinung) einer Aussage führt zu einer neuen Aussage mit entgegengesetzten Wahrheitswerten.**

Die technische Realisierung ist mithilfe von elektrisch betriebenen Schaltern über einen Steuerstromkreis oder über den Computer möglich, der gleichzeitig noch Kontrollinformationen (Meldung: Kofferraum offen) auf dem Display ausgeben kann:

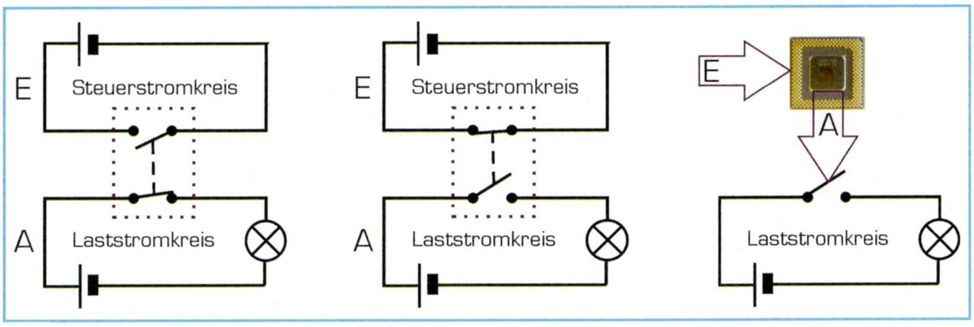


**A** **Suche Beispiele aus deiner Umgebung mit zwei Aussagen und erstelle dafür eine Wertetabelle für die Wahrheitswerte (siehe oben).**

## 13 Binäre Grundschaltungen

In einem zweitürigen Personenkraftwagen muss die Innenraumbeleuchtung automatisch eingeschaltet werden, wenn die Fahrertür oder die Beifahrertür oder beide Türen geöffnet werden.

- Eingangssignal Fahrertür offen (E1 → 1) binäres Schaltsignal (A → 1)
- Eingangssignal Beifahrertür offen (E2 → 1) binäres Schaltsignal (A → 1)
- Eingangssignale Türen offen (E1 → 1, E2 → 1) binäres Schaltsignal (A → 1)
- Eingangssignale Türen geschl. (E1 → 0, E2 → 0) binäres Schaltsignal (A → 0)

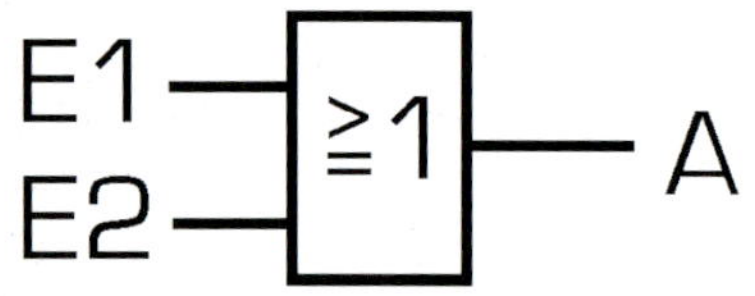

Schaltsymbol für die ODER-Schaltung

### Die ODER-Schaltung (OR-Schaltung)

Die ODER-Schaltung verknüpft die Informationen an den Eingängen E1 und E2 mit der aus der Mathematik bekannten ODER-Funktion „E1 v E2" (lies: E1 oder E2).

Der Ausgang A zeigt „1", wenn am Eingang E1 **oder** am Eingang E2 **oder** an beiden Eingängen eine „1" anliegt.

Mit dieser Schaltung kann die Innenraumbeleuchtung eines PKW gesteuert werden.

| E1 | E2 | A<br>E1 v E2 |
|---|---|---|
| 0 | 0 | 0 |
| 1 | 0 | 1 |
| 0 | 1 | 1 |
| 1 | 1 | 1 |

**Merke!**
**Eine ODER-Aussage ist genau dann wahr, wenn eine der Teilaussagen wahr ist.**

Die elektrische Schaltung für die ODER-Funktion kann mit zwei Schaltern (Parallelschaltung) oder mit der Computersteuerung realisiert werden:

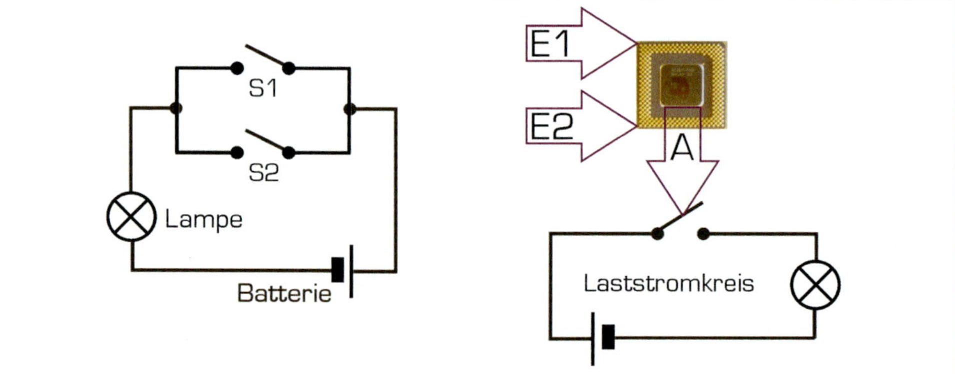

Für einen viertürigen Wagen kann die Schaltung erweitert werden, es gibt dann vier Eingänge und einen Ausgang. Ist eine der vier Türen offen oder mehrere, dann muss der Innenraum beleuchtet sein.

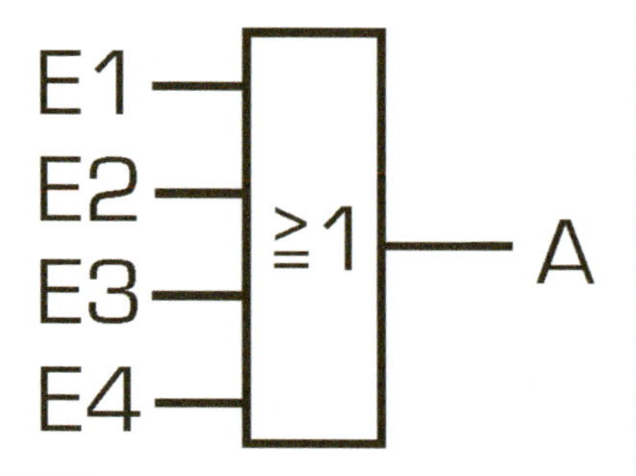


| E1 | E2 | E3 | E4 | A<br>E1 v E2 v E3 v E4 |
|---|---|---|---|---|
| 0 | 0 | 0 | 0 | 0 |
| 1 | 0 | 0 | 0 | 1 |
| 0 | 1 | 0 | 0 | 1 |
| 0 | 0 | 1 | 0 | 1 |
| 0 | 0 | 0 | 1 | 1 |
| 1 | 1 | 0 | 0 | 1 |
| 1 | 0 | 1 | 0 | 1 |
| … | … | … | … | … |

**A** Kombiniere folgende Aussagen:

- „Autoinsasse ist nicht angeschnallt"
- „Auto fährt zu schnell"
- „Verwarnung mit Bußgeld"

mit der ODER-Verknüpfung in einem neuen Satz und erstelle dazu eine Wertetabelle.

## Die UND-Schaltung (AND-Schaltung)

Die UND-Schaltung verknüpft die Informationen an den Eingängen E1 und E2 mit der aus der Mathematik bekannten UND-Funktion „E1 ^ E2" (lies: E1 und zugleich E2).

Der Ausgang A zeigt „1", wenn am Eingang E1 **und zugleich** am Eingang E2 eine „1" anliegt.

| E1 | E2 | A E1 ^ E2 |
|---|---|---|
| 0 | 0 | 0 |
| 1 | 0 | 0 |
| 0 | 1 | 0 |
| 1 | 1 | 1 |

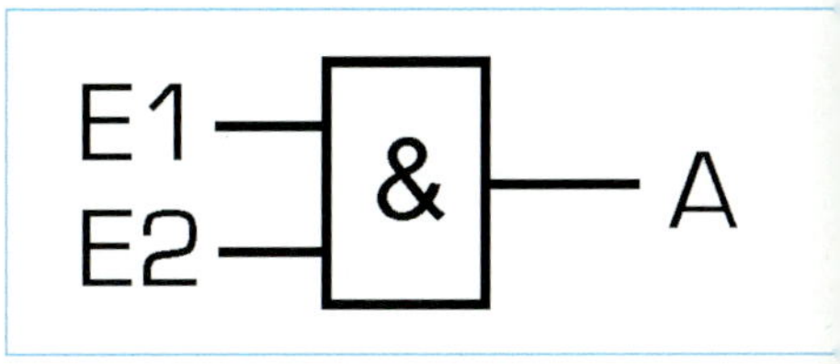

Schaltsymbol für die UND-Schaltung

Mit dieser Schaltung kann z. B. das Fahren eines PKWs verhindert werden, wenn ein Fahrer ohne Anlegen des Sicherheitsgurtes fahren möchte. Am Eingang E1 wird überprüft, ob der Sicherheitsgurt angelegt ist (ja entspricht 1, nein entspricht 0). Am Eingang E2 liegt nur dann die „1" an, wenn der Zündschlüssel gedreht wird. Der Ausgang steuert den Anlasser des Motors, bei A = 1 wird der Motor gestartet, sonst nicht.

Die elektrische Schaltung für die UND-Funktion kann wieder mit zwei Schaltern (hintereinander im Stromkreis) oder mithilfe der Computersteuerung gebaut werden:

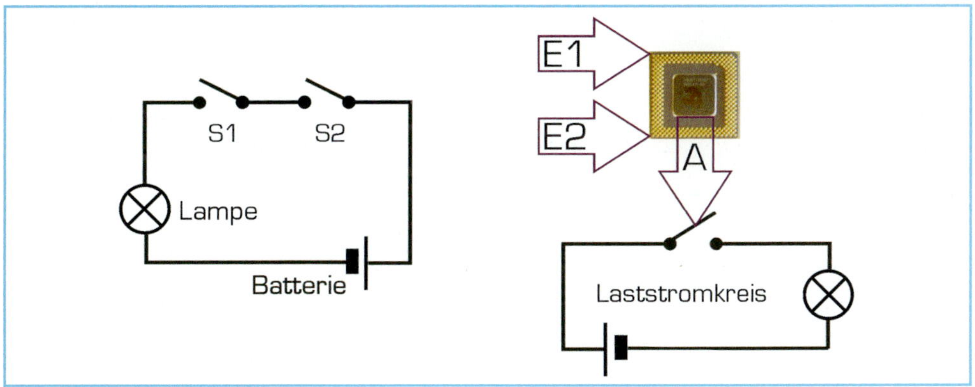


**Merke!**

**Eine UND-Aussage ist nur dann wahr, wenn alle Teilaussagen wahr sind.**

## Integrierte Schaltkreise

Mit den drei Grundschaltungen NOT, OR und AND lassen sich viele weitere Schaltungen im Rechner durch die Kombination dieser Schaltungen herstellen, wie

- Verteilerschaltungen (gezielte Weiterleitung von Informationen)
- Codier- und Decodierschaltungen (Ver- und Entschlüsseln von Informationen)
- Addierer-Schaltungen (Verarbeitung von Informationen)
- Flipflop-Schaltungen (Speicherung der Informationen)

Viele Millionen dieser Schaltungen sind auf einem integrierten Schaltkreis mit vielen Anschlüssen zusammengefasst. Die Schalter in den integrierten Schaltkreisen sind Transistoren, die Milliarden von Schaltvorgängen in einer Sekunde ermöglichen und kontaktlos (ohne Bauteilbewegung) schalten. Ihre Bauweise kann sehr klein gehalten werden, sodass viele Millionen Transistoren auf einem Halbleiterelement (Chip) untergebracht werden können.

Die CPU enthält ca. 400 Millionen Transistoren pro Quadratzentimeter. Speicherchips haben auf der gleichen Fläche bereits die Zahl von zwei Milliarden Transistoren erreicht. Dabei werden die Daten in Form von binären elektronischen Schaltzuständen gespeichert.

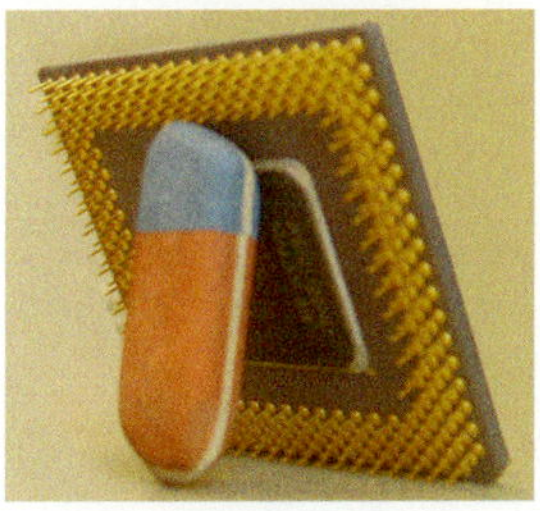
Größenvergleich: CPU – Radiergummi

**A** Kombiniere folgende Aussagen:

- „Autoinsasse ist angeschnallt"
- „Auto fährt mit Richtgeschwindigkeit"
- „keine polizeiliche Verwarnung"

mit der UND-Verknüpfung in einem neuen Satz und erstelle dazu eine Wertetabelle.

# Anhang

## 01 Tastaturschulung

**Die Grundreihe**

1 ja ja ja ja da da da da das das das das fass fass fass fass
2 ja ja da da das das fass fass ja ja da da das das fass fass
3 ja da das fass ja da das fass ja da das fass ja da das fass

4 öd öd fad fad als als gas gas sah sah kahl kahl falls falls
5 öd fad als gas sah kahl falls öd fad als gas sah kahl falls
6 als falls öd fad gas als kahl sah öd falls kahl als gas sah

**Die Oberreihe: qwert**

7 war war alle alle sagte sagte starke starke stellte stellte
8 war alle sagte starke stellte war alle sagte starke stellte
9 sagte alle war stellte starke alle war stellte sagte starke

10 her her hell hell erste erste gerade gerade gehörte gehörte
11 her hell erste gerade gehörte her hell erste gerade gehörte
12 gerade hell erste gehörte her hell gerade gehörte her erste

**Die Oberreihe: zuiop**

13 ihr ihr toll toll quitt quitt heiter heiter doppelt doppelt
14 ihr toll quitt heiter doppelt ihr toll quitt heiter doppelt
15 heiter ihr quitt toll doppelt quitt ihr toll doppelt heiter

16 du die seid diese wieder holprig gestört gepflegt geradeaus
17 zu wie fair tiefe letzte traurig allzeit kassiert jederzeit
18 so ist fuhr wider zuerst eifrige gezeigt gesetzte zerfallen

**Die Unterreihe: yxcvb**

19 bar bar year year vorbei vorbei schade schade bitter bitter
20 bar year vorbei schade bitter bar year vorbei schade bitter
21 vorbei bar bitter year schade bar vorbei bitter schade year

22 sechs extra bereit erlebt deutsch ehrlich schuldig versucht
23 exakt dabei begabt bleich brachte schwach deutlich hellblau
24 breit flach vorher gehabt bereits schwarz wirklich herrlich

**Die Unterreihe: nm,.-**

25 uns uns sein sein singen singen meinen meinen hinten hinten
26 uns sein singen meinen hinten uns sein singen meinen hinten
27 singen uns meinen sein hinten meinen singen uns hinten sein

28 heim, nein, x-mal, gehen, reiten, rasten, niedrig, riechen.
29 fein, eins, ahnen, einem, da- zu, wo- zu, ak- tiv, mu- tig.
30 gern, wenn, umher, immer, eu- er, a- ber, zei-tig, to- tal.

## 02 Tastaturschulung

### Die Umlaute ä und ü und das ß (Eszett)

1 abcdefghijklmnopqrstuvwxyz öäüß- abcdefghijklmnopqrstuvwxyz

2 brüten, während, schälen, glücklich, entreißen, allmählich,
3 gießen, erwärmt, geglüht, rückwärts, bewässern, auffällige,
4 gültig, kämpfen, gegrüßt, zerbeißen, begründen, abgestoßen.

5 später, geführt, hinüber, heimwärts, abstürzen, vergrößern,
6 prüfen, günstig, geklärt, gründlich, außerhalb, ungenügend,
7 heißen, stützen, fließen, natürlich, abgekühlt, bestätigen.

8 betrügen, wünschen, erläutert, regelmäßig, außerordentlich,
9 außerdem, hierüber, andächtig, unrühmlich, leistungsfähige,
10 übrigens, unüblich, schwächer, inländisch, ver- gnüg- lich.

### Wortübungen

11 süß, wie, wäre, weiß, wähle, prüfe, fähig, grüßen, lärmend,
12 aus, den, groß, über, koste, immer, führt, sodass, konnten,
13 für, die, viel, dies, wurde, schon, klein, gleich, glauben,

14 ist, des, quer, eine, aktiv, wobei, bevor, wissen, niemals,
15 mir, arm, beim, mild, sagen, zeigt, genau, halten, unseren,
16 nur, der, sehr, gute, hatte, reden, ruhig, fahren, kauften,

17 höre, dies, jeder, diese, leider, gehört, hierher, liefern,
18 bunt, sind, extra, unter, selten, melden, gezahlt, beginne,
19 bald, aber, kommt, neues, fahren, werden, niedrig, erlaubt,

20 denn, nach, keine, manch, massiv, obwohl, perplex, handelt,
21 mehr, neue, rasch, junge, extrem, testen, endlich, brechen,
22 wird, bloß, wohnt, kamen, lesbar, wählen, bezahlt, zurzeit.

### Satzübungen

23 Bitte überweisen Sie die Rechnung bis Ende nächsten Monats.
24 Der Differenzbetrag ergibt sich aus den Kostensteigerungen.
25 Die Einladungen werden nun in den nächsten Wochen versandt.

26 Die Geschwindigkeit des gelben Fahrzeuges war viel zu hoch.
27 Unser Mitarbeiter reist zu den Verhandlungen nach New York.
28 Die Premiere im Theater konnte doch noch verschoben werden.

29 Diese Experimente sind wegen der Explosionsgefahr verboten.
30 Das Finanzamt hatte uns gebeten, die Quittungen vorzulegen.
31 Frau Petz wurde der Kuraufenthalt in Bad Füssing bewilligt.

## 03 Tastaturschulung

**Geläufigkeitssätze zur Großschreibung**

1 Die Sendungen bringen gerade den Kindern eine Bereicherung.
2 Aus diesem Grunde merkt man sich meist die negativen Dinge.
3 Durch jahrelange Versuche machten Sie diese Feststellungen.

4 Leider können Sie die kurzen Lieferfristen nicht einhalten.
5 In fünf Tagen schicken Sie Ihrem Kunden eine Teillieferung.
6 In der Verhandlung war es nicht leicht, sich durchzusetzen.

7 Herr Altmann hat Ihnen alle neuen Druckschriften zugesandt.
8 Wir bitten Sie, auch die neuesten Badeartikel zu verkaufen.
9 Wir halten es für zweckmäßig, alle Großmärkte zu beliefern.

10 Die Innenstädte sind Lebensräume mit eigener Vergangenheit.
11 Seit nunmehr fünf Jahren ist auch unser Stadtkern erneuert.
12 Aus diesem Grund hat man keine Eigenheiten erhalten können.

13 Die Urlauber genießen bei uns die schönste Zeit des Jahres.
14 Buchen Sie rechtzeitig eine Reise in die schönsten Gebiete.
15 Sie brauchen keine Reiserücktrittsversicherungen zu buchen.

16 Menschen, die alltägliche Regeln einhalten, sind sehr fair.
17 Ein herzlicher Umgang miteinander fördert den Zusammenhalt.
18 Die Qualität unserer Waren wird von allen Kunden anerkannt.

19 Sie sind mit unseren Keramikgefäßen leider nicht zufrieden.
20 Wir können dringende Bestellungen am selben Tag ausliefern.
21 Unsere Entwicklungsabteilung kann Ihre Wünsche realisieren.

22 Nicht alle Schülerinnen konnten die Aufgaben richtig lösen.
23 Du kannst einen Text ohne jegliche Formatierungen erfassen.
24 Die Klassensprecher werden zu einer Besprechung eingeladen.

25 Die Freiwillige Feuerwehr konnte den Brand schnell löschen.
26 Wir bitten um Überweisung des vollen Betrages der Rechnung.
27 Die öffentlichen Sitzungen finden nur im Rathaussaal statt.

28 Die Fassade des Kaufhauses wurde vollkommen neu gestrichen.
29 Eva und Hans-Peter stellten die Fahrräder in der Garage ab.
30 Du kannst die Textelemente aus der Zwischenablage einfügen.

31 Ich habe die vier Theaterkarten leider erst heute erhalten.
32 Der Inhalt des Briefes war nicht allen Teilnehmern bekannt.
33 In diesem Jahr werden wir den Urlaub in England verbringen.

34 Sehr geehrte Damen und Herren, Ihre Anzeige in der neuesten
35 Ausgabe der bekannten Fachzeitschrift hat uns angeregt, Sie
36 zu einem interessanten Referat über Wärmeschutz einzuladen.

## 04 Übung macht den Meister!

**Schreibe jeden Satz fehlerfrei ab. Unterläuft dir ein Fehler, beginne den Satz wieder von vorne.**

1 Der Umsatz des Unternehmens hat sich in diesem Jahr erhöht.
2 Können Sie uns Ihren Bericht bis zum Monatsende übersenden?
3 Bereiten Sie Ihre Kunden schon bald auf diese Erhöhung vor.
4 Besuchen Sie das Zweiggeschäft in der Ludwig-Erhard-Straße.
5 Dieser Gewinn reicht aus, um die Kosten dadurch abzudecken.

**Schreibe die nächsten Sätze zuerst von links nach rechts und dann von rechts nach links.**

6 Es ist am zweckmäßigsten, die Aufgaben sofort zu erledigen.
7 Die bestellten Drucker sind zurzeit leider nicht lieferbar.
8 Trotz vieler Proteste hat der Politiker nichts unternommen.
9 Alle bestellten Artikel sind noch rechtzeitig eingetroffen.
10 Bei dem letzten Besuch ist die Lieferung reklamiert worden.

**Schreibe die folgenden Wörter von rechts nach links ab. Vergleiche die Richtigkeit.**

11 treuetseg enleznie nenegie redeiw nessal renie ella dnu nam
12 nednubrev tmmitseb hcilgöm uzreih nedrew trhüf redo nov eid
13 nehetstne netiebra negnirb netiel osnebe tgeil seid eiw sad
14 neblesmed muredeiw fuareih eränib tsgnäl tnnek ties nie ned
15 redeiw serhi ettäh frad dnis driw hcua erhi sua rov lla tsi

**Versuche den folgenden Text fehlerfrei abzuschreiben. Unterläuft dir ein Fehler, beginne wieder von vorne.**

16 Nur die wichtigen Textstellen sollten hervorgehoben werden.
17 Wir entscheiden, ob und wie wir einen Textteil hervorheben.
18 Dabei müssen die Schreibregeln stets genau beachtet werden.

**Baue den folgenden Satz wie in der Vorlage angegeben auf.
Baue anschließend den Satz selbstständig wieder ab.**

19 Unser
20 Unser Vertreter,
21 Unser Vertreter, Herr
22 Unser Vertreter, Herr Fischmann,
23 Unser Vertreter, Herr Fischmann, kommt
24 Unser Vertreter, Herr Fischmann, kommt am
25 Unser Vertreter, Herr Fischmann, kommt am Freitag
26 Unser Vertreter, Herr Fischmann, kommt am Freitag zu
27 Unser Vertreter, Herr Fischmann, kommt am Freitag zu Ihnen.

**Setze jedes der folgenden Wörter in den Plural.**

28 Ton, Tat, Herr, Mann, Ware, Note, Korb, Werk, Kette, Möhre,
29 Tor, Arm, Rohr, Rock, Haus, Baum, Frau, Flug, Tisch, Blick,
30 Mal, Zug, Kopf, Post, Sieb, Wind, Ente, Mark, Kiste, Nacht,
31 See, Bad, Pute, Kran, Glas, Tanz, Auge, Fall, Farbe, Sport,
32 Bar, Ski, Chor, Ring, Zahn, Ofen, Name, Lage, Beruf, Insel.

## 05 Texterfassung: Multimedia

Das Wort Multimedia wurde schon einmal zum Wort des Jahres 64
gewählt. Eigentlich versteht man darunter, dass viele Medien 127
eingesetzt werden. Und so ist es in der Tat. Mit der heutigen 192
Technik können Bilder gespeichert und bearbeitet, Filme und 255
Tonerzeugnisse aller Art aufgenommen und wiedergegeben werden. 320

Somit ist Multimedia ein Konzept, das die Integration von 382
Informationen aus verschiedenen Medien – Bild, Ton und Text – 449
bezeichnet. Dazu werden Daten aus unterschiedlichen Quellen 512
zusammengetragen, bearbeitet, gespeichert und wiedergegeben. 573
Natürlich muss der PC dafür die Voraussetzungen erfüllen. 635

Grundlage für die eigentliche Entwicklung von Multimedia ist 699
die digitale Speicherung aller Formen von Information. Ein 762
typisches Beispiel dafür ist die Ablösung der Schallplatte und 828
die weitgehende Verdrängung des Tonbandes, zweier Medien also, 893
die noch auf der analogen Speichertechnik aufgebaut sind. 952

Bei der analogen Speicherung werden elektrische Schwingungen 1016
unmittelbar aufgezeichnet; die digitale Form der Speicherung 1080
gibt die Informationen dagegen durch Ziffern oder durch eine 1143
Zeichenfolge wieder. Die Umwandlung der analogen Signale in 1207
die digitale Form der Aufzeichnung nennt man Digitalisierung. 1272

Die Vorteile der elektronischen Speicherung liegen neben der 1336
besseren Qualität der Aufzeichnung in der Möglichkeit, die 1398
Daten im Computer verarbeiten zu können. So kann zum Beispiel 1464
ein digital aufgezeichnetes Musikstück nachbearbeitet werden; 1528
Ähnliches gilt natürlich auch für digitale Fotos oder Videos. 1592

## 06 Training – Hardware: Die Eingabegeräte

Über
Über die
Über die Eingabegeräte
Über die Eingabegeräte werden
Über die Eingabegeräte werden die
Über die Eingabegeräte werden die Daten
Über die Eingabegeräte werden die Daten im
Über die Eingabegeräte werden die Daten im Computer
Über die Eingabegeräte werden die Daten im Computer erfasst.

Hardware, Tastatur, Mikrofon, Maus, Eingabe- und Zeigegeräte
Schreibmaschinentastatur, alphanumerische, numerische Tasten
Computer, Gedrückthalten, Objekt, Prinzip, Richtungen, Hebel
Trackball, Joystick, Scanner, optisches Lesegerät, Steuerung
Grafiken, Zeichnungen, fotokopiert, Weiterverarbeitung, Text

**Hardware: die Eingabegeräte**

Der Begriff Hardware lässt sich leicht erklären. Es ist damit 66
nämlich all das gemeint, was man bei einem Computer anfassen 128
kann. Unter Eingabegeräte dagegen versteht man nur jene Teile, 194
über die Daten in den Computer eingegeben werden. Dazu zählen 259
z. B. die Tastatur, die Maus, das Mikrofon und der Scanner. 324

Die Tastatur ist das wichtigste Eingabegerät und damit das 386
Verbindungsstück zwischen Mensch und Maschine. Anders als die 452
Schreibmaschinentastatur ist die Tastatur eines Computers in 516
fünf Bereiche eingeteilt: alphanumerische Tasten, numerische 580
Tasten, Funktionstasten, Steuertasten und die Sondertasten. 644

Die Maus ist ein Eingabe- und Zeigegerät, das zur Steuerung 709
des Mauszeigers, zum Auswählen von Befehlen und Schaltflächen 775
und zum Markieren von Objekten dient. Sie wird entweder durch 840
Bewegen auf einer ebenen Fläche oder auch durch Drücken bzw. 904
Gedrückthalten der linken oder rechten Maustaste gesteuert. 966

Der Trackball arbeitet nach dem gleichen Prinzip wie die Maus. 1033
Die Kugel wird jedoch nicht auf einer ebenen Fläche, sondern 1097
mit dem Daumen bewegt. Auch der Joystick ist ein Eingabegerät. 1164
Sein Hebel dient der Steuerung von Objekten in verschiedene 1228
Richtungen. Der Joystick findet meist bei Spielen Verwendung. 1295

Neben Texten und Daten müssen auch Grafiken oder Zeichnungen 1361
im Computer verarbeitet werden. Zum Erfassen dieser Vorlagen 1426
benutzt man ein optisches Lesegerät, den Scanner. Vereinfacht 1491
ausgedrückt fotokopiert der Scanner die Vorlage, die auch ein 1555
Text sein kann, zur Weiterverarbeitung in den Speicher des PC. 1621

## 07 Konzentrationsübung

Schreibmaschinenmechaniker Sofortkorrekturmöglichkeit
o Zentralheizungsanlagen o o Fernsprechdienststelle o
es Schreibwarenhandlung du er Büroschreibmaschinen er
ein Verrechnungsscheck ist mit Computerhersteller des
wird Allgemeinbildung sein hier Fernsprechdienst bald
seine Kohlenhandlung damit stets Importgeschäft allen
werden Sommerspiele sicher besser Sitzungssaal gehört
genannt namentlich konnten einfach überzeugen genannt
richtige schreibt durchaus schlecht privaten schreibt
natürlich gehört Erfahrung gegenüber seines enthalten
allgemeine oder englischer Berechnung hier überzeugen
verlautbart er Umschaltung Nachrichten es Rückzahlung
Geldinstitut Saldovortrag Verarbeitung Winterspiele
Zifferblatt es Jugoslawien beiliegende du Teilzahlung
Bruchstück auch mechanisch allgemeine bald namentlich
Erfahrung folgen gegenüber speichern stellt niedriger
durchaus privaten Diskette schreibt durchaus schlecht
einfach mechanisch genannt Vorteil Berechnung Gemisch
besser Querschnitte gehört allein Sitzungssaal werden
stets Verlegenheiten daran allen Währungsfragen kommt
bald Fernsprechdienst sein oder Briefmarkenserie kann
dem Verrechnungsscheck mit dem Softwarehersteller für
es Trainingsmöglichkeit du er Schreibwarenhandlung es
o Anmeldungsvorschriften o o Korrekturmöglichkeiten o
Zuverlässigkeitsschreiben o Unfallverhütungsmaßnahmen

Textverarbeitungsprogramm o Zuverlässigkeitsschreiben
o Fernsprechdienststelle o o Zentralheizungsanlagen o
du Büroschreibmaschinen es er Gerichtshofbescheide so
des Ausbildungsvertrag oft ist Verrechnungsscheck für
bald Briefmarkenserie hier sein Fernsprechdienst hier
stets Währungsfragen damit allen Importgeschäft daran
gehört Ölproduktion sicher allein Wiesenblumen seines
wollten Adressbuch könnten sollten mechanisch dürften
Schlucht schlecht Kaufmann Berichte genannte Geschäft
bestellen Straße Disketten Lastwagen rennen lediglich
Berechnung Post Unterstand sicherlich Rast einstellen
Kostenpunkt As Überweisung Deutschland so Einstellung
nachbestellt Sportvereine Serienbriefe Übertreibung
Kalkulation an Unterschied Schularbeit wo Fachprüfung
Untergrund beim lobenswert Unterstand Haus Aktenbände
plötzlich dauert schwätzen notwendig Themen Schülerin
genügend herrlich Mietzins Schulbus Leistung Qualität
Vorlaut überführen Minuten stämmig überprüfen Gesicht
Stunde befriedigend laufen tadeln Geläufigkeit return
Liebe leistungsfähig loben Menge Klassifikation gehen
Brot Informationstest frei Rast Allgemeinbildung lang
Hof Notendurchschnitte Tor las Gerechtigkeitssinn sei
Ei Schreibmaschinenbuch au zu Vergrößerungsapparat du
o Fernsprechdienststelle o o Unterstützungsbeiträge o
Volksbildungseinrichtungen Qualifikationsprüfungstest

## 08 Vertiefung der DIN-Regeln

1 Am Computer können wir z. B. durch Fettschritt hervorheben.
2 Das ZDF berichtet über das Spiel Hamburger SV - VfL Bochum.
3 In der benachbarten Großstadt wohnen nun 328 467 Einwohner.
4 Die Wohnungsgenossenschaft bietet eine 4-Zimmer-Wohnung an.
5 Für die Ware ist ein Betrag von 5.937,00 EUR zu überweisen.

6 Nach 3-jähriger Pause gewannen sie wieder einen Wettbewerb.
7 Wählen Sie bitte ab Februar d. J. die neue Rufnummer 38146.
8 Geben Sie bei allen Schreiben unser neues Postfach 5 47 an.
9 Unser Nachbar ist jetzt in die Blumenstraße 14 a umgezogen.
10 Der Schnellzug kommt heute erst um 08:35 Uhr in München an.

11 Eine neue Auszubildende wird erst zum 1. April eingestellt.
12 Das Gerät der Serie XII wies keinen Fabrikationsfehler auf.
13 Unser wichtigster Grundsatz lautet: „Alles für den Kunden!"
14 Der Beklagte wurde nach § 581 Abs. 2 Satz 4 BGB verurteilt.
15 Die §§ 5 bis 7 unserer Vereinssatzung sind geändert worden.

16 Unser Unternehmen konnte die Umsätze um rund 15 % steigern.
17 Natürlich sind wir mit dem 10%igen Gewinn wieder zufrieden.
18 Sie könnten telefonisch unter 0049 8721 81549176 bestellen.
19 Die Sparkasse berechnet für dieses Darlehen 6 3/4 % Zinsen.
20 Im Rechtsstreit Neu ./. Kirsch wurde das Urteil gesprochen.

21 Die Mannschaft verlor den Wettkampf unglücklich mit 9 : 10.
22 Bei der Blutprobe wurden nur 0,2 o/oo Alkohol festgestellt.
23 Für die Wasserleitung werden 9 Rohre zu je 1,35 m benötigt.
24 Die Firma Winkelmann & Söhne erteilte uns weitere Aufträge.
25 Wir können Ihnen als Ersatz den Artikel # 9 sofort liefern.

26 Für das Sportabzeichen absolvierten 4 Männer den 5-km-Lauf.
27 Der Autor behandelte das Thema in Kapitel VIII ausführlich.
28 Ihren neuen Auftrag können wir erst im Juni/Juli ausführen.
29 Dieser 9 g schwere Brief muss ausreichend frankiert werden.
30 Diese TÜV-Plakette ist noch bis Mitte Oktober n. J. gültig.

31 Schreiben Sie bitte Ihren Vor- und Zunamen deutlich lesbar.
32 Das @-Zeichen kommt tatsächlich in den E-Mail-Adressen vor.
33 An der Demonstration beteiligten sich über 10 000 Menschen.
34 Der § 19 des Mietvertrages muss unbedingt erweitert werden.
35 Kleine Stadtpläne werden nur im Maßstab 1 : 1 500 gedruckt.

36 Nach langen Diskussionen wurde die Promille-Grenze gesenkt.
37 Unser Reparaturdienst ist von 09:00 bis 16:00 Uhr geöffnet.
38 Ab dem Schuljahr 2010/11 werden die Klassenstärken gesenkt.
39 Herr Dr. med. Ludwig Fichter hat morgen keine Sprechstunde.
40 Die Laufstrecke am Donau-Ufer ist ganz genau 18,35 km lang.

## 09 Kenntnis der DIN-Regeln

Schreibe folgende Sätze in normgerechter Form.

1 Sie erhalten ab 1.September wieder 3 Promille Umsatzprovision.
2 Der neue Sportwagen besitzt einen starken 6 - Zylinder-Motor.
3 Die farbige Landkarte wurde im Maßstab 1 zu 20 000 gedruckt.
4 Das Training ( 2.Mannschaft ) endete pünktlich um 19.30 Uhr.
5 Für das Darlehen müssen wir ab November 12%Zinsen zahlen.

6 Soll die Firma Wagner und Co. in eine OHG. umgewandelt werden?
7 Die Schüler der Klasse 8b besuchen heute das Heimatmuseum.
8 Die Klausel in § 15 Abs.3 wurde beim Durchlesen übersehen.
9 Zur vollständigen Anschrift gehört auch das Postfach 3067.
10 Sie erreichen uns unter der Telefonnummer 089 25/144 936-278.

11 Die Artikel #512 und 1634 sind zur Zt. leider nicht lieferbar.
12 Müssen nicht einige §§ der Satzung geändert werden?
13 Die Rechnung über 5347,20€ muss pünktlich bezahlt werden.
14 Der 12seitige Prospekt wird neu überarbeitet und versandt.
15 Im Rechtsstreit Klein gegen Fisch wurde die Klage abgewiesen.

16 Diese Firma kann Ihnen noch einen 9-%-igen Nachlass gewähren.
17 350 T - Shirts konnten bereits am ersten Tag verkauft werden.
18 Die Durchschnittsgeschwindigkeit des Zuges beträgt 95 km / h.
19 Die Klassen 5a/5b der Realschule besuchen das Dt. Museum.
20 Die Bahnstrecke München-Füssen war zwei Stunden gesperrt.

1 Sie erhalten ab 1. September wieder 3 o/oo Umsatzprovision.
2 Der neue Sportwagen besitzt einen starken 6-Zylinder-Motor.
3 Die farbige Landkarte wurde im Maßstab 1 : 20 000 gedruckt.
4 Das Training (2. Mannschaft) endete pünktlich um 19:30 Uhr.
5 Für das Darlehen müssen wir ab November 12 % Zinsen zahlen.

6 Soll die Firma Wagner & Co. in eine OHG umgewandelt werden?
7 Die Schüler der Klasse 8 b besuchen heute das Heimatmuseum.
8 Die Klausel in § 15 Abs. 3 wurde beim Durchlesen übersehen.
9 Zur vollständigen Anschrift gehört auch das Postfach 30 67.
10 Sie erreichen uns unter der Telefonnummer 08925 144936-278.

11 Die Artikel # 512 und 1634 sind zz. leider nicht lieferbar.
12 Müssen nicht einige Paragrafen der Satzung geändert werden?
13 Die Rechnung über 5.347,20 € muss pünktlich bezahlt werden.
14 Der 12-seitige Prospekt wird neu überarbeitet und versandt.
15 Im Rechtsstreit Klein ./. Fisch wurde die Klage abgewiesen.

16 Diese Firma kann Ihnen noch einen 9%igen Nachlass gewähren.
17 350 T-Shirts konnten bereits am ersten Tag verkauft werden.
18 Die Durchschnittsgeschwindigkeit des Zuges beträgt 95 km/h.
19 Die Klassen 5 a/5 b der Realschule besuchen das Dt. Museum.
20 Die Bahnstrecke München – Füssen war zwei Stunden gesperrt.

## 10 10-Minuten-Abschrift: Wer war eigentlich Abakus?

### Vorübung

elektronische mathematische eigentliche erforschen zufällig
Mathematik Addiermaschine Rechenhilfen Prozedur Operationen
Rechner Computer Rechenanlage Elektronengehirn Erfindungen.

Der Volksmund bezeichnet den Computer als „Elektronenhirn".
Im Altertum half den Menschen eine Rechentafel beim Zählen.
Dem Deutschen Konrad Zuse gelang die wegweisende Erfindung.

### 10-Minuten-Abschrift: Wer war eigentlich Abakus?

Im Volksmund bezeichnet man den Computer als „Elektronenhirn". 69
Das erinnert daran, dass ein Computer ähnliches leistet wie 131
ein Hirn, jedoch elektronisch arbeitet. Weil ein Computer aber 197
lediglich rechnet, wird er oft auch als „Rechner" bezeichnet. 262
Und so wird er in der englischen Sprache genannt: „Computer". 330

Wer hat eigentlich den Computer erfunden? Die elektronischen 395
Rechenanlagen waren keine zufälligen Erfindungen des vorigen 458
Jahrhunderts, sondern sie sind das großartige Resultat des 519
Einsatzes der Technik und der mathematischen Wissenschaft. Ihr 586
eigentlicher Ursprung liegt bereits viele Jahrhunderte zurück. 651

So begann die Mathematik, als die Menschen zu zählen anfingen. 717
Zuerst zählten sie mit ihren Fingern, dann mit Steinchen und 781
Perlen, die, aufgereiht auf Drähten, in einen Rahmen gespannt 846
waren. Im Altertum half den Menschen beim Rechnen eine Tafel, 913
der Abakus, der heute noch in Afrika und Asien benutzt wird. 977

Wir müssen bis in das Jahr 1642 zurückgehen, um die Anfänge 1040
einer einfachen Addiermaschine zu erforschen. Im Jahre 1672 1103
erfand der deutsche Mathematiker Gottfried Wilhelm Leibnitz 1167
eine Rechenmaschine für alle vier Grundrechenarten. Charles 1230
Babbage entwickelte 1823 den ersten automatischen Rechner. 1291

Die mechanischen Rechenhilfen, die seit Ende des vergangenen 1355
Jahrhunderts gebaut wurden, brachten zwar gewisse Hilfen, aber 1420
jede Zahl bzw. jede Rechenanweisung musste immer wieder von 1482
Hand eingegeben werden. Gerade bei sich häufig wiederholenden 1546
Rechenoperationen war dies eine sehr umständliche Prozedur. 1608

Deshalb begann um das Jahr 1935 der deutsche Physiker Konrad 1673
Zuse damit, eine Maschine zur automatischen Durchführung von 1737
Rechenprozessen zu bauen. Ein Programmwerk für die Folge der 1802
Rechenanweisungen, ein Speicherwerk für die Zwischenergebnisse 1868
und ein Rechenwerk waren die wichtigsten Teile der Maschine. 1932

Der am 22. Juni 1910 in Berlin geborene Konrad Zuse war von 1997
Beruf Bauingenieur. Mit seinem legendären Z 3 gelang ihm im 2061
Jahr 1941 der erste programmgesteuerte und mit 2600 Relais 2122
ausgestattete Rechenautomat mit logischen Schaltungen. Damit 2486
war die wegweisende Erfindung in Richtung Computer geschafft. 2250

## 11 10-Minuten-Abschrift: Von der Schreibmaschine zum Computer

**Vorübung**

Jahre Entwicklungsgeschichte Schreibmaschinen Texterfassung
Erfindung Zeilenschaltung Wagenrücklauf Typenhebel Computer
Guiseppe Ravizza, Christopher Latham Sholes, Carlos Glidden

**10-Minuten-Abschrift: Von der Schreibmaschine zum Computer**

Die Entwicklungsgeschichte der Schreibmaschine geht, zumindest 66
was die Technik der Texterfassung anbelangt, nahtlos in die 128
Geschichte des Computers über. Sinn und Zweck bestehen darin, 194
die Schreibarbeit schnell und effektiv zu bewerkstelligen. Die 259
saubere Darstellung des Geschriebenen ist dabei auch wichtig. 323

Schon im Jahre 1650 gelang es einem Kölner Lehrer, eine sog. 388
Doppelfeder, die „Penna duplex“, zu entwickeln, mit der man 452
gleichzeitig ein zweites Schriftstück anfertigen konnte. So 513
kam man damals schon dem Wunsch nach einer Vervielfältigung 575
des Geschriebenen auf ganz unkomplizierte Art und Weise nach. 640

Aus dem Jahre 1714 stammt der erste überlieferte Versuch zur 704
Herstellung einer Schreibmaschine. Der Engländer Henry Mill 769
meldete ein Patent für „ein künstliches Verfahren Buchstaben 834
zu drucken oder zu schreiben“ an. Etwa einhundert Jahre später 900
erfand Carl Friedrich von Drais eine Schnellschreibmaschine. 965

Auch in Italien machte man sich Gedanken über das Schreiben 1029
mit Maschinen. Giuseppe Ravizza gelang es dabei, die Schrift 1094
mithilfe eines Farbbandes sichtbar zu gestalten. Den heutigen 1158
Vorstellungen der Schreibmaschine kommen die Erfindungen von 1222
Peter Mitterhofer, einem Südtiroler Zimmermann, am nächsten. 1286

Geht man nach Amerika, so tauchen dort vor allem zwei Namen 1349
auf: Christopher Latham Sholes und Carlos Glidden. Die nach 1415
ihren Erbauern benannte Maschine wurde 1873 in den Remington- 1480
Werken, einer Gewehr- und Nähmaschinenfabrik, hergestellt und 1545
kam als erste serienmäßig fabrizierte Maschine auf den Markt. 1609

Etwa seit 1925 setzt man für die maschinelle Schreibarbeit den 1674
Elektromotor ein. Dieser übernimmt unter anderem die Aufgabe, 1739
die Typenhebel anzuschlagen, die Zeilenschaltung vorzunehmen 1802
und den Wagenrücklauf auszuführen. Weil die Tasten lediglich 1866
berührt werden müssen, ist das Schreiben wesentlich leichter. 1929

Die Erfindung des Computers als programmierbare Rechenmaschine 1996
war ein weiterer wichtiger Meilenstein in der Entwicklung der 2059
maschinellen Texterfassung. Schnell wurden die Möglichkeiten 2122
zur Textspeicherung und -bearbeitung entdeckt. So erreichte 2187
man schließlich das Rechnen und Schreiben mit nur einem Gerät. 2250

### Aufgaben

1. Was war der Sinn und Zweck der Erfindung von Schreibmaschinen?
2. Schreibe den Text ab und ergänze ihn durch geeignete Bilder aus dem Internet oder von einer CD.
3. Was weißt du über den Antrieb von Schreibmaschinen?

## 12 10-Minuten-Abschrift: Internet und Urheberrecht

### Einschreibübung

Um Web Net Mail Online Regeln Browser IP-Adresse Information 60
in wie des gibt leicht dieser einfach persönlich realisieren 60
an den und sich öffnet senden wichtig anzupassen vertraulich 60
es ist die eine gehört sicher geheime technische umfangreich 60
zu auf nur kurz machen starke meisten kompetente hergestellt 60

### 10-Minuten-Abschrift: Internet und Urheberrecht

Wie in vielen Bereichen des täglichen Lebens gibt es auch im 64
Internet wichtige Spielregeln. Hierbei sind im Besonderen der 130
Datenschutz und das Urheberrecht zu nennen. Wenn wir uns im 193
Internet bewegen, hinterlassen wir Datenspuren. Diese Spuren 258
können leicht verfolgt und natürlich auch gespeichert werden. 320

Technisch lässt sich das ganz einfach realisieren. Wer z. B. 384
eine Internetseite öffnet, loggt sich in einen Webserver ein, 447
in dem die Seite gespeichert ist. Um die Informationen an den 512
Internetnutzer zu senden, muss der Webserver die IP-Adresse 576
des Rechners wissen. Somit hinterlässt man persönliche Daten. 641

Aus diesem Grund ist es wichtig, die Einstellung des Browsers 707
den persönlichen Anforderungen anzupassen. Hierzu gehört der 770
verschlüsselte Versand von E-Mails mit vertraulichem Inhalt. 835
Ferner ist auf eine sichere Übertragung geheimer Daten, z. B. 901
die Nummer der Kreditkarte beim Online-Shopping, zu achten. 966

Die heutigen technischen Möglichkeiten des Datentransfers 1027
machen es leicht, nicht nur Texte, sondern auch Musikstücke, 1090
umfangreiche Bilddateien oder Filme innerhalb kurzer Zeit via 1155
Internet zu versenden. In den meisten Fällen erleidet die 1216
Softwareindustrie durch das Herunterladen starke Verluste. 1278

Der Gesetzgeber hat durch die Neuregelung des Urheberrechts 1342
diesen Missstand zu beseitigen versucht. Zuwiderhandlungen 1403
können sogar mit Freiheitsstrafen geahndet werden. Was sollte 1467
man also beim Kopieren und Herunterladen von Bildern, Filmen, 1533
Musikstücken, Literatur oder von Software unbedingt beachten? 1599

Ganz allgemein gilt, dass der Urheber einen besonderen Schutz 1664
genießt. Ausschließlich der Urheber hat das Recht auf weitere 1729
Verwertung seines Werkes. Dazu gehört auch das Verbreitungs- 1794
und Vervielfältigungsrecht. Der Ersteller des Werkes bestimmt 1860
allein dessen öffentliche Wiedergabe und Zugänglichmachung. 1922

Das neue Urheberrecht sieht auf der anderen Seite jedoch die 1986
Herstellung von Privatkopien vor. Es können also Dateien, die 2052
von einer nicht rechtswidrig hergestellten Vorlage stammen, 2113
ausschließlich für den Privatgebrauch kopiert werden, sofern 2175
nicht ein eigener Kopierschutz diese Möglichkeit verwehrt. 2236

Ein Verstoß gegen die Bestimmungen des Urheberrechtsgesetzes 2301
kann neben zivilrechtlichen auch strafrechtliche Konsequenzen 2364
haben. Wenn es also um Sicherheit im Internet geht, kommt man 2429
am Datenschutz nicht vorbei. Das Bundesamt für Sicherheit in 2494
der Informationstechnik ist die kompetente Auskunftsstelle. 2555

## 13 10-Minuten-Abschrift: Viren sind digitale Schädlinge

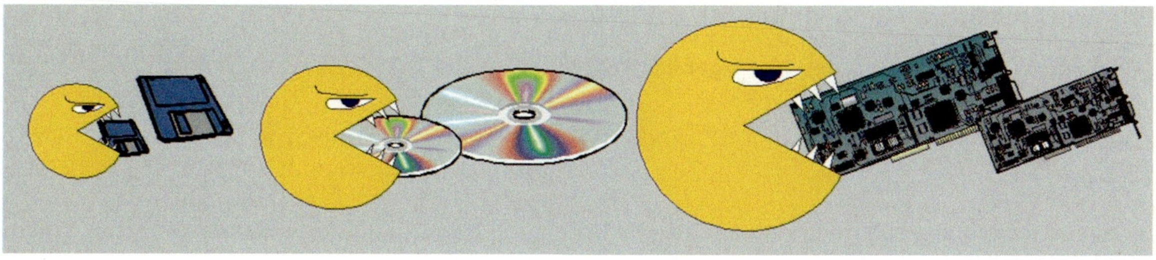

Viren verursachen beim Menschen unterschiedlichste Krankheiten, die in fast allen 85
Fällen sehr schwerwiegende Auswirkungen auf das Wohlbefinden haben können. 163
Beim Computer ist dies nicht viel anders. Hier werden meistens Daten infiziert, die 251
der ahnungslose PC-Anwender öffnet und bearbeitet. Auf diese Art ist schnell das 337
eigene System verseucht. Es muss nun von Grund auf neu eingerichtet werden. 416

Ein Computervirus ist eigentlich nichts anderes als ein Programm, das in der Lage 502
ist, von sich selbst Kopien zu erstellen und diese in verschiedene Objekte eines 585
Computersystems zu übertragen. Zunächst wird sich der Computervirus wohl auf 664
der Festplatte und im Speicher einnisten. Bei der nächsten Operation wird er dann 750
weitergetragen, bis er schließlich die Daten vernichtet oder untauglich gemacht hat. 836

Schlimm wird es, wenn zur Ausbreitung der digitalen Schädlinge die verschiedenen 920
Arten des Datenaustausches genutzt werden. So wird z. B. eine Diskette, die in 1003
einen infizierten Rechner eingelegt wird, sofort von dem Virus befallen. Besonders 1089
schnell geht die Verbreitung per E-Mail. Startet man nämlich das entsprechende 1172
Programm, wird der Virus an alle dort gespeicherten E-Mail-Adressen geschickt. 1256

Bei so genannten „Trojanischen Pferden" und den „Würmern" handelt es sich um 1340
eine Unterart der Computerviren. Sie werden meist in Programmen, wie z. B. dem 1425
Betriebssystem, versteckt und können womöglich das Formatieren einer Festplatte 1508
veranlassen. Sie könnten aber auch dazu benutzt werden, um die Eingaben des 1586
Benutzers auszuspionieren und dabei geheime Passwörter herauszubekommen. 1660

Computerviren sind also eine ernste Gefahr, vor der man seine Computeranlage 1739
unbedingt schützen sollte. Dazu gehört bedingt, dass die Virenscanner regelmäßig 1824
aktualisiert werden. Ferner müssen unbekannte Datenträger vor dem Gebrauch 1902
auf Viren geprüft werden. Ebenso wichtig ist, dass keine E-Mails von unbekannten 1987
Absendern geöffnet und keine Programme aus dubiosen Quellen installiert werden. 2069

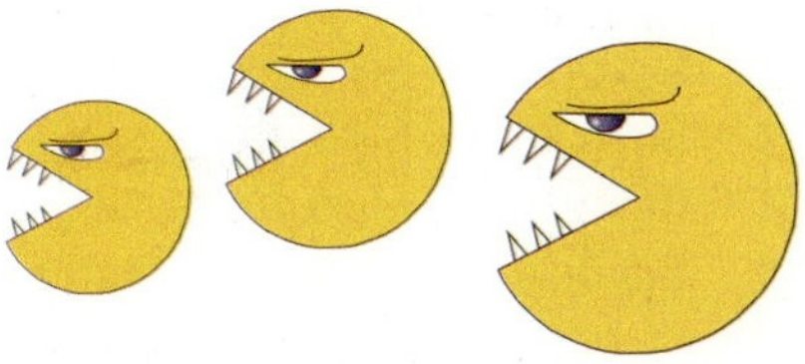

### Aufgaben

1. Was sind „Viren", „Würmer" und „Trojaner" in der EDV?
2. Welche Gefahren gehen von Viren aus? Wie kann man sich davor schützen?
3. Recherchiere im Internet, welche Viren (Virenarten) in letzter Zeit verbreitet wurden!
4. Schreibe den Text oben ab und formatiere diesen so, dass er in einer Schülerzeitung verwendet werden könnte! Suche passende Bilder im Internet oder auf einer CD-ROM und füge diese sinnvoll in den Text ein!
5. Welche Virenschutzprogramme kennst du? Gib die Namen der Programme und die Hersteller an!

# 14 So bewerte ich meine Leistung

**Vorschläge zur Leistungsbewertung im Bereich Texterfassung** **Arbeitszeit: 10 Minuten**

**Grundlage ist immer die Beherrschung des 10-Finger-Tastschreibens.**

## Texterfassung *ohne* Korrekturmöglichkeit (abhängig von der eingesetzten Software)

### Das Zeilenschreiben

Es wird immer ein und dieselbe Zeile geschrieben. Für die Bewertung gelten nur die fehlerfrei erfassten Zeilen. Unterläuft ein Fehler, wird die Zeile abgebrochen und von neuem begonnen (positive Bewertung).

### Das Blockschreiben

Vergleichbar mit dem Zeilenschreiben, jedoch zählen für die Bewertung nur drei hintereinander fehlerfrei geschriebene Zeilen. Nach jedem fehlerfrei geschriebenen Dreierblock ist eine Leerzeile einzufügen.

## Texterfassung *mit* Korrekturmöglichkeiten

Jeder Schüler soll die Korrekturmöglichkeiten des Textverarbeitungsprogramms sinnvoll nutzen. Es ist darauf zu achten, dass keine Objekte kopiert oder anderweitig vervielfältigt werden.

### Das Blockschreiben

Es zählen nur fehlerfreie Dreierblocks, d. h., es müssen drei unmittelbar aufeinander folgende Zeilen fehlerfrei sein.

Wir unterscheiden zwei Arten des Blockschreibens:

a) es wird in jedem Dreierblock eine andere Zeile geschrieben,

b) es werden innerhalb eines Dreierblocks drei verschiedene Zeilen erfasst.

### Das Richtigschreiben

Jeder Schüler soll die Korrekturmöglichkeiten des Textverarbeitungsprogramms sinnvoll nutzen. Für jeden übersehenen Fehler wird die Summe der geschriebenen ganzen Zeilen um jeweils eine Zeile verringert. (Beispiel: Ist es das Ziel, 12 ganze Zeilen zu schreiben, dann hat man bei drei übersehenen Fehlern lediglich neun Zeilen erfasst.)

### Die 10-Minuten-Abschrift

Es ist ein Fließtext abzuschreiben, aus dessen Vorlage zeilenweise die Anschlagszahl abzulesen ist.

Bei der Bewertung der Schreibleistung zählt jeder Schreibgriff als Anschlag (auch die Umschaltung), wobei ausgelassene Anschläge abgezogen bzw. zuviel geschriebene dazugezählt werden.

Fehler sind eine falsche Grundstellung, Tastfehler, fehlende bzw. doppelt geschriebene Zeile(n) und Leerzeichenfehler. Mehrere Fehler in einem Wort werden als ein Fehler gewertet. In zusammengesetzten Wörtern, die mit Bindestrich verbunden sind, gilt jeder Wortteil als Wort. Nur als ein Fehler wird gewertet, wenn ein sich wiederholendes Wort mehrfach in der gleichen Art falsch geschrieben wird.

Die Arbeit wird wie folgt bewertet:

| | |
|---|---|
| Note 1 | bis einschließlich 0,100 % Fehler |
| Note 2 | bei 0,101 % bis 0,200 % Fehler |
| Note 3 | bei 0,201 % bis 0,300 % Fehler |
| Note 4 | bei 0,301 % bis 0,400 % Fehler |
| Note 5 | bei 0,401 % bis 0,500 % Fehler |
| Note 6 | bei mehr als 0,500 % Fehler |

**Formel für die Berechnung:**

$$\frac{\text{Fehler} \cdot 100}{\text{Gesamtanschläge}}$$

Bei hohen Anschlagsleistungen kann ein Bonus vergeben werden. Ab einer festgelegten hohen Anschlagszahl wird 1 Fehler nicht gewertet, bei einer noch höheren Anschlagszahl werden 2 Fehler nicht gewertet usw. Bei zu niedrigen Anschlagsleistungen wird die Note herabgesetzt, um zwar um eine Stufe bei bis zu 50 Anschlägen zu wenig, um zwei Stufen bei bis zu 100 Anschlägen zu wenig, um drei Stufen bei zu 150 Anschlägen zu wenig usw. Die Note 6 wird erteilt, wenn das 10-Finger-Tastschreiben nicht angewendet wird.

## 15 DIN-Regeln

| | | | | | |
|---|---|---|---|---|---|
| Abkürzungen | mit Punkt | i. A. | z. B. | bzw. | usw. |
| | ohne Punkt | GmbH | DIN | EUR | kg |
| Aneinander-reihung mit | Zahlen | 5-Zimmer-Wohnung, 8-PS-Motor | | 5-stellig, 3-mal | |
| | Anführungszeichen | Marke „Luxus" | | „Das Hotel ‚Adria' ist ausgebucht." | |
| | Apostroph | geht's gut | | die heil'ge Nacht | |
| | Auslassungspunkte | Birnen, Bananen, … Äpfel | | | |
| | Dezimale Teilung | 320,98 EUR | | 123,57 kg | |
| | Kalenderdaten | 12. Mai 2010 | | 2010-05-12 | |
| | Klammern | Bayern (München) | | Unterschrift(en) | |
| Mittestrich | Bindestrich | München-Schwabing | | Max-Weber-Platz | |
| | Ergänzungsstrich | auf- und abladen | | Postein- und -ausgang | |
| | Gedankenstrich | Langsam – es war stockdunkel – fuhr er über die Brücke. | | | |
| | Streckenstrich | Passau — Regensburg | | | |
| | Ordnungszahl | 3. Platz | | 15. Stelle | |
| | Postfachnummern | Postfach 4 59 | | Postfach 14 28 | |
| | Postleitzahl | 84307 Eggenfelden | | 80333 München | |
| Rechenzeichen | Additionszeichen | 36 + 24 = 60 | | | |
| | Divisionszeichen | 100 : 25 = 4 | 2 000 : 4 = 500 | | |
| | Multiplikationszeichen | 10 · 3 = 30 | 150 x 10 = 1 500 | | |
| | Subtraktionszeichen | 135 – 20 = 115 | | | |
| | hochgestellt | $17^2$ | | | |
| | tiefgestellt | $c_n$ | $H_2SO_4$ | | |
| | Schrägstrich | 50 km/h | 3 ½ | 2010/2011 | |
| | Telefonnummern | +49 6318 57113 | 089 462857 | 08727 9653-0 | |
| | Uhrzeit | 08:36 Uhr | 17:23 Uhr | 21:04:53 Uhr | |
| | Unterstreichen | Zahlen Sie bitte bis spätestens 25. Mai d. J. Wir sind bereit, … | | | |
| | Währungsbezeichnungen | 65,00 EUR<br>48,00 USD | 23,00 €<br>$ 19.90 | EUR 0,03<br>17,50 CHF | € 47,231 |
| | Zahlengliederungen | 9 000 Stück | 12.000 EUR | | |
| Zeichen für | „bis" | 08:00 – 12:00 Uhr | | aber: von 08:45 bis 14:30 Uhr | |
| | „geboren" | * 1962-03-27 | | | |
| | „gegen" | Bayern München – Schalke 04 | | Rechtsstreit Klein ./. Lehmann | |
| | „gestorben" | + 1998-02-09 | | | |
| | „Grad" | 30 °C | | | |
| | „größer" | a + 59 > 80 | | | |
| | „kleiner" | Summe < 30 | | | |
| | „Nummer" | Artikel # 63 | | | |
| | „Paragraf" | § 3 BGB | §§ 2 – 5 der Satzung | aber: einige Paragrafen | |
| | „Promille" | 0,5 o/oo | 1,2 ‰ | | |
| | „Prozent" | 5 % Rabatt | ein 5-prozentiger Rabatt | | ein 5%iger Rabatt |
| | „und (et)" | Huber & Co | | Fischer & Hager | |
| | „zu" | Maßstab 1 : 100 000 | | Ergebnis 3:1 | |

## 16 Wo bin ich?

**Welche Hand, welche Farbe und welche Tastenreihe gehört zu welchem Finger?**

| **Buchstabe** | **Hand** | | **Finger** | | | | **Farbe** | | | | **Tastenreihe** | | | |
|---|---|---|---|---|---|---|---|---|---|---|---|---|---|---|
| **Zeichen** | linke | rechte | Zeige- | Mittel- | Ring- | kleiner | blau | grün | gelb | rot | mittlere | obere | untere | Ziffern- |
| f | | | | | | | | | | | | | | |
| g | | | | | | | | | | | | | | |
| j | | | | | | | | | | | | | | |
| h | | | | | | | | | | | | | | |
| d | | | | | | | | | | | | | | |
| k | | | | | | | | | | | | | | |
| s | | | | | | | | | | | | | | |
| l | | | | | | | | | | | | | | |
| a | | | | | | | | | | | | | | |
| ö | | | | | | | | | | | | | | |
| | | | | | | | | | | | | | | |
| r | | | | | | | | | | | | | | |
| e | | | | | | | | | | | | | | |
| w | | | | | | | | | | | | | | |
| p | | | | | | | | | | | | | | |
| t | | | | | | | | | | | | | | |
| | | | | | | | | | | | | | | |
| u | | | | | | | | | | | | | | |
| i | | | | | | | | | | | | | | |
| o | | | | | | | | | | | | | | |
| p | | | | | | | | | | | | | | |
| z | | | | | | | | | | | | | | |
| | | | | | | | | | | | | | | |
| v | | | | | | | | | | | | | | |
| c | | | | | | | | | | | | | | |
| x | | | | | | | | | | | | | | |
| y | | | | | | | | | | | | | | |
| b | | | | | | | | | | | | | | |
| | | | | | | | | | | | | | | |
| m | | | | | | | | | | | | | | |
| **Komma** | | | | | | | | | | | | | | |
| **Punkt** | | | | | | | | | | | | | | |
| **Strich** | | | | | | | | | | | | | | |
| n | | | | | | | | | | | | | | |
| | | | | | | | | | | | | | | |
| ä | | | | | | | | | | | | | | |
| ü | | | | | | | | | | | | | | |
| ß | | | | | | | | | | | | | | |

Zum Ausfüllen bitte kopieren oder unter www.winklers.de/informationstechnologie kostenlos downloaden.